香港游泳史

Hong Kong Swimming History

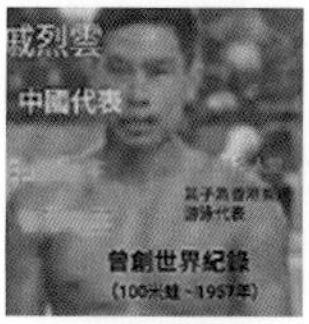
戚烈雲
中國代表
曾創世界紀錄
戚烈雲

何詩蓓
何詩蓓

楊秀瓊
楊秀瓊

陳震南
全運會三金
（民國）
陳震南

張乾文
太平山飛魚
張乾文

溫兆明
奧運代表
溫兆明

陳耀海
前香港隊
總教練
亞運水球
代表
陳耀海

王敏超
男飛魚
王敏超

伍劭斌
女飛魚
奧運代表
亞運銀牌
伍劭斌

歐鎧淳
蝶后
三屆
奧運代表
歐鎧淳

施幸余

李繼賢
三屆
奧運代表
擅自
李繼賢

奧運代表
男飛魚
李啓淦

亞運代表
亞錦賽銀牌
陳健樂

杜 敬 謙
杜敬謙

方 力 申
方力申

蔡曉慧

陳耀邦

韋漢娜
韋漢娜

吳家樂
亞錦賽兩金
亞運銀牌
吳家樂

奧運代表
亞錦賽金牌
曾意銘

徐亨
奧委會委員
徐亨

陳耀邦、戚烈雲、
陳耀海、陳念發

H.K.Swimming
泳友匯

部分泳員：

葉穎寶、鄭莉梅、符　梅、謝旻樹、盧笑娟、余德丞、陳宇寧、郭健明、張健達、郭迪明、梁沼冰、廖嘉莉、吳鎮男、黃鍇威、伍棹然、譚凱琳、江忞懿、沈德寶莉

廖嘉莉

部分泳員：

謝雪心（孔令馥）、王　羽（王正權）、黃錫林、古敏求、陳偉成（誠）、趙展鴻、何漢炘、黃國華、陳兆亨、曹旺卿、周麗儀、胡達昌、陳詠雪、李雁婷、克拉克、黃譚（潭）勝、霍劭國、吳祺光

部分游泳教練：

David Haller、陳劍虹、Bill Sweetenham、符大進、梁偉芬、常　青、張婵鶯、李志廣、王大力、陳　勤、佟金城、崔瑋俊、Michael Fasching、張狄勇、樊偉添、顏　瓔、史奎亞、高麗華

王大力
樊偉添
Michael
Fasching

部分游泳教練：

陳燕燕、吳旭光、陳錦波、王強立、梁健儀、司徒文強、鄭崇連、陳蓮芳、林展明、周向明、張浩然、馮錦泰、沈俊良、余浩志、Ryan Leung、高俠雲、歐陽鳳麗、Colman Wong

沈俊良

部分泳員：

歐嘉慧、許健萍、黃澤鋒（民）、高妙齡（玲）、陳錫培、郭紫娟、劉志雄、吳海成、黃勤輝、吳惠波、莫偉鵬、劉藻德、麥少萍、林敏子、葉佩英、吳小華、陳智志、李淑賢

歐嘉慧
劉志雄

港華代表
吳惠波

部分泳員：

林凱喬、梁慧娜、吳慶華、劉　培、吳婉琪、區小梅、鄔漢忠、尹立新、袁羨絢、黃澤中、馬偉權、陳國風、譚永成、林瑞豪、鄒榮煊、莫家輝、劉樹懋、李偉庭

港華代表
港華代表
黃澤中
港華代表

香港游泳史

編輯委員會

香港游泳史
——細說九十年來，風雲人物及戰績

編輯委員會

總編輯

陳耀邦

編輯委員

溫兆明　王強立　黃錫林　陳念發　張浩然　張敏靈
譚永成　梁健儀　張敏詩　尹立新　麥少萍　吳慶華
周錦添　黃澤中　陳蓮芳　劉志雄　朱國新　陳錦波
盧京文　劉藻德　嚴之耀　周怡香　林敏子　磨京生
陳承志　鄭麗珊　張潤輝　盧志洪　黃衍如　蔣麗英
陳惠儀　莊圳銘　李克強　黃澤鋒（民）。

推薦序／在水裏的黃金歲月

香港由一條維多利亞海灣說起，百年漸趨燦爛燈火樓臺的歲月，動靜相宜，動是運動，靜是文化。

運動也是從海峽開始，橫渡海峽的渡海賽事，從天星碼頭開始到對岸，二千公尺左右的賽程，幾乎保持百年，春如暖雪夏如火，秋天十月，正是站在碼頭旁邊下望的好時節，看著近千的泳手，海翻人浪。

1906 一直到現在，其中只有兩次停辦：1942-1946，1979-2010，也是一個寧靜安穩，歲月昇平的象徵。

二三十年代是香港游泳時期的開始嗎？其實不應作如是想，對泳手來說，每一年都是黃金歲月，都是日日操練的好時節，應該形容為超越，泳手不斷地超越自己，游泳的泳式，訓練的方法，比賽的節奏，甚至觀眾的接受力，都是在超越中，運動和文化有大不同的地方，是文化有傳統到創新的過程，但運動，特別是游泳，每一個年代都有突破性的成績和驚喜，與其說，進步是理所當然，不如歸源於香港人的特質，東西方的思想和文化理念，很多香港人自小就渴望做一個成功的泳手，這個城市的自發性是很強烈的。

二零年代到金禧年代過後，香港泳壇展示了甚麼？是融入國際性比賽越來越接近，是長年累月儲存的力量，產生的效果嗎？不一定是因和果的關係，是泳手本身力量在不斷延續地成長而巳。

每個泳手，必定擁有過艱苦的歲月，他們的燦爛時光，是在海裏和池水渡過的，沿著一線永不斷段的時間光線，努力游向另一個不可思議的終點，頗像希臘神話的薛西弗斯，每日每月每年，重覆進行同一種的動作，相信任何泳手都有這種從刻板的季節，找到享受自己渴望的樂趣，樂趣是不值錢的，一文不值，但是無可比擬，是買不到的。

這本書記載不是甚麼超凡的人物和成就，是每個在海上或泳池比賽的泳手，那些年擁有過的回憶，等待比賽前一日苦澀惶惑，比賽中起跳前的患得患失，進行時自己的心跳，到在頒獎臺喜悅的一刻，這本書，是你的夢想和黃金歲月的記憶，也提醒你，沒有錯過今生。

自序

《香港游泳史》乃記錄過去香港（1906-2019）的一些游泳事蹟、人物、紀錄等。

內容包括香港知名泳手姓名；知名游泳人物篇；歷屆奧亞運等香港游泳代表名單；香港渡海泳歷年成績；香港參加亞運、亞錦賽、東亞運、亞室運等游泳成績；一些舊報的游泳報導；游泳資訊、文件；一些游泳相片；香港游泳歷史與名將概覽等。

對於有興趣看香港游泳歷史的朋友，可作參考。一般人亦可作消閒娛樂之用。昔日泳手亦可看書時回憶舊日情況。

本書游泳相片，約超過 700 張。足供人家欣賞或緬懷過去。

自己較喜歡的是游泳人物篇，有 112 人，皆在泳壇有一定的成就。部份優秀者因篇幅所限，未能列出。亦有一些因資料不足所致。

在「香港著名男、女泳將、游泳人物」中，少數好手找不到其相片，故不列出。

新晉泳手在進步中，暫不列出，若有機會出第二集，再行補充。

「一些游泳相片」此章我是喜歡看的，達二百多頁，包含多種類型。

本書有 580 頁，提及泳手姓名，自 1906 年至今達千人。一些相片由友人響應提供，齊齊參與香港游泳歷史留痕跡的盛會。相片甚多，相信內容會較全面，不局限於精英泳手，有其歷史價值存在。在這時空的泳手，若有你的相片或名字留下，相信你看到會感到開心。

由於成稿倉卒，錯漏難免，尚祈鑒諒。

謹識　2020 年 5 月　於香港

目錄

第一章

香港知名游泳人物

第一節 | 香港知名泳手相片集
（1930-2019）

香港知名泳手（1930-1959）相片集（1）

中國代表
全運會三金
曾創世界紀錄
香港知名泳手（1930~59年）相片集（1）
郭錦娥
徐亨
絲依架
蛙后
奧運代表
女飛魚
郭鎮恒
香港代表
蛙王
中國代表
郭彩明

楊秀瓊、陳震南、戚烈雲、
郭錦娥、徐　亨、絲依架、
陳振興、郭鎮恒、郭彩明

香港知名泳手（1930-1959）相片集（2）

香港知名泳手（1930~59年）相片集（2）
女飛魚
奧運代表
擅自由式
香港代表
吳祺光

張乾文、區婉玲、黃婉貞、
馮凝姿、溫兆明、蒙迪路、
黃焯榮、吳祺光、高妙齡

香港知名泳手（1930-1959）相片集（3）

黃金華
蔡利恒
香港代表
香港知名泳手（1930~59年）相片集（3）
林君雅
亞運代表
中華（台灣）
（第四名）
劉錦波
亞運代表
中華（台灣）

黃金華、蔡利恒、黃婉生、
曾鳳群、梁沼冰、羅德貞、
林君雅、劉錦波、陳其松

香港知名泳手（1930-1959）相片集（4）

歐嘉慧
香港知名泳手（1930~59年）相片集（4）
徐少玲
梁愛梅
1936年

歐嘉慧、柯莉花、陳倩宜、
徐少玲、祁鳳霞、梁愛梅、
麥偉明、劉定平、區婉雯

香港知名泳手（1930-1959）相片集（5）

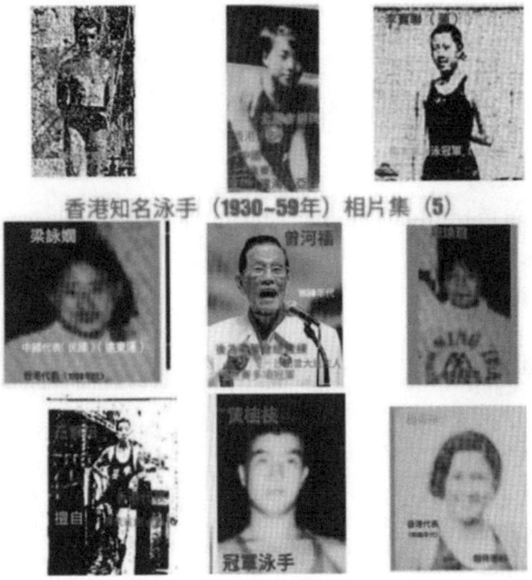
香港知名泳手（1930~59年）相片集（5）
梁詠嫻
曾河福
黃桂枝
冠軍泳手

張威林、陳玉輝、
李寶聯（蓮）、梁詠嫻、
曾河福、陳煥瓊、石錦培、
黃桂枝、楊秀珍

香港知名泳手（1930-1959）相片集（6）

香港知名泳手（1930~59年）相片集（6）
梁榮智
冠軍泳手

黃勤輝、梁顯乾、梁榮智、
朱教新、劉帝炳、劉寶希、
尤世坤、吳　年、陳雷壁

香港知名泳手（1930-1959）相片集（7）

香港知名泳手（1930~59年）相片集（7）

彭照瑞、黃阜岣、熊波蘭、
黃朗開、郭雁紅、謝漢森、
楊英澤、林念煊、潘笑枝

香港知名泳手（1930-1959）相片集（8）

香港知名泳手（1930~59年）相片集（8）

劉桂珍、黃少池、陳錦奎、
蘇天謨、黃玉冰、陳誠忠、
許俊輝、黃譚勝、祁鳳媚

香港知名泳手（1930-1959）相片集（9）

黃少雄
鄧煜明
香港知名泳手（1930~59年）相片集（9）
亨特
張明鏗
v.佳露絲
陳靜梅

黃少雄、鄧煜明、黃霞女、
崔桂枝、王浩林、亨特、
張明鏗、V.佳露絲、陳靜梅

香港知名泳手（1960-1979）相片集（1）

陸海天
奧運代表
女飛魚
陳娟秀
香港知名泳手（1960~79年）相片集（1）
王敏超
男飛魚
陳錦康
奧運代表
背王
亞運代表
港華代表

陸海天、李雁婷、陳娟秀、
陳錦康、王敏超、麥年豐、
曹旺卿、馬偉權、蘇美蔚

香港知名泳手（1960-1979）相片集（2）

謝雪心
香港知名泳手（1960~79年）相片集（2）
陳耀邦
鄧浩光
男飛魚
亞運代表
女飛魚
英聯邦代表

黃錫林、謝雪心、
王羽（王正權）、麥少萍、
陳耀邦、鄧浩光、陸經緯、
許健萍、克拉克

香港知名泳手（1960-1979）相片集（3）

何漢炘
亞運代表
梁沼蓮
英聯邦代表
渡海泳季軍
香港知名泳手（1960~79年）相片集（3）
亞運代表
前香港隊
總教練
亞運水球
代表
葉佩英

何漢炘、吳海成、梁沼蓮、
張國瑜、陳耀海、F 麥當娜、
佳頓、葉佩英、
A.史提堡

香港知名泳手（1960-1979）相片集（4）

蛙王
香港知名泳手（1960~79年）相片集（4）
奧運代表
亞運代表
蛙后
梁健儀
港華代表

古敏求、郭迪明、梁慧娜、
劉志雄、盧笑娟、沈寶妮、
廖靜華（樺）、梁健儀、
鄭崇連

香港知名泳手（1960-1979）相片集（5）

香港知名泳手（1960~79年）相片集（5）
亞運代表
港華代表
李衍瑜
梁維鈞
強項蝶
冠軍泳手

陳兆亨、趙莉莉、張運志、
戴伊莉、李衍瑜、祁孝賢、
曹維新、陳寶秀、梁維鈞

香港知名泳手（1960-1979）相片集（6）

趙展鴻
港華代表
蛙后
港華代表
冠軍泳手
香港知名泳手 1980~1999年 相片集 (6)
麥克曲架
奧運代表
男
渡海泳冠軍
冠軍泳手

趙展鴻、劉少芳、陳耀宗、
鄒榮煊、麥克曲架、
陳國雄、P.史提堡、劉培、
何明芝

香港知名泳手（1960-1979）相片集（7）

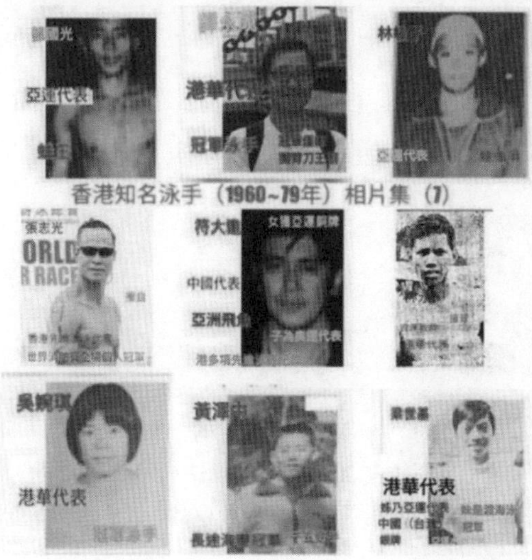
鄧國光
亞運代表
港華代表
香港知名泳手（1960~79年）相片集 (7)
張志光
中國代表
亞洲飛魚
吳婉琪
港華代表
冠軍泳手
黃澤中
港華代表

鄧國光、譚永成、林敏子、
張志光、符大進、林永、
吳婉琪、黃澤中、梁世基

香港知名泳手（1960-1979）相片集（8）

曹錦新
香港知名泳手（1960~79年）相片集（8）
葉達成
港華代表
冠軍泳手

曹錦新、蔡永健、吳小華、
梁榮華、卡蓮羅拔遜、
葉達成、韋可梅、李浩文、
葉振榮

香港知名泳手（1960-1979）相片集（9）

香港代表
香港知名泳手（1960~79年）相片集（9）
戴伊仁
梁偉芬
冠軍泳手
陳智志
港華代表
冠軍泳手
蔡婉蘭

A.勒士頓、李淑賢、
范可一、戴伊仁、梁偉芬、
甘麗賢、蔡婉蘭、盧狄昌、
陳智志。

香港知名泳手（1960-1979）相片集（10）

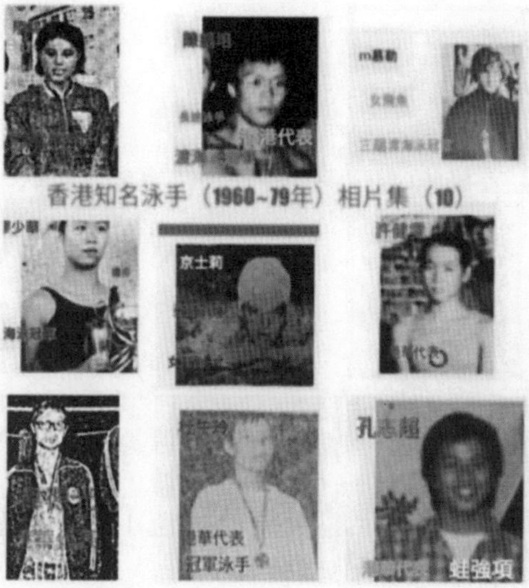
香港知名泳手（1960~79年）相片集（10）
京士莉
孔志超
港華代表
冠軍泳手
蛙強項

陸錦繡、陳錫培、M.慕勒、
廖少華、京士莉、許健雯、
韋德光、杜午玲、孔志超

香港知名泳手（1960-1979）相片集（11）

香港知名泳手（1960~79年）相片集（11）
國際冠軍泳手

張善本、陳念發、張浩然、
唐廣新、何明莉、尹家珍、
李廣才、陳念成、陳攜興

香港知名泳手（1980-1999）相片集（1）

香港知名泳手 1980~1999年 相片集 (1)
葉賀文
奧運代表
蛙后 亞錦賽銀牌
屈金城
兩屆
奧運代表
蛙王
孟小萍
奧運代表

曾意銘、葉賀文、周麗儀、屈金城、吳家樂、洪詩琪、孟小萍、鄧麗盈、黎慧

香港知名泳手（1980-1999）相片集（2）

香港知名泳手 1980~1999年 相片集 (2)
郭健明
韋米高
奧運代表
男飛魚
三屆
奧運代表
奧運代表
男飛魚
亞錦賽
李穎詩
符梅
余世雄
亞運代表

郭健明、韋米高、李繼賢、胡達昌、李啟淦、郭漢明、李穎詩、符梅、余世雄

香港知名泳手（1980-1999）相片集（3）

香港知名泳手 1980-1999年 相片集 (3)
曾詠詩

方力申、戚家漢、趙善穎、
劉敬婷、伍劭斌、符泳、
譚智健、曾詠詩、鍾國樑

香港知名泳手（1980-1999）相片集（4）

香港知名泳手 (1980~1999年) 相片集 (4)
樊偉添
冠軍泳手
擅蛙

李秀美、吳慶華、李志廣、
尹立新、黃國華、
黃澤鋒（民）、樊偉添、
鄭麗珊、周向明

香港知名泳手（1980-1999）相片集（5）

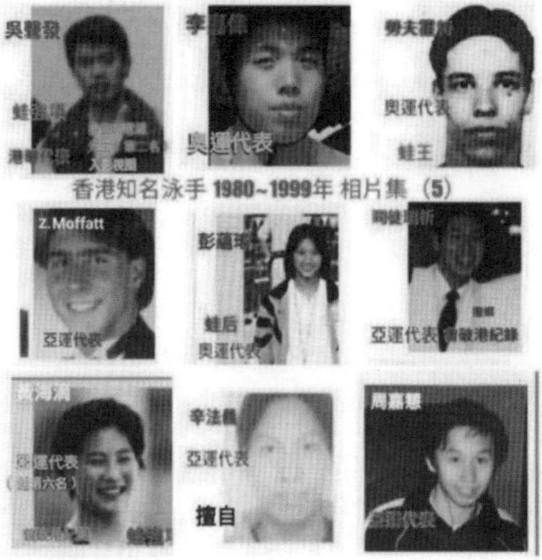
奧運代表
香港知名泳手 1980~1999年 相片集 (5)
Z.Moffatt
亞運代表
辛法義
亞運代表
擅自
周嘉慧

吳聲發、李嘉偉、勞夫霍特、
Z.Moffatt、彭蘊瑤、
司徒瑞祈、黃海滴、
辛法義、周嘉慧

香港知名泳手（1980-1999）相片集（6）

鍾元
香港知名泳手 1980~1999年 相片集 (6)
關敬華
亞運代表
馮雲霞
亞運代表
李偉庭
冠軍泳手

鍾元、高嘉倫、劉藻德、
關敬華、梁耀輝、鄧泰華、
馮雲霞、朱國新、李偉庭

香港知名泳手（1980-1999）相片集（7）

香港知名泳手 1980~1999年 相片集 (7)
亞運代表
香港代表
胡泰良
港華代表
冠軍泳手
港華代表

溫綉嫦、鍾詩敏、孔憲楷、
盧京文、溫慶年、陳國風、
袁羨絢、胡泰良、施璇璇

香港知名泳手（1980-1999）相片集（8）

香港知名泳手 1980~1999年 相片集 (8)
冠軍泳手
港華代表
蛙強項
自強項
港華代表

張子明、朱磊、古汝發、
雷怡暉、黃加菲、郭紫娟、
羅迺狄、莫家輝、何家輝。

香港知名泳手（1980-1999）相片集（9）

亞運代表
香港知名泳手 1980~1999年 相片集（9）
王文雅
亞運代表
梁志和
溫世強
冠軍泳手

司徒詠怡、蔡偉臣、
Alan Cheung、劉　玲、
郭思維、王文雅、梁志和、
林瑞豪、溫世強

香港知名泳手（1980-1999）相片集（10）

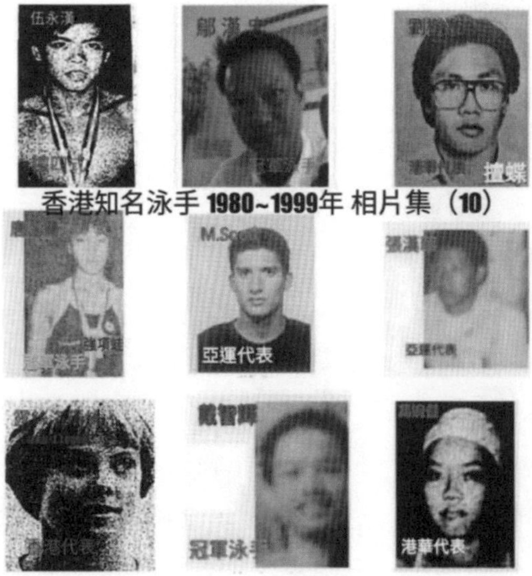
伍永漢
鄔漢忠
蝶
香港知名泳手 1980~1999年 相片集（10）
亞運代表
亞運代表
戴智輝
冠軍泳手
港華代表

伍永漢、鄔漢忠、劉樹懋、
唐玉珊、M.Scott、張漢華、
露絲洛瑪絲（Lucy E.Lomas）、
戴智輝、馮婉儀

香港知名泳手（2000-2019）相片集（1）

香港知名泳手 2000年~2019年相片集 (1)
世界賽銀牌
三屆
奧運代表
亞運代表
陳宇寧
奧運代表
亞運代表
男飛魚

杜敬謙、韋漢娜、謝旻樹、
吳鎮男、何詩蓓、黃鍇威、
張健達、陳宇寧、林政達

香港知名泳手（2000-2019）相片集（2）

施幸余
蝶后
亞運銀牌
亞錦賽銀牌
鄭莉梅
亞錦賽銀牌
香港知名泳手 2000年~2019年（今）相片集 (2)
朱鑑然
蛙后
亞運代表
銅牌

施幸余、鄭莉梅、陳健樂、
葉穎寶、歐鎧淳、朱鑑然、
廖嘉莉、江忞懿、黃竟豪

香港知名泳手（2000-2019）相片集（3）

鄧穎欣
奧運代表
葉芷華
奧運代表
香港知名泳手 2000年~2019年（今）相片集 (3)
江欣琦
蔡曉慧
于蕙婷
亞運代表
亞運代表

楊珍美、鄧穎欣、葉芷華、
江欣琦、蔡曉慧、何南慧、
于蕙婷、余德丞、陳穎廉

香港知名泳手（2000-2019）相片集（4）

王俊仁
亞運代表
亞運代表
奧運代表
香港知名泳手 2000年~2019年（今）相片集 (4)
陳詠雪
湯嘉珩
殷浩俊
強項短途
亞運代表

王俊仁、凌天宇、劉彥恩、
譚凱琳、陳詠雪、簡綽桐、
湯嘉珩、殷浩俊、林凱喬

香港知名泳手（2000-2019）相片集（5）

劉紹宇
亞運代表
背泳
香港知名泳手 2000年~2019年（今）相片集（5）
李亮葵
亞運代表
馮詠欣
亞運代表
卓銘浩
亞運代表
藍家汶
亞運代表
蝶強項
吳加敏
亞運代表

麥浩麟、劉紹宇、陳錦波、
林浩賢、李亮葵、馮詠欣、
卓銘浩、藍家汶、吳加敏

香港知名泳手（2000-2019）相片集（6）

徐海東
亞運代表
陳俊希
楊顯皓
亞運代表
香港知名泳手 2000年~2019年（今）相片集（6）
廖小喬
亞運代表
馬希彤
亞運代表
吳欣鍵
蛙泳
亞運代表
亞運代表
蛙泳
冼展霆
郭家輝

徐海東、陳俊希、楊顯皓、
廖小喬、馬希彤、吳欣鍵、
莫啓迪、冼展霆、郭家輝

香港知名泳手（2000-2019）相片集（7）

彭淑梅
何甄陶
香港知名泳手 2000年~2019年（今）相片集（7）
張兆恒
梁雅婷
香港代表

鄧采淋、彭淑梅、何甄陶、
王芊霖、黃筠陶、吳芷筠、
張兆恒、謝健熺、梁雅婷

香港知名泳手（2000-2019）相片集（8）

林昭光
香港知名泳手 2000年~2019年（今）相片集（8）
亞運代表
香港代表

余海平、杜景麟、林昭光、
張祐銘、孫嘉兒、黃國基、
何天朗、郭瑩瑩、黃鈺茵

香港知名泳手（2000-2019）相片集（9）

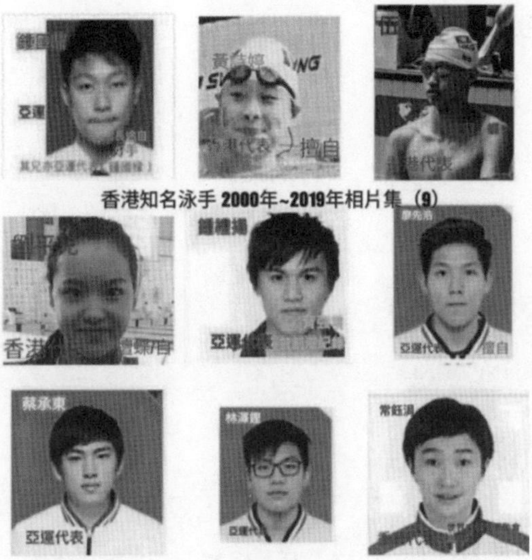
香港知名泳手 2000年~2019年相片集（9）
鍾禮揚
蔡承東
亞運代表
林澤鏗
常鈺涓

鍾國鼎、黃詩婷、伍棹然、
劉平兒、鍾禮揚、廖先浩、
蔡承東、林澤鏗、常鈺涓

香港知名泳手（2000-2019）相片集（10）

費友燊
何擅泳
亞運代表
香港代表
香港知名泳手 2000年~2019年（今）相片集（10）
盧綽蘅
背主項
黃曉嵐
亞運代表
擅四式
邱嘉琳
香港代表

鄭熙彤、費友燊、何擅泳、
盧綽蘅、黃曉嵐、鄺嘉豪、
邱嘉琳、黃培燊、陳靖汶

第二節 ｜ 香港知名游泳人物篇
（1930-2019）

人物編號

1. 陳震南	2. 戚烈雲	3. 楊秀瓊	4. 張乾文	5. 溫兆明
6. 郭鎮恒	7. 徐　亨	8. 陳耀海	9. 陳耀邦	10. 何詩蓓
11. 韋漢娜	12. 王敏超	13. 吳家樂 (Ng Fenella)	14. 陳振興	15. 杜敬謙
16. 伍劭斌 (Robyn C.Lamsam)	17. 王　羽 （王正權）	18. 方力申	19. 孔令馥 （謝雪心）	20. 李啓淦
21. 歐鎧淳	22. 歐嘉慧 （區淑芬）	23. 古敏求	24. 曾河福	25. 黃婉貞
26. 絲依架 (Cynthia Eager)	27. 陸經緯	28. 黃錫林	29. 麥克曲架 （Mark Crocker）	30. 蔡曉慧
31. 沈寶妮	32. 曾意銘	33. 吳慶華	34. 高妙齡	35. 沈德寶莉
36. 黃澤鋒 （黃澤民）	37. 盧笑娟	38. 區婉玲	39. 鄧浩光	40. 陳娟秀
41. 郭錦娥	42. 曹旺卿	43. 李繼賢	44. 祁鳳霞	45. 李雁婷
46. 麥少萍	47. 郭健明 (Kwok Kin Ming)	48. 尹立新	49. 劉志雄	50. 劉帝炳
51. 陳宇寧	52. 屈金城	53. 何漢炘	54. 陳錦康	55. 梁慧娜
56. 謝旻樹	57. 鄧國光	58. 卡蓮羅拔遜 （K. Robertson）	59. 郭迪明	60. 鄭莉梅
61. 韋米高 (Michael Wright)	62. 羅德貞	63. 林敏子	64. 曾坤鈺	65. 陸海天
66. 曾鳳群	67. 譚永成	68. 周麗儀	69. 京士莉 (J. Kingsley)	70. 洪詩琪

71. 吳祺光	72. 梁沼冰	73. 梁愛梅	74. 克拉克 (Joanna Clark)	75. 符 梅
76. 王俊仁	77. 張健達	78. 吳鎮男	79. 余德丞	80. 陳健樂
81. 陳詠雪	82. 葉賀文	83. 廖嘉莉	84. 蔡利恆	85. 胡達昌
86. 許健萍	87. 李衍瑜	88. 郭雁紅	89. 趙善穎	90. 張國瑜
91. 陳兆亨	92. 戚家漢	93. 黃鍇威	94. 馮凝姿	95. 彭蘊瑤
96. 譚智健	97. 鄧穎欣	98. 張運志	99. 劉少芳	100. 施幸余
101. 江忞懿	102. 符 泳	103. 梁沼蓮	104. M. 慕勒 (Maureen. Mueller)	105. 蘇美蔚
106. 馮詠欣	107. 趙莉莉	108. 鄒榮煊	109. 朱鑑然	110. 黃婉生
111. 林政達	112. 戴伊莉			

陳震南—————— 001

陳震南（1915 年-1986 年），男，勵進會泳員，1930 及 40 年代香港游泳名將，擅長途自由式。中國/香港游泳代表。全運會 3 金得主（民國時期），3 屆香港渡海泳冠軍。

1934 年，代表中華民國參加遠東運動會。

1939 年，全港公開泳賽，880 碼冠軍。香港渡海泳冠軍。

1940 年，香港渡海泳賽得冠軍，打破 27 年前香港紀錄。

1948 年代表香港參加中華民國之全運會，獲兩項個人金牌（400 米及 1500 米自由式），800 米接力金牌（陳震南、蔡利恆、黃金華、劉帝炳），200 米接力銀牌，協助香港隊獲男子團體冠軍。有「氣袋」之稱。

曾任教多間泳會：金銀、鐘聲、中青、勵進、東方、東方冬泳會……。綽號「契爺」。

徒弟有戚烈雲（中國代表，1957 年 5 月 1 日，創一百米蛙式世界紀錄，71.6 秒）、陳耀海（前香港游泳總教練）、陳耀邦（香港渡海泳冠軍、中華・臺灣奧運代表）陳念成、陳念發、梁健儀、王羽（王正權）（武俠巨星）、馬偉權、莫偉鵬、陳耀宗、鄭崇連、陳娟秀陳寶秀姊妹（亞運代表）、蘇美蔚（中華・臺灣亞運代表）、司徒民強、張浩然（著名現代詩人）、盧狄昌、趙莉莉（港姐亞軍）、吳惠波、余炳冠、謝雪心（孔令馥）（ 劇紅星）、黃燕霞、何天志、吳錦泉、區小梅、林瑞豪、馮錦泰、黃澤鋒（民）、黃澤中……等。

陳震南於 1986 年 6 月 23 日仙遊，遺體移送香港殯儀館，香港殯儀大王蕭明將其費用全免。因其妻曾鳳群是陳震南中國全運會（1948）時的香港泳隊隊友。後陳震南葬於柴灣佛教永遠墳場。

戚烈雲 002

戚烈雲（1934 年-），男，香港出生。香港及中國著名游泳員。有「香港蛙王」、「中國蛙王」稱號。曾創 100 米蛙式世界紀錄（1957），入國際泳聯名人堂。五十年代中青會泳員，教練為陳震南。

1952 年，創 200 碼蛙泳 2 分 31 秒 4 之全港紀錄。

1953 年，創 220 碼蛙泳 2 分 48 秒 9，和 100 碼蛙式 1 分 8 秒 5 之全港紀錄。

1954 年，戚烈雲在香港業餘游泳總會，亞運第一次測驗賽，200 米蛙泳，游出 2 分 45 秒 5 全港紀錄，獲選為香港亞運游泳代表，惟選擇回中國大陸而放棄。

1955 年 8 月，100 米蛙式游 1 分 12 秒 3，破全國紀錄。

1956 年獲選為中國奧運游泳代表，惟因政治事件，中國不參賽而不能成行。

1957 年 5 月 1 日，戚烈雲於廣州，在 100 米蛙式游出 1 分 11.6

秒創出世界紀錄，為第一個中國人創世界紀錄。

後因操練過度腳受傷而影響表現，跟著退役。

1963 年，戚烈雲擔任國家隊教練。1965 年結婚，妻子戴麗華為中國游泳名將，先後創出多項中國紀錄。約 1976 年回港。

1979 年，從商，事旅遊業，作大陸旅遊生意。

1992 年，其子戚家漢獲選為香港奧運游泳代表。擅蛙式。

2013 年，戚烈雲入選國際游泳名人堂。

2017 年 6 月 15 日，香港游泳界舉辦慶祝會，題為「慶祝戚烈雲創造第一個中國人游泳世界紀錄六十周年大會」。

2019 年 4 月，香港退役運動員互助會成立，戚烈雲為發起人及理事長。

楊秀瓊 003

楊秀瓊（1919 年-1982 年 10 月 10 日），女，香港出生，南華會泳員。香港三十年代傑出游泳女將。

1930 年，未足十二歲的楊秀瓊一鳴驚人，在女子 50 米及 100 米自由式獲冠軍，同年又獲香港渡海泳冠軍，並破紀錄，為至今最年輕奪冠女泳手（那時只分男、女子組）。前後共兩次得冠軍（1930、1932）。

1933 年，代表香港參加中華民國第四屆全運會(首次有女子項目)，得四面個人金牌，一項接力金牌。獲「美人魚」，「游泳皇后」稱號。風頭一時無倆。

1934 年代表中華民國參加遠東運動會，獲三面個人金牌，一接力金牌（首有女子項目，列作表演賽）。

1935 年第六屆全運會，獲兩面個人金牌。後因日本侵華，第七屆全運會於 1948 年才再作舉行。

父楊柱南，時為南華會游泳部主任，妹楊秀珍亦為全運會香港游泳代表。

楊秀瓊於 1936 年代表中華民國參加柏林奧運（德國），與陳振興為第一批香港及中國游泳員參加奧運（游泳共兩人）。因乘船而去，舟車勞頓，自由式表現遜預期。惟 100 米背泳破全國紀錄（卻無報導）。

兩段婚姻，第一任丈夫為著名騎師陶栢林（1939 年結婚），1948 年離異。

第二任丈夫為泰國華僑商人陳真廣（曾為東華三院副總理，1956），1948 年底結婚。

1962 年，楊秀瓊曾提倡設立並擔任香港拯溺總會女子部，為首屆主席。連續做了四年。

晚年移居加拿大，1982 年家居意外逝世，死後葬於加拿大溫哥華。

張乾文 004

張乾文（1932 年 6 月 15 日-），男，出生於婆羅洲，華僑。擅自由式、背泳，1950 年代前後紅透半邊天泳將。香港渡海泳冠軍。曾代表香港參加三次奧運（1952、1956、1960），一次亞運。有「太平山飛魚」之稱。

1952 年，獲選為香港奧運游泳代表（赫爾辛基），在 100 米自由式中，晉級入廿四強（複賽）。同年，100 碼背泳，創 1 分 3 秒 2 全港紀錄。

1953 年，創 100 碼自由式 52 秒 6、200 碼自由式 2 分 13 秒 9 全港紀錄。

1954 年，獲選為香港亞運游泳代表。

1954年時，擁有10項香港紀錄，包括自由式、背泳。

1959年，100米背泳，創1分12秒2全港紀錄。

1964年奧運火炬經港時，負責接力最後一棒，交給港督。

曾得六屆香港渡海泳冠軍（1947、1949、1950、1951、1953、1954年）。早期為東方會泳員，後為幸運會泳員。幸運會早期會長是徐亨。退役後曾為航空公司職員。

溫兆明—————— 005

溫兆明（1938年5月10日-），男，香港出生。香港游泳名將。南華會泳員。奧運、亞運泳手,香港六屆渡海泳冠軍。曾代表香港參加1956年墨爾本奧運（澳洲）。代表中華隊（臺灣）參加1954年亞運和1958年亞運。

1959年全港公開泳賽，100米自由式游58秒7，創全港紀錄。

1960年全港公開泳賽，100米自由式游58秒1，創全港紀錄，並破亞運紀錄（1958年東京亞運，58秒3，日本選手古賀學所創）。

曾奪得六屆香港渡海泳冠軍（1955、1956、1957、1958、1960、1961），為三個至今奪得香港渡海泳冠軍次數最多泳員之一。

1958年代表中華隊（臺灣）參加亞運，因被某代表區向大會投訴他雙重代表，教練不派其參賽，以致失去接力銅牌機會（當年中華隊得男子4×200米自由式接力銅牌，溫兆明自由式時間最快，若可出賽，必出賽）。

作為教練曾執教於南華會、東方會。後創立飛魚會。曾教過出色的泳手有盧笑娟（兩屆亞運代表：1970、1974）、梁沼蓮（英聯邦運會代表；香港渡海泳冠軍1974）、郭迪明（奧運代表：1976）……。

2016年初，獲「香港游泳教練會」頒發「2015年度傑出貢獻獎」。

曾出版二本書：《香港游泳發展史》，2014 年出版；《香港掌故史》，2018 年出版。

數年前心臟有疾入院，昏迷三日，差點仙遊，今勤作運動。現太太姓陳，乃資深游泳教練。兒子亦游泳教練。

郭鎮恒———— 006

郭鎮恒（1910 年代出生- ？），男，南華會泳員。香港三十年代游泳名將，香港蛙王、中國蛙王。

1933 年，代表香港，於第五屆全運會 200 米蛙式，游 3 分 5 秒 2 得金牌。

1934 年，代表中國參加遠東運動會。

1935 年，代表廣東，於第六屆全運會 200 米蛙式，游 3 分 9 秒 5 再得金牌。

游泳退役後，郭鎮恒仍義務繼續為香港游泳界服務，擔任游泳教練，及一些泳界要職（香港業餘游泳總會執行委員、香港中華業餘游泳聯會主席……等）。

徐　亨———— 007

徐亨（1912 年 12 月 6 日-2009 年 2 月 3 日），男，廣東廣州人，中國體壇名將，身高 6 呎，身裁健碩，多才多藝。

1932 年黃埔海軍學校畢業。

1934 代表中華民國，參加遠東運動會，得足球金牌（守門員），排球銀牌。

1938 年上海結婚，妻餘素馨。

1940 年代二次大戰期間，曾為中華民國擔任永寧艦長，因有戰功，獲香港政府頒發 O.B.E.勳銜。

1941 年全港華泳賽，50 碼自由式以 25 秒 02 得冠軍。

1948 年中華民國第七屆全運會，徐亨代表上海，獲 50 米自由式銅牌。

1949 年東方會在全港華泳賽創 4×50 米自由式接力紀錄，包括徐亨、張威林、黃志雄、錢仁澤四人，時間 1 分 53 秒 8.

同年，徐亨和張乾文、張威林、黃志雄代表東方會，在 4×50 碼自由式接力又創出中西賽紀錄（那時香港業餘游泳總會未成立）。

其後徐亨另創立幸運會，自己為主席，曾得水球聯賽冠軍，徐亨為前鋒；游泳則有張乾文、吳年等猛將，奪冠不少。

1952 年全港公開賽，徐亨與張乾文、吳年、William Teo，在男子 4×100 碼自由式接力，創出 3 分 48 秒 2 之全港紀錄。

1960 年代，徐亨曾當香港業餘游泳總會副會長之職。

1964 年開設富都大酒店（彌敦道），生意多元化。

1970 年當選為國際奧委會委員，至 1988 年，1988 年獲頒奧林匹克勳章。

在臺灣設有「徐亨體育基金會」，贊助運動員。

2009 年，因腎衰竭逝世於臺灣，享年 98 歲。

陳耀海———— 008

陳耀海（1952 年-），男，身高約 5 呎 10 吋，香港出生，又名景兒。九龍鄧鏡波中學畢業，大學留學臺灣，國立臺灣師範大學畢業（體育系）。擅背泳，東方會泳員，教練陳震南。港華代表。

曾得華泳賽甲組 1500 米自由式冠軍，乙組背泳冠軍。為香港分齡紀錄保持者（15-17 歲）。臺灣大專杯背泳冠軍。亦擅水球，當前鋒射手，是香港亞運水球代表（1978），東方會游泳教練，東方冬泳會水球教練。前香港游泳隊總教練。畢業後曾任香港體育教師數年。

陳耀海約於 1982 年入「銀禧體育中心」（後更名為「香港體育學院」）作游泳教練，1995 年升為游泳總教練。同時亦為香港游泳隊總教練。2013 年初退休。

當香港游泳隊總教練其間（共十八年），泳隊在亞運會共獲銅牌四面。在亞洲游泳錦標賽，共獲金牌 3 面（皆個人項目、共二人、韋漢娜兩面、郭健明一面）、銀牌 3 面、銅牌 15 面。

泳員共破八百多項香港紀錄。有兩泳員曾得世界杯（短池）賽分站（2011 年）金牌，分別為施幸余，黃鍇威　。

一家五兄弟皆擅泳： 弟陳耀邦為中華隊（臺灣）奧運和亞運游泳代表，香港渡海泳冠軍。陳耀宗為港華代表，400 米四式全港冠軍。弟陳念發、陳念成亦游泳好手。

70 年代中曾為東方會泳隊教練之一；80 年代初曾為東方冬泳會水球教練。

陳耀海現為「香港游泳教練會」會長。（前兩任分別為佟金城、David Haller）。

陳耀邦—————　009

陳耀邦（1954 年-），男，身高 5 呎 7 吋半，香港出生，東方會泳員。出道教練陳震南。中學為九龍鄧鏡波。國立臺灣師範大學畢業，香港及臺灣六十及七十年代知名泳手，曾代表中華隊（臺灣）參加 1968 年奧運、1970 年亞運，兩屆香港渡海泳冠軍；臺灣區運會前後共獲七金三銀。綽號「黑豹」，擅自由式、蝶式、背泳、個人混合式。

其兄陳耀海，是前香港游泳隊總教練，香港亞運水球代表。弟陳念成、陳念發、陳耀宗亦游泳好手。

1968 年 6 月中，香港奧運游泳選拔，200 米背泳游 2 分 40 秒

5，破香港紀錄；同年8月在臺灣，100米背泳游1分11秒1，獲選為中華隊（臺灣）奧運代表。200米背泳則破全國紀錄。

1970年，100米自由式游57秒7，獲選為中華隊（臺灣）亞運代表。同年香港渡海泳賽，得第一名，時間18分27秒6，破全港紀錄。同年港泰學生埠際賽，代表香港，輕取五面個人金牌。

1971年香港渡海泳賽，逆流下蟬聯冠軍。

1976年，全港華泳賽，得六面金牌。獲男子甲組全場個人冠軍（共5次）。同年，臺灣區運會，輕取100米自由式（57秒正，破區運紀錄）、100米蝶式（1分1秒6，平區運紀錄）冠軍，另兩項接力賽亦獲冠軍。

1982年，在臺灣出版《游泳技術》一書（360頁）。

曾創有中華隊（臺灣）游泳紀錄個人2項：200米背泳、100米自由式、另接力1項；香港游泳紀錄六項：200米背泳、100米蝶式、200米個人四式、400米個人四式、4×200米自由式接力、香港渡海泳賽（尖沙咀至中環線）。

何詩蓓———— 010

何詩蓓（Siobhan Bernadette Haughey）（1997年10月31日-），女，香港出生。父愛爾蘭人，母香港人。讀過聖保祿中學，美國密芝根大學學生。擅自由式、個人四式。香港奧運、亞運、世大運、世錦賽游泳代表。

世大運二金得主，亞運銅牌得主、世錦泳賽200米自由式第四名。

2013年，在世界青年游泳錦標賽，得1金（100米自由式）1銅（50米自由式）。

2014年亞運，何詩蓓得接力三面銅牌。

2016 年獲選為香港奧運游泳代表，何詩蓓在女子 200 米自由式晉入 16 強，為歷來香港女子最佳。

2017 年世錦泳賽，何詩蓓在女子 200 米自由泳項目中取得第五名，成為歷史上首位世錦賽晉身決賽的香港泳手。

同年在臺北世大運，獲得兩面金牌，分別為女子 100 米自由泳（54 秒 1）和 200 米自由泳（1 分 56 秒 71）。

2018 年亞運會，因腳傷而缺席。

2019 年 7 月，出戰世錦泳賽，在女子 200 米自由式得第四名，力追不及，游 1 分 54 秒 98，僅輸第三名瑞典名將施祖唐 0.2 秒。

何詩蓓本身在 2020 年奧運個人賽已有 2 張入場劵（達 A 標）。分別為 200 米和 100 米自由式。200 米為主項，應穩入 8 強（決賽），預期在正常進步情況，是爭獎牌泳手，5 名內份子。惟因疫情影響，奧運延期一年至 2021 年，多一年訓練，對她的進步有利。

何詩蓓共得 5 次年度最佳女泳手獎，分別為 2014（和歐鎧淳共享）、2015（和歐鎧淳共享）、2016、2017、2019 年。何詩蓓目前擁有香港游泳紀錄：長池 8 項；短池 7 項（2018 年 12 月）。

韋漢娜———————　011

韋漢娜（Hannah Wilson）（1989 年 3 月 10 日-），女，香港出生，高 1.65 米，重 55 公斤（泳員時期），南華會泳員，美國讀柏克來大學，香港 2000 年代知名泳手。擅自由式、蝶式。香港奧運、亞運、亞錦賽、東亞運游泳代表。亞錦賽 2 面金牌得主，亞運銅牌得主、世大運兩面金牌得主。

2004 年，獲選為香港奧運游泳代表。

2006 年，獲選為香港亞運游泳代表， 韋漢娜是屆獲得一面接力銅牌（女子 4×100 米自由式接力）。

同年，獲選為香港亞錦賽游泳代表，韋漢娜奪得兩面金牌。（女子50米自由式和女子100米自由式）

2008年，再獲選為香港奧運游泳代表。

2009年，東亞運游泳比賽，韋漢娜奪得二銀四銅。

同年，參加世界大學生運動會（貝爾格萊德），獲兩面金牌（100米自由式，54秒35；和100米蝶式，58秒24）。

是年，韋漢娜 在50米自由泳游25秒62、100米自由泳游54秒35、50米蝶泳游26秒66、100米蝶泳游58秒24，皆破香港紀錄。

2010年，在亞運游泳韋漢娜獲得兩面接力銅牌。

2012年，第三次獲選為香港奧運游泳代表。

韋漢娜曾在2006年和2009年獲最佳女泳手獎（香港游泳教練會頒發）。

王敏超 012

王敏超（1952年-），Ronnie Wong，香港出生，男，中學讀喇沙書院，美國讀佛羅理達大學（碩士）。海天體育會游泳部泳員，擅自由式、背泳、個人混合式。香港兩屆奧運、兩屆亞運游泳代表，另有一屆為亞運水球代表。三屆香港渡海泳冠軍。

一家人皆擅泳，父王華生，為香港甲組水球員。王敏超與王敏剛、王敏智三兄弟，加上尹劍英，曾奪華泳男子甲組4×200米自由式接力冠軍（1967），王敏剛亦曾得華泳賽男甲100米自由式亞軍（冠軍為王敏超，1969）。王敏智則在全港公開賽男乙200米蛙式得亞軍。其餘兄姊王敏幹、王敏馨亦是獎牌泳手。

1966年，得香港渡海泳亞軍，獲選為香港亞運游泳代表。

1967年，得香港渡海泳冠軍。

1968年，蟬聯香港渡海泳冠軍。

同年入選為香港奧運游泳代表。

1969 年，400 米個人混合式，創 5 分 33 秒之全港紀錄。

同年獲香港渡海泳冠軍。連續三屆。

1970 年，100 米自由式游 56 秒 4、200 米自由式游 2 分 9 秒 5、200 米背泳游 2 分 35 秒 8、100 米背泳游 1 分 8 秒 2，創香港紀錄。

同年，獲選為英聯邦游泳代表、香港亞運游泳代表。

1971 年，100 米背泳游 1 分 7 秒 1，創香港紀錄。

1972 年，入選為香港奧運游泳代表。同年在奧運村遇上「慕尼黑挾持人質事件」（德國）。王也被挾持留在宿舍內，後談判後全體團員獲釋。

後留學美國，現為香港業餘游泳總會會長，及港協暨奧委會義務秘書。

吳家樂 013

吳家樂（Ng Gar Loc Fenella），女，1980 年代知名泳員，擅自由式、蝶式。香港奧運、亞運、英聯邦運動會游泳代表。亞洲游泳錦標賽金牌得主。亞運銀牌得主。

1982 年，獲選為香港英聯邦運動會和亞運游泳代表。

1984 年，獲選為香港亞洲游泳錦標賽游泳代表。是年在此賽事中獲得兩面個人金牌（200 米、400 米自由式），另接力亦獲銅牌一面（女子 4×100 米混合式接力）。

同年，獲選為香港奧運游泳代表。

1986 年，又獲選為香港英聯邦運動會和亞運游泳代表，得一面接力銅牌。

1988 年，再獲選為香港奧運游泳代表。

1994 年，第四次獲選為香港亞運游泳代表，得一面接力銀牌。

（原為第三名，因前列對手接力犯規，遞上第二名）

吳家樂游泳退役後，轉玩划艇，1998 年亞運，代表香港划艇隊，獲兩面銀牌（個人賽）。

吳家樂曾三次出代表香港出戰奧運，包括（1984、1988 年奧運游泳，以及 2000 年奧運划艇）。及四次為香港亞運游泳代表（1982、1986、1990、1994）。

陳振興———— 014

陳振興，男，中學讀聖約瑟書院，帝汶華僑。福建體育會泳員，在港為華人會泳員，外號「翻江鼠」。1930 年代香港知名泳手。擅自由式，中國飛魚、香港飛魚。香港代表，中華民國奧運游泳代表。中國全運會（民國時期）冠軍泳手。

1930 年第四屆中國全運會（民國時期），代表香港，奪得兩面個人金牌，50 碼自由式游 26 秒 8；100 碼自由式游 1 分 4 秒 6，另有一面接力金牌。

1933 年，第五屆全運會，代表廣東，再奪 50 米自由式（28 秒 8）和 100 米自由式（1 分 8 秒 4）金牌。

1935 年，第六屆全運會，又返回代表香港，再奪 50 米自由式（28 秒 0）和 100 米自由式（1 分 5 秒 7）金牌，另有一面 200 米接力金牌。

1935 年 8 月，全港公開水運會（域多利會主辦），在 50 碼自由式，陳振興游 25 秒 2 得冠軍，破全港紀錄。

1936 年，獲選為中華民國奧運游泳代表（柏林奧運、德國、歐洲）。因乘船近一月而去比賽，缺少練習，又有時差，戰績平平，100 米自由式游 1 分 6 秒 5，未能入決賽。

是年中國奧運游泳隊成員祗有兩人，另一人是楊秀瓊（南華會），兩人是第一批中國奧運游泳代表。

杜敬謙———— 015

杜敬謙（Kenneth To），（1992 年 7 月 7 日-2019 年 3 月 18 日），香港出生，身高 5 呎 7 吋，體重 150 磅。

2 歲時隨家人移民澳洲。大學為悉尼科技大學 。擅個人四式，自由式、蛙式。

2010 年，代表澳洲，在青年奧運會得 6 面獎牌（1 金 3 銀 2 銅）（新加坡）。

2012 年，代表澳洲， 世界杯游泳賽中奪得多站：100 米自由泳，100 米蝶泳、100 米個人四式金牌，累積總分 195 分，榮獲「男子總冠軍」。在杜拜站，以 51 秒 13 刷新 100 米個人四式澳洲記錄。

2016 年，轉籍代表香港。因是香港出生，祇需停賽一年。

2017 年，代表香港，參加中國全運會。在混合代表隊接力賽事中，夥拍孫楊、汪順、徐嘉余三人（港浙隊），拿得 4×100 米自由式接力銀牌。為香港自 1997 年後首面全運會游泳獎牌。

2018 年，代表香港，參加亞運會， 杜敬謙，最佳成績項目為 50 米自由式，得第五名，時間為 22 秒 54。

2019 年 3 月 18 日，在美國佛羅里達訓練，上岸後身體不適，暈倒，經搶救無效，不治。終年 26 歲。

於 2017 年和 2018 年，獲年度最佳男泳員獎（香港游泳教練會頒發）。其在代表香港年多期間，在世界杯短池賽（分站），個人獎最高為 100 米個人四式、200 米個人四式銀牌。杜敬謙離世時在香港擁有十項短池紀錄，六項長池紀錄。

伍劭斌（Robyn C.Lamsam）———————— 016

伍劭斌（Robyn C.Lamsam），女，1990 年代香港游泳名將，擅自由式，中學為拔萃女校，大學留學澳洲。創香港游泳紀錄無數。為香港亞運游泳代表、奧運代表、英聯邦代表、亞運銀牌得主。

1992 年，獲選為奧運游泳代表。

1993 年，女子 100 米自由式創香港紀錄，時間 57 秒 90。女子 800 米自由式創香港紀錄，時間 9 分 11 秒 11。

1994 年，獲選為香港英聯邦游泳代表。

同年又獲選為香港亞運游泳代表。

是年亞運會，伍劭斌得一銀一銅。女子 4×100 米自由式接力得銀牌（接力隊員是：伍劭斌、劉敬亭、吳家樂、李穎詩。原本得第三名，遞上第二）

個人項目 50 米自由式得銅牌，時間 26 秒 95（原本得第四，遞上第三；第一名因用禁藥遭取消資格）。

是年女子 400 米自由式，游 4 分 24 秒 23，創香港紀錄。（藍家汶於 2006 年 12 月之亞運決賽，游 4 分 20 秒 76 破其紀錄）。

1995 年哥倫比亞太平洋運動會，獲三面金牌，分別為 100 米蝶式、200 米自由式和 400 米自由式。

1998 年，再入選為亞運游泳代表。

王　羽（王正權）———————— 017

王羽（1943 年 3 月 28 日-），男，原名王正權，上海出生，王羽乃藝名。1960 年代初香港知名蛙泳好手，青年會泳員。後期為東方會泳員，甲組水球員（前鋒）。香港亞運水球初選代表。

在上海時已是蛙式游泳高手，後移居香港。在港讀珠海書院工商管理系；游泳教練為游泳名將陳震南。

其父在大陸為空軍人員。王羽擅武術，喜打鬥。

1962 年參加全港華泳比賽，王羽參加乙組賽事，輕易獲得男乙個人全場冠軍，亞軍為名將譚永成。

王羽在 100 米蛙式中游 1 分 22 秒 8，破華泳乙組紀錄，另得 200 米蛙式和 200 米個人混合式冠軍。

同年，王羽在亞運入選香港水球隊初選名單（14 人選，再選 11 人），不知何原因棄賽。

1963 年參加全港公開游泳比賽，在男甲 200 米蛙式中，得第三名。

及後王羽與友數人往邵氏電影公司應徵演員，王羽因是游泳冠軍及懂武術，故被看中錄取，以後因拍片繁忙，游泳便疏於練習。

後來王羽拍「獨臂刀」大紅，成了武俠片巨星。薪酬極之可觀。

曾和著名演員林翠結婚（前妻，已故），他們的女兒為前藝人及歌手王馨平。後移居臺灣。

現居於臺灣臺北一座豪宅，家有 20 米游泳池。近年曾中風，右手活動不便。

方力申———— 018

方力申（Alex Fong lik Sun）（1980 年 2 月 26 日-），男，身高 5 呎 9 吋。南華會泳員，中學聖約瑟書院，港大畢業。1990 年代末知名泳手，擅背泳、四式。為背王、四式王。也為香港奧運、亞運、東亞運、全運會代表。

1997 年，方力申獲選為香港全運會和東亞運游泳代表。

1998 年，獲選為香港亞運會游泳代表。

2000 年，首次獲選為香港奧運會游泳代表。

同年，100 米背泳游 59 秒 71，200 米背泳游 2 分 5 秒 47、400

米個人混合式游 4 分 29 秒 02，破香港紀錄。

2001 年，方力申獲選為香港全運會和東亞運游泳代表。

2002 年，第二次獲選為香港亞運會游泳代表。

退役後全力向歌影視圈發展（香港和中國內地），成績不俗，成為知名藝人。

孔令馥（謝雪心）—————— 019

孔令馥（1953 年 11 月 1 日-），藝名謝雪心，萬世師表孔子後人。其父孔仲揆，精於書法、繪畫。

孔令馥年青時是東方會泳員，得過華泳賽乙組冠軍（100 米背泳），為華泳甲組泳員、港華代表。擅背泳，東方會背后。其夫陳啓亨，亦東方會泳員，同擅背泳，得過華泳賽接力冠軍。

其教練為昔日長途氣袋，名將陳震南（三屆渡海泳冠軍、1948 年全運會兩面個人金牌、中華民國及香港代表），同門師兄弟則有陳耀海、陳耀邦等。

1967 年，全港華人新秀賽，代表東方會，在女子組得 100 米背泳冠軍（1 分 45 秒 4）和 200 米個人四式冠軍（3 分 53 秒 6）。表現出色。

同年，全港華泳賽，代表東方會，得女乙 4×50 米四式接力冠軍，時間為 3 分 8 秒 2。

同年，香港渡海泳賽，得女子組第八名（13 歲）。

1968 年，全港公開泳賽，女乙 100 米背泳，獲得冠軍，時間 1 分 32 秒 8，香港渡海泳賽，得女子組第五名。

1969 年，全港公開泳賽，女甲 100 米背泳，獲得季軍。

在亞視作藝員期間，曾作大型國際賽事體育主持，負責游泳項目。

李啓淦 020

李啓淦（Johnny Li）（1967 年 7 月 16 日-），男，身高 6 呎 1 吋，中學畢業於華仁書院，大學為美國柏克萊加州大學，南華會泳員。擅自由式，男飛魚。香港奧運、亞運、英聯邦運動會游泳代表。亞洲游泳錦標賽銅牌得主。其兄李啓鋒，亦是游泳和籃球好手。

1981 年，全港華泳賽，李啓淦在男甲 100 米自由式得冠軍，時間 55 秒 3，破大會紀錄，成為華人新飛魚。

1981 年世界分齡游泳，男童 14 歲組，李啓淦在 50 米自由式，世界排名第一（25 秒 06）；在 100 米自由式，世界排名第二（55 秒 10）。（國際游泳協會公佈）

1982 年，獲選為香港英聯邦游泳代表。

同年，獲選為香港亞運游泳代表。

1983 年，男子 100 米自由式游 53 秒 27，創香港紀錄。

1984 年，獲選為香港奧運游泳代表。

同年，代表香港參加亞洲游泳錦標賽，在 100 米自由式中，得銅牌一面，時間為 54 秒 21。

1986 年，獲選為香港英聯邦游泳代表。

同年，獲選為香港亞運游泳代表。

1988 年，獲選為香港奧運游泳代表。

退役後，曾任游泳教練、電視體育節目主持，也營商。曾得 1994 年度最有貢獻教練獎（香港游泳教練會）。

歐鎧淳 021

歐鎧淳，女，（Au Hoi Shun Stephanie）（1992 年 5 月 30 日-），香港人，身高約 5 呎 8 吋，體重約 121 磅。現同為藝人。中學讀嘉諾撒聖心書院。大學畢業於美國柏克萊。為 2000 年代末期至今知名泳手，迪泳會泳員，擅自由式、背泳。曾任香港奧運、亞運、世錦賽、全運會等代表。亞運銀牌得主。世界杯短池賽銀牌得主。

2008 年，歐鎧淳獲選為香港奧運游泳代表。

2010 年，獲選為香港亞運游泳代表。得一面接力銅牌。

2012 年，再獲選為香港奧運游泳代表。

2014 年，歐鎧淳在亞運得三面接力銅牌。

2016 年，第三次獲選為香港奧運游泳代表。

2018 年，再獲選為香港亞運游泳代表。

這年歐鎧淳得一銀兩銅（皆接力），銀牌屬意外之喜：

女子 4×100 米混合接力　銀牌

（原為第四名，前列被取消資格而遞上第二）

女子 4×100 米自由式接力　銅牌

女子 4×200 米自由式接力　銅牌

曾得年度最佳女泳員獎 5 次：2013 年、2014 年、2015 年、2018 年、2019 年。（香港游泳教練會頒發）

歐鎧淳現仍擁有香港游泳紀錄長池 6 項、短池 7 項。

2019 年，女子 100 米背泳，歐鎧淳稍後達 A 標，獲得奧運入場券。惟因疫情影響，2020 年奧運延後至 2021 年舉行。

歐嘉慧 022

歐嘉慧，女，原名區淑芬，中青會泳員。擅蛙式，蝶式亦可。曾得華泳賽女乙 200 米蛙式冠軍。

游泳光芒時間短暫，即把握機會棄泳從影，大紅。

1955 年 8 月，代表中青會參加全港華人游泳公開賽，奪得女子乙組 200 米蛙式冠軍，時間 3 分 40 秒 8。稍後代表中青與澳門來港之虎鯊泳會友賽，100 碼蛙式游 1 分 32 秒 6 奪冠。

1955 年 9 月 9 日，在第五屆中國記者水運大會上，表演蛙式，博得全場好評。

其後邵氏公司於 1955 年成立了粵語片組，首次有計劃的培育新影星。公開招考和推薦，歐嘉慧被遊說加入。於是棄泳從影。

1960 年代末期，語片漸衰，歐嘉慧於 1970 年加入無綫電視演出。1973 年與名司儀何守信（何 B）結婚，1975 年離婚。

古敏求 023

古敏求，男、中青會泳員，擅蛙式，1960 年代前後知名泳手。港華游泳代表，蛙王。曾任香港中華業餘游泳聯會總幹事多年。

1954 年，在男子 200 蛙式游 3 分 14 秒 2（勵進）得季軍。

1958 年，古敏求獲選為港臺游泳埠際賽代表。

1960 年，全港華泳賽，古敏求奪得男甲 200 米蛙式冠軍，時間 3 分 1 秒。

同年，全港公開泳賽，古敏求在男子 100 蛙式游 1 分 20 秒 8 得亞軍。冠軍盧洪超時間為 1 分 19 秒 5，全港新記錄。

1961 年 9 月 27 日，全港公開泳賽預賽，古敏求在男子 100 米蛙式游 1 分 18 秒 9，創新全港紀錄，時間排第一（破盧洪超之全港紀錄 1 分 19 秒 5）。決賽古敏求則游 1 分 19 秒 5 得冠軍。男子 200 米蛙式則以 2 分 59 秒 4 奪得冠軍。兩項蛙式冠軍，成為是賽蛙王。

1965 年全港華泳賽，古敏求奪得 200 米蛙式冠軍，時間 3 分 5 秒 4（亞軍詹國雄）。

1970 年代，獲選為香港中華業餘游泳聯會總幹事，大力推動華人游泳。

古敏求做香港中華業餘游泳聯會總幹事約廿年左右。其後移民加拿大，間中回港探望親友。

曾河福 024

曾河福（191?年-2014年），男，出身望族，祖父建沙田曾大屋，河福繼承祖業，為一族之長。自少年已拉得一手好二胡，愛與曲壇名伶名師往還。香港1930年代著名泳員，後為著名游泳教練。中華民國遠東運游泳代表。後期綽號「曾大爺」，擅粵曲，70年代與子喉名家嚴淑芳綰結同心。其女曾若蘭亦游泳好手，華泳乙組冠軍（50年代中）。

擅自由式，蝶式、蛙式。17歲為全港多項冠軍。

1934年，獲選為中華民國遠東運游泳代表。

抗日期間曾在中國大陸為四川緝私處重慶查緝員。返港後曾擔任南華會游泳部總教練。

1948年，獲選為全運會香港游泳代表。

1972年，曾任麗的映聲擔任嘉賓主持（游泳示範）。

1975年，出版《游泳訓練新法》一書（萬里出版社）

黃婉貞 025

黃婉貞，女，香港1940年代知名女泳員，女飛魚，青泳團泳員，香港代表，全運會四面金牌泳手（民國時期）。父為黃錫滔醫生。妹黃婉生，亦香港游泳代表，和全運會金牌泳手。

1948年，第七屆中華民國全運會，黃婉貞代表香港，在女子組奪得三面個人金牌和一面接力金牌。

女子50米自由式，游35秒9，冠軍兼破全國紀錄。

女子100米自由式，游1分20秒6，冠軍兼破全國紀錄。

女子400米自由式，游7分16秒3，得冠軍。

另在女子4×50米自由式接力，與黃婉生、高妙齡、曾鳳群，游出2分35秒6，得冠軍及創全國紀錄，並奪得女子個人全場冠軍。其妹黃婉生，也奪得女子二百米蛙式冠軍和四百米自由式亞軍。

黃婉貞之 100 米自由式紀錄，保持到 1954 年，才為中華人民共和國之梁柯妹以 1 分 14 秒 4 所破，梁之紀錄又為戴麗華於 1955 年以 1 分 11 秒 2 所破。

絲依架（Cynthia Eager）———— 026

絲依架，女，洋人，香港一九五零年代十分知名女泳手，域多利會（VRC），女飛魚。香港渡海泳四屆冠軍，奧運代表。

1948 年，她幫域多利會創 4×50 碼自由式全港紀錄。

1950 年、1951 年，得香港渡海泳冠軍。

1952 年，100 碼自由式游 1 分 5 秒 4；220 碼 2 分 39 秒 4；440 碼 5 分 33 秒 8，創三項全港紀錄。

同年入選為香港奧運代表。

1953 年，得香港渡海泳冠軍。

1954 年，再得香港渡海泳冠軍，游 24 分 26 秒 4，創全港紀錄。前後共得四屆香港渡海泳冠軍（中間有一屆未參加，為華人陳倩宜取得冠軍，1952 年），為至今在女子組香港渡海泳奪冠次數最多者。

陸經緯———— 027

陸經緯，1940 年代出生，Robert Lok，男，勵進會泳員，香港六十年代著名泳手。香港兩屆奧運代表和一屆亞運代表。擅蝶式、自由式。父親陸安東，一家四兄弟姊妹皆擅泳，同為亞運代表。

1963 年，參加香港渡海泳賽，獲男子組冠軍。

1964 年，參加香港渡海泳賽，獲男子組冠軍，時間 19 分 15 秒。同年，創四百米自由式香港紀錄，時間為 4 分 50 秒；一百米蝶式香港紀錄，時間為 1 分 8 秒 6。

同年，獲選為香港奧運游泳代表。

1966 年，分別創造出多項香港紀錄，包括 1500 米自由式(19 分 57 秒 9)、200 米蝶式（2 分 30 秒 9），400 米個人混合式（5 分 37 秒 1）、100 米蝶式（1 分 5 秒 1；於 1972 年為陳耀邦以 1 分 4 秒 4 所破）和兩項接力。在 12 項池賽中，共擁有 7 項香港紀錄（其中兩項為接力）。

同年獲選為香港亞運游泳代表，其餘陸氏姊弟入選的還有陸海天、陸錦繡、陸海通。

1968 年，再次獲選為墨西哥奧運游泳代表。其弟陸海天亦入選，另一入選者為王敏超。

後聞說舉家先後移居美國。

黃錫林———— 028

黃錫林（Terry S.L . Wong），男，中青/南華/幸運會泳員，身型略高而偏瘦。擅蝶式。泳壇知名人物。乙組冠軍泳員。六屆渡海泳冠軍香港名將溫兆明為其師傅。早年比賽時叫黃錫霖。約 1962 年前後參加公開泳賽。

1967 年，華泳比賽，乙組 100 米蝶式，游 1 分 24 秒 2，輸給 13 歲超班之陳耀邦，得亞軍。

1968 年，全港公開泳賽，黃錫林代表中青，在男乙 4×100 米四式接力項目，取得冠軍（接力四人為：何銘良，背；曹維新，蛙；黃錫林，蝶；陳澤恩，自），時間 5 分 24 秒 2，亞軍東方（擁有泳手陳耀海、葉達成……），季軍海天（擁有泳手王敏剛、趙展鴻…）。

黃錫林得嘗公開賽冠軍滋味。爾後不久退役出來工作，難以練習游泳。

1978 年，創立環通旅行社及環通工程公司。本身同時仍為香港泳界出力，擔任香港中華業餘游泳聯會埠際主委等職。常為港華泳隊安排出外比賽。及後接手香港中華業餘游泳聯會總幹事（約 1990 年代），不時邀請中國游泳隊、跳水隊訪港示範，讓港泳員從中學習。

黃錫林現任環通旅行社有限公司董事總經理、世界黃氏宗親總會副理事長、香港中華業餘體育協會主席（華協主席）、香港中華業餘游泳聯會副主席、及其它義務工作等。

華協會養馬，其為華協主席，不時見其映拉頭馬相。喜歡賽馬，全年在賽馬日包廂座。

麥克曲架（Mark Crocker） 029

麥克曲架（Mark Crocker），1950 年代出生，男，洋將，威爾斯人，三歲移民香港。婦遊會，香港 1970 年代知名泳手，曾出席兩屆奧運。

就讀於美國阿拉巴馬大學，跟隨名教練金比爾。

1971 年，創香港 4 項個人青少年組紀錄。

1972 年，獲選為香港奧運游泳代表，該屆游泳只派兩人，另一人是王敏超。該年奧運發生「慕尼黑事件」，巴勒斯坦解放組織在奧運村挾持人質，香港代表隊在同一大厦宿舍也被挾持，麥克曲架從窗口爬出沿牆逃生，照片成為報章新聞主角。

1973 年，全港公開賽，1500 米自由式游 19 分 45 秒 3，200 米背泳 2 分 34 秒 7，皆創全港紀錄。

1974 年，獲選為英聯邦游泳代表。

1975 年，全港公開賽，400 米自由式游 4 分 30 秒 5，100 米背泳游 1 分 6 秒 4，100 米自由式游 55 秒 5，皆創全港紀錄。

1976 年，再入選為奧運代表，在奧運 100 米自由式創出 54 秒 14，破了當時的亞運紀錄（最快為 1970 年之 55 秒 31)。200 米自由式游 2 分 0 秒 81，亦創香港紀錄。

1977 年，100 米自由式最佳時間為 53 秒 5。

1978 年，獲選為香港英聯邦運動會游泳代表。

蔡曉慧 030

蔡曉慧（TSAI Hiu Wai Sherry）（1983 年 9 月 4 日-），女，身高 1 米 63，中學讀女拔萃，美國唸柏克萊加州大學。香港 2000 年代前後知名泳手，背后。香港奧運、亞運、東亞運、全運會、亞錦賽游泳代表。

1998 年，獲選為香港亞運游泳代表。

同年，代表香港參加在莫斯科舉行的世界青年運動會，獲得銀牌（100 米背泳、1 分 4 秒 84）。

同年，代表香港參加在上海舉行的世界中學生運動會，獲得銀牌（100 米背泳、1 分 5 秒 23）。

2000 年，獲選為香港奧運代表。

2001 年，在東亞運泳賽，獲得一面接力銅牌。

同年，50 米背泳游 29 秒 88、200 米個人混合式游 2 分 21 秒 82，皆破香港紀錄。

2002 年，獲選為香港亞運游泳代表。

2004 年，再獲選為香港奧運代表。

2006 年，在亞運會游泳接力得一面銅牌。

2007 年，在澳門室內運動會， 蔡曉慧獲 8 金 1 銅 。

2008 年，第三次獲選為香港奧運會代表。

同年，獲選為香港亞錦賽游泳代表，得 1 銀 2 銅。

同年第三屆室內運動會，蔡曉慧獲 3 金 3 銀 2 銅。

蔡曉慧曾獲年度最佳運動員獎（香港游泳教練會），及其它獎項。

蔡曉慧游泳退役後作多元化發展，如電視臺體育節目主持等，並兼游泳教練，培育後輩。

沈寶妮 031

沈寶妮（1954 年-），女，臺灣人，1970 年代前後臺灣名將，擅自由式，蝶式、四式。中華奧運、亞運游泳代表，亞運銅牌得主。創多項臺灣全國紀錄。

一家皆擅泳，父沈學優，從商，其弟沈大陸、妹沈倍妮亦亞運代表，1970 年三姊弟同時征戰曼谷亞運，姊沈露露、沈燕妮等亦為一級泳手，有沈家班之稱。

其教練為蒲德克，外籍人士，曾在香港某洋行工作，後轉往臺灣工作，1968 年擔任中華隊義務游泳教練。

1968 年，獲選為中華隊奧運游泳代表。泳隊代表一共有四人，包括陳景明（陳耀邦）、李東興、黃蓮花等。

1970 年，獲選為中華隊亞運游泳代表，泳隊隊員包括陳景明（陳耀邦）、張高堂、許東雄、吳百慶、沈倍妮、王丹玉、許玉雲。是年沈在女子 4×100 米自由式接力中獲得一面銅牌。

1972 年後來港參賽，代表海天體育會游泳部，主項戰無敵手。創多項香港游泳紀錄。

1972 年，女子 100 米自由式游 1 分 7 秒 4、100 米蝶式游 1 分 15 秒、200 米蝶式游 2 分 56 秒 5、200 米個人混合式游 2 分 45 秒 6，皆破香港紀錄。

同年參加香港渡海泳賽，被捧成大熱，料其可輕勝而回，惟沈不擅有浪海賽，大熱倒灶，祗得第二，冠軍為葉佩英（去年亞軍），爆出小冷門。

1973 年因留學英國，不再來港參賽。

曾意銘 032

曾意銘，男，觀塘泳會泳員，1980 年代知名泳手，擅蝶式、四式、中長途自由式。香港奧運、亞運、英聯邦、亞錦賽游泳代表。亞洲游泳錦標賽金牌得主（200 米蝶冠軍）。

1982 年，曾意銘獲選為香港英聯邦和亞運游泳代表。

同年，全港華泳賽獲男甲個人全場冠軍。

1983 年、全港華泳賽再獲男甲個人全場冠軍。

1984 年、全港華泳賽又獲男甲個人全場冠軍。

同年，獲選為香港奧運游泳代表。

同年獲選為香港亞錦賽游泳代表，是次比賽，曾意銘在男子 200 米蝶式得金牌（雙冠軍，與韓國泳手並列，第三名為日本泳手），時間是 2 分 6 秒 28；男子 100 米蝶式得銀牌，時間是 57 秒 10 。

1986 年，再獲選為香港英聯邦和亞運游泳代表。在 7 月之香港男子游泳紀錄中（50 米長池），個人 12 項目，曾意銘擁有七項（分別為蝶式、個人混合式、自由式），另接力三項皆有其名。

現為游泳教練，培育後輩。

吳慶華 033

吳慶華，女，香港 1980 年代前後知名泳手，花名「豆豆」，南華會、東方冬泳會泳員。港華、香港游泳代表。擅背泳、四式。有「女神童」之稱。本港分齡賽每賽必拿多面金牌，同齡實力超群。

其父吳柱中為醫生；其母陳隸甜擅中醫推拿，人稱「豆媽」，好請客，樂於助人。其姊吳婉琪為港華游泳代表。

1978 年，吳慶華參加香港渡海泳賽，以 9 歲初之齡得女子組第七名，因而引來不少報章報導，大加讚賞。

1980 年，代表香港參加夏威夷分齡泳賽。

同年，華泳賽，得女子乙組個人全場亞軍，時年十歲。女乙 100 米背泳得冠軍，時間 1 分 24 秒 05，破大會紀錄。

1981 年，參加西貢渡海泳賽，獲女子組第二名，冠軍是黎慧。

同年，華泳賽，女甲 100 米背泳得冠軍，時間 1 分 21 秒 26。榮膺華人背后。

1982 年，代表香港參加夏威夷、洛杉磯等地分齡泳賽。獲金銀牌多面，為港爭光。

同年，華泳賽，得女子甲組個人全場冠軍，，時年十二歲。100 米背泳得冠軍，時間 1 分 17 秒 45，破華泳紀錄。再榮膺華人背后。

1983 年，代表香港參加新加坡之分齡泳賽，得二金一銅。後在港游泳退役，專注讀書。

現居美國。2016 年 10 月，曾回港參加香港渡海泳賽作娛樂，並探望親友。

高妙齡———— 034

高妙齡（已歿），女，勵進會泳員，擅自由式，1940 年代末知名泳手。香港中國全運會（民國時期）游泳代表，中國全運會金牌得主。

其弟高惠邦，為中華隊（臺灣）亞運羽毛球代表，臺灣第一屆省運羽毛球單打冠軍（1950 年代中）。國立臺灣師範大學畢業（體育系），美國春田大學體育碩士，曾任教中文大學，香港大學。

1940 年 10 月，青年會會友水運會，高妙齡在女子 200 米自由式得冠軍。

同年，在勵進會與東方會游泳對抗賽中，50 米自由式得冠軍，游 36 秒正，平全國紀錄。

1948 年（民國時期），高妙齡獲選為香港中國全運會游泳代表。在女子 50 米自由式中，高妙齡獲得一面銀牌（賽前弄傷手指流血），輸給當時香港及中國女飛魚黃婉貞（游 35 秒 9，創全國紀錄）；另在女子 200 米自由式接力中獲得金牌，時間 2 分 35 秒 6，創新全國紀錄。接力隊員名單為：黃婉貞、黃婉生、高妙齡、曾鳳群。

此屆全運會，香港隊獲得男子團體冠軍、女子團體冠軍。男子奪獲金牌三面（陳震南個人有兩面、接力一面）；女子奪獲金牌五面（黃婉貞個人金牌三面、接力一面；黃婉生個人金牌一面）（女子組有六項）。

香港泳隊在這次賽事大豐收，為港人爭光，香港報章大篇幅報導。高妙齡亦記有一功。

沈德寶莉——— 035

沈德寶莉（Deborah Sims），女，香港出生，中學讀香港瑪利諾。父為澳洲人，母為中國人。擅游蛙式，香港蛙后。香港亞運游泳代表。英聯邦代表。

1978 年，獲選為香港英聯邦和亞運游泳代表。

1979 年，創出兩項女子蛙泳香港紀錄，100 米蛙式游 1 分 19 秒 72、200 米蛙式游 2 分 51 秒 19。另 4×100 米混合式接力亦破香港紀錄。

游泳退役後，從事健美事業，並拍電影。曾結婚，後離異。

黃澤鋒（黃澤民）———— 036

黃澤鋒（黃澤民）（Wong Chak Fung、Brian），（1967 年-）香港出生，男，東方/東方冬泳/南山會泳員，擅自由式（長途），香港游泳代表，長途海賽冠軍，知名影視藝人。

其兄姊皆擅泳，兄黃澤中得不少海賽冠、亞軍； 姊黃靜音亦游泳好手，（華泳女乙個人全場冠軍《雙冠軍》）

1978 年，全港公開冬泳長途賽（近水灣），黃澤鋒獲小童組冠軍，兄黃澤中得男子組冠軍。姊黃靜音得女子組亞軍。

1982 年，全港華泳賽，男乙 400 米自由式得冠軍，時間 4 分 45 秒 08，破大會紀錄。

1983 年，全港華泳賽，男甲 200 米蝶式和 1500 米自由式得亞軍，都輸給蝶王曾意銘。

同年，大埔吐露港渡海泳賽，得男子組冠軍。（38 分 21 秒）

1984 年，全港華泳賽，男甲 200 米蝶式得亞軍，輸給蝶王曾意銘，男甲 1500 米自由式得亞軍，冠軍為亞運代表劉志雄。

現為游泳教練、泰拳裁判、影視藝人。

盧笑娟———— 037

盧笑娟，1950 年代出生，女，南華會泳員。港華代表、亞運代表。蛙后。1970 年代知名泳手。

曾代表香港參加兩屆亞運（1970、1974）。教練為溫兆明。

1970 年，在 200 米蛙式中，游出 3 分 10 秒 8，打破中青會曹旺卿於 1966 年所創的 3 分 10 秒 9 紀錄。

1970 年，獲選為香港亞運代表，同時獲選的還有曹旺卿、京士利（J.Kingsley）、王敏超、曹錦新、曹維新。

1973 年，全港公開泳賽，100 米蛙游 1 分 26 秒 4、200 米蛙游 3

分 8 秒 6，兩項皆破全港紀錄。

1974 年，獲選為香港英聯邦游泳代表。

同年，獲選為香港亞運代表，香港泳隊祇派三人，其餘二人分別為李雁婷、許健萍。

其夫趙展鴻，昔為海天體育會游泳部泳員，曾為港華代表、擅背泳。曾任香港奧運游泳隊領隊，現為香港業餘游泳總會義務秘書。

其女趙善穎，為香港奧運游泳代表（2000），亦為蛙后。

區婉玲 038

區婉玲，女，海天體育會游泳部泳員，1950 年代後期香港知名女泳手，女飛魚。中華隊（臺灣）亞運游泳代表。渡海泳冠軍。

1957 年，全港公開賽，100 碼背泳游 1 分 14 秒 5，創新全港紀錄。

同年，得香港渡海泳賽，女子組第一名。

1958 年，得香港渡海泳賽，女子組第三名。

同年獲選為中華隊（臺灣）亞運游泳代表。在亞運女子 4×100 米混合接力中，獲得銀牌。在女子 4×100 米自由式接力中，獲得銅牌。

另在女子 100 米背泳中，游出 1 分 21 秒正，破全國紀錄。

1959 年，100 米自由式游 1 分 12 秒 4、400 米自由式游 6 分 4 秒 9，皆破香港紀錄，成為該年女飛魚。

1959 年，得香港渡海泳賽，女子組第二名。

鄧浩光 039

鄧浩光，男，中青會泳員，中學讀聖約瑟，80 年代前後知名泳手，男飛魚。擅自由式、背泳、四式。香港亞運游泳代表。

其父鄧乃鑄，香港羽毛球好手，其時為香港游泳隊領隊、教練。其弟鄧國光，亦為亞運代表。

1977 年，華泳賽得男子乙組個人全場冠軍。

1978 年，入選為香港亞運代表。同年，得大埔吐露港渡海泳賽男子組冠軍。

1979 年，華泳賽得男子甲組個人全場亞軍。

1980 年，華泳賽得男子甲組個人全場冠軍。

同年，100 米背泳游 1 分 06 秒 09 、200 米背泳游 2 分 27 秒 14，兩項皆破香港紀錄。

退役後曾入銀禧中心做游泳教練，後轉入影視圈，在一些電視劇集中任主角。電影中亦任主角。

陳娟秀 040

陳娟秀（Katherine Tan），女，緬甸華僑，移居香港。勵進會泳員，香港 1960 年代著名女泳員。擅自由式，蝶式和四式，女飛魚，香港亞運游泳代表。

曾得三屆香港渡海泳冠軍（1964、1965、1966）。

1966 年公佈之全港女子游泳紀錄，陳娟秀十項佔了七項（其中兩項為接力）。一百米自由式為 1 分 11.8 秒（1966 年創），破區婉玲海天體育會游泳部泳員於 1959 年所創的 1 分 11 秒 9 紀錄。一百米蝶式為 1 分 25 秒。

同年當選為香港亞運游泳代表，其妹陳寶秀亦為亞運游泳代表。

1967 年移民泰國。

郭錦娥 041

郭錦娥，1930 年代出生，女，中青會，1950 年代知名泳員，蛙后。奧運代表。

1949 年，華泳賽 200 米蛙式創 3 分 21 秒 4 大會紀錄。

1951 年，香港渡海泳賽，得女子組第二名。

1952 年 100 碼蛙式游 1 分 22 秒 4，200 碼蛙式游 2 分 53 秒 6，同破香港紀錄。

同年獲選為香港奧運游泳代表，參加赫爾辛基奧運，為首批香港奧運四個游泳代表之一，其餘三人為張乾文、絲依架、蒙迪路。

1953 年，破 220 碼蛙式香港紀錄，時間為 3 分 20 秒 3。

1954 年，香港渡海泳賽，得女子組第二名。

同年破 100 碼蝶式紀錄，時間為 1 分 37 秒 3.

曹旺卿 042

曹旺卿，女，香港六十年代知名女泳手，擅蛙式，中青會泳員，羅富國師範學院畢業。60 年代繼李衍瑜（奧運代表）之後成為新蛙后。為亞運代表，港華代表，香港渡海泳冠軍。

1966 年，在女子 200 米蛙式，游 3 分 10 秒 9，創香港紀錄。同年，獲選為香港亞運游泳代表。

1968 年，香港渡海泳賽，在女子組奪得冠軍，時間 28 分 32 秒 2，蛙泳選手奪得香港渡海泳冠軍實屬稀有。

1970 年，在女子 100 米蛙式，游 1 分 27 秒 5，破香港奧運代表李衍瑜在 1966 年所創之 1 分 27 秒 6 之香港紀錄。

1970 年，入選為香港亞運代表，同年入選的還有他兩個弟弟，曹錦新和曹維新，兩個弟弟皆擅蛙式。另有一姊叫曹旺雲，曾在新秀賽女子 100 米，得女子得亞軍。

夫為呂植堅，中青會，亦擅蛙，甲組冠軍泳手。

李繼賢 043

李繼賢（ Arthur Li ），男，身高 6 呎 2 吋。1990 年代知名泳手，男飛魚。擅自由式、蝶式。香港奧運、亞運、東亞運、英聯邦運動會、中國全運會游泳代表。

1988 年，獲選為香港奧運游泳代表。

1990 年，獲選為香港英聯邦游泳代表。

1992 年，再獲選為香港奧運游泳代表。

1993 年，獲選為香港東亞運游泳代表。

同年，100 米蝶式游 55 秒 78，破香港紀錄。

1994 年，獲選為香港英聯邦和亞運游泳代表。

1996 年，第三次獲選為香港奧運游泳代表。

同年，100 米自由式游 51 秒 84，破香港紀錄。（這紀錄保持了 12 年，至 2008 年才為林政達，以 51 秒 52 所破）

1997 年，獲選為香港東亞運和中國全運游泳代表。

1998 年，又獲選為香港亞運游泳代表。

李繼賢本身患上哮喘病，遵從醫生建議游泳，使病情大好，且能游泳出色，出席過三次奧運會。十分難得。

祁鳳霞 044

祁鳳霞，1940 年代出生，女，中學讀九龍瑪利諾，華員會泳員，擅背泳、長途自由式，女飛魚。1950 年代末香港游泳名將。曾代表香港參加亞運會。三屆香港渡海泳冠軍。

曾在澳洲讀大學，為祁潤華（曾為香港中華業餘游泳聯會主席、東方會游泳部主任）第六女公子。

其妹祁鳳媚，亦是香港冠軍泳手，曾得香港渡海泳亞軍。

1957 年，得香港渡海泳女子組亞軍。（冠軍為區婉玲）

1958 年，奪得香港渡海泳女子組冠軍。

同年獲選為香港亞運游泳代表。是年游泳隊祗派二人，另一人為吳祺光（男）。

1959 年，100 米背泳游 1 分 20 秒 8，破香港紀錄。

同年，蟬聯女子渡海泳冠軍。其妹祁鳳媚得亞軍。

1960 年，再獲香港渡海泳冠軍，為連續三屆奪冠，華人女子中第一人。並創出 21 分 52 秒 2 之全港紀錄。

是年奧運選拔，因病成績未達標而落選。

1961 年，得香港渡海泳女子組亞軍。

祁鳳霞游泳退役後，於太古公司工作，曾被派赴英國進修。

1970 年，祁鳳霞結婚，嫁夫姓許。

今聞已過身多年。

李雁婷 045

李雁婷，女，中學讀九龍瑪利諾，海天體育會游泳部泳員。1970 年代知名泳手，香港奧運和亞運游泳代表。擅自由式。

妹李雁慈，亦擅泳，100 米蛙式得華泳賽乙組冠軍。

1974 年，入選為香港亞運游泳代表。泳隊另外二人是許健萍和盧笑娟。

1975 年，華泳比賽，獲女子甲組個人全場冠軍。（男子甲組個人全場冠軍是陳耀邦）

100 米自由式，游 1 分 7 秒 6，榮膺華人女飛魚寶座。

全港公開賽，200 米自由式游 2 分 22 秒 8，800 米自由式游 11

分 2 秒 7，皆創新全港紀錄得冠軍。

同年香港渡海泳賽游第二名，輸給洋女將卡倫羅拔遜。

1976 年，全港華泳比賽，再獲女子甲組個人全場冠軍。（男子甲組個人全場冠軍是陳耀邦）

1976 年，入選為香港奧運游泳代表，泳隊另三人是卡倫羅拔遜、麥克曲架（Mark Crocker）和郭迪明。

是年奧運，200 米自由式游 2 分 20 秒 76，100 米背泳 1 分 14 秒 66，都創新全港紀錄。

麥少萍——— 046

麥少萍，1960 年代出生，女，中學讀聖公會呂明才中學。中青會泳員，教練陳錦奎，1970 年代後期知名女泳手，擅自由式、蝶式，個人混合式，為華人最快女飛魚。亞運代表。

1978 年，全港華泳賽，得女子甲組個人全場冠軍。

同年，代表香港參加亞運。

同年，得大埔吐露港渡海泳賽女子組冠軍。

1979 年，全港華泳賽，再得女子甲組個人全場冠軍。在女甲 100 米自由式，游 1 分 6 秒 2 創新大會紀錄得冠軍，成為華人最快女飛魚。

同年，在全港公開游泳賽，分別拿得女子 100 米自由式（1 分 6 秒 3）和蝶式冠軍（1 分 12 秒 5），成為是賽女飛魚。在華泳賽女甲九項紀錄中，佔了六項（其中兩項接力）。

同年 12 月代表香港，在港星韓三國賽，女子 4×100 米自由式接力中，與克拉克（Clark）、A.勒士頓、卡倫羅伯遜、游出 4 分 19 秒 1 之香港紀錄。

丈夫陳國風，東方冬泳會泳員，擅蛙式，曾得新秀賽冠軍，香港國際馬拉松拯溺大賽（淺水灣，2 人互推）男子組冠軍。

後全家移民加拿大。

郭健明 047

郭健明（Mark Kwok Kin Ming），男，美國一大學畢業（醫科）。海天體育會游泳部泳員，1990 至 2000 年代知名男泳手，擅自由式，蝶式。香港奧運、亞運、東亞運、全運會游泳代表。亞運銅牌得主，亞洲游泳錦標賽金牌得主。

父親是中國人，母親美國人，弟郭漢明亦是游泳好手，奧運代表，擅蛙式，且是同屆代表（2000）。

1994 年，首次獲選為香港亞運游泳代表。

1995 年，800 米自由式游 8 分 25 秒 02，創香港紀錄。

1996 年，獲選為香港奧運游泳代表。

1997 年，獲選為香港東亞運和全運會游泳代表。

1998 年，再獲選為亞運游泳代表。是年在亞運會，郭健明 在男子 400 米自由式，得銅牌一面。這是香港男子游泳隊首面個人獎牌。教練為陳耀海 。

1998 年，200 米個人混合式游 2 分 7 秒 03，創香港紀錄。

2000 年，獲選為香港奧運游泳代表。同年，獲選為香港亞洲游泳錦標賽游泳代表，這年在男子 400 米自由式得金牌一面。

2000 年，200 米自由式游 1 分 52 秒 48，400 米自由式游 3 分 58 秒 94，200 米蝶式游 2 分 1 秒 99，皆創香港紀錄。

2001 年，獲選為香港全運會和東亞運游泳代表。

2002 年，第三次獲選為香港亞運游泳代表。

尹立新 048

尹立新（Sunny Wan），男，曾讀港大（課程）。智健會泳員，花名「水怪」。1980 年代知名泳手，擅蛙式，香港代表，港華代表。世界先進游泳賽冠軍（並曾創紀錄），世界消防游泳賽金牌王。

1883 年，全港中學校際游泳比賽，尹立新在男甲 100 米蛙式（1 分 16 秒 13）和 200 米蛙式（2 分 55 秒 1）輕奪冠軍。

1884 年華泳賽乙組 100 米初賽，尹立新以 1 分 14 秒 04 破大會紀錄。打破屈金城於 1981 年所創之 1 分 14 秒 93 之紀錄。

1996 年，第四屆「世界消防競技大賽」（Edmonton，加拿大），得六面金牌，成為大賽風雲人物。

2002 年，在世界先進游泳比賽（墨爾本、澳洲），在 50 米蛙式獲得金牌。

2018 年，第十三屆「世界消防競技大賽」於韓國忠州舉行，逾 6000 名參加者。香港游泳代表尹立新以 20 面金牌成為香港消防隊的「金牌王」！風頭更是一時無倆。

尹立新除在游泳外，拯溺大賽亦是冠軍常客。

1984 年，國際馬拉松拯溺大賽，與張子明合作贏得男子組冠軍（智健會）。亞軍為東方冬泳會之陳國風、吳聲發，季軍為南山會之黃澤民、羅啓明。

游泳退役後，在香港大學擔任游泳校隊教練（1992-），獲總冠軍多次。亦擔任一些泳會教練至今。

尹立新在香港的先進游泳比賽，現仍擁有不少紀錄。

劉志雄 049

劉志雄，男，南華會泳員，1980 年代前後香港知名泳手，擅四式，港華、香港英聯邦、香港亞運游泳代表。

1978 年，華泳賽男子乙組游 2 分 32 秒 6 破大會紀錄得冠軍。

同年，獲選為香港亞運游泳代表。

1981 年，華泳賽獲男子甲組 400 米自由式冠軍，時間 4 分 45 秒 42。同年，200 米個人混合泳游 2 分 24 秒 54，創香港紀錄。

1982 年，獲選為香港英聯邦游泳代表。

同年，獲選為香港亞運游泳代表。

1984 年，華泳賽獲男甲個人全場亞軍（冠軍是曾意銘）。

退役後，轉做游泳教練，培育後輩。

曾任香港游泳代表隊外賽教練。

劉帝炳——— 050

劉帝炳，男，1930、1940 年代知名泳員，擅自由式，中國全運會金牌得主（民國時期）。

1941 年，全港冠軍泳賽，在 440 碼自由式得第二名。

1947 年，全港公開泳賽，在 100 米自由式得第一名（64 秒 2，破全國），吳年得第二（64 秒 8）。

1948 年，中國第七屆全運會在上海舉行（民國時期），劉帝炳代表香港，在 100 米自由式中，輸給印尼名將吳傳玉得亞軍，吳游 1 分 3 秒 3 得冠軍。

劉在 400 米，和 1500 米自由式中，獲得全運會亞軍，兩項皆輸香港名將，「氣袋」陳震南。在男子 4×200 米自由式接力中，夥拍陳震南、蔡利恒及黃金華，為香港隊取得一接力金牌（接力祇有一項），並助香港隊取得男子總冠軍。

陳震南、劉帝炳等曾訪問印尼，作港印兩地泳術交流。

1969 年，智健會聘劉帝炳為游泳教練。

陳宇寧 051

陳宇寧（1988-）（Elaine），女，協恩中學畢業，美國讀大學，父母是籃球員。2000 年代知名女泳手，大力會泳員，擅自由式（短途）、背泳。香港奧運、東亞運、全運會游泳代表。

2003 年，50 米自由式游 26 秒 21，破香港紀錄。

2004 年，獲選為香港奧運游泳代表。

2005 年，獲選為中國全運會香港游泳代表。

同年，獲選為曼谷亞室運香港游泳代表，陳宇寧得 4 金 2 銀。

2008 年，獲選為香港奧運游泳代表。

是年為北京奧運，被傳媒說成是京奧運動員三大美女之一，網上被大量搜尋，報章亦載及，因而一時大出風頭。

2009 年，再獲選為中國全運會香港游泳代表。

屈金城 052

屈金城，男，九龍塘會，1980 年代知名男泳手，蛙王。香港奧運、亞運、英聯邦運動會游泳代表。

1982 年，獲選為香港亞運游泳代表。

1984 年，獲選為香港奧運游泳代表。

1985 年，100 米蛙式游 1 分 7 秒 1、200 米蛙式游 2 分 27 秒 3，皆破香港紀錄。

1986 年，獲選為香港英聯邦和亞運游泳代表。

1988 年，再獲選為香港奧運游泳代表。

何漢炘 053

何漢炘，男，中青會，1960 年代前後知名泳員。香港浸會大學畢業。擅自由式，香港亞運代表，香港渡海泳冠軍，港華游泳代表。

1959 年，奪得香港渡海泳冠軍。

1962 年，獲選代表香港參加耶加達亞運游泳代表。

1964 年，華泳賽，男甲 100 米自由式得冠軍（60 秒 6）。

1965 年，奪得香港渡海泳亞軍。

1966 年，在全港公開泳賽，男子 100 米自由式得冠軍（59 秒 8），成為香港飛魚。

1966 年，獲選為香港亞運游泳代表。

同年，在全港公開賽，男子甲組 100 米自由式得冠軍，時間 59 秒 8，打破六十秒大關，榮膺短途飛魚寶座。

陳錦康———— 054

陳錦康（1946 年 7 月 29 日-），男，中青會，1960 年代知名泳員，擅背泳，有「背王」之稱。香港奧運、亞運游泳代表。

1964 年，入選為香港奧運游泳代表（東京奧運）。

1965 年，200 米背泳，游 2 分 45 秒 5，破香港紀錄。

1966 年，入選為香港亞運游泳代表。

1967 年，全港公開賽，男甲 100 米背泳得冠軍，時間 1 分 14 秒 2。（亞軍為王敏超）

同年，200 米背泳創香港紀錄，時間 2 分 45 秒 4。

梁慧娜———— 055

梁慧娜，女，讀嶺南中學，身型高瘦。擅自由式、背泳，背后，勵進/東方/中青會泳員。1970 年代中後期，香港知名泳員。港華游泳代表。

其父梁榮智，1950 年代知名泳員，擅背泳，自由式。1956 年全港泳賽得男子 100 碼冠軍，有「背王」之稱。香港/港華游泳代表。香港渡海泳賽亞軍。

1976 年 8 月，梁慧娜獲選為港華游泳代表，訪問菲律賓作三角賽， 是賽男子團體得冠軍，女子團體得亞軍。

同年 9 月全港公開泳賽，在女子 100 米（1 分 21 秒 3）和 200 米背泳得金牌，成為背后。

1977 年 1 月 1 日，元旦冬泳長途大賽，梁慧娜（東方會）在女子組得冠軍（7 分 15 秒 2）。

同年，全港公開吐露港渡海泳賽，得女子組冠軍。全港公開泳賽，再在 100 米背泳得金牌，繼續成為背后。

1977 年，香港渡海泳賽，得女子組第二名，第一名是來自澳洲好手克拉克，破全港紀錄。

1979 年，全港華泳賽，代表中青會，在女甲 4×100 米四式接力和自由式接力得冠軍，兩項皆破大會紀錄。

謝旻樹———— 056

謝旻樹（Geoffrey Robin Cheah）（1990 年 11 月 10 日-），男。大學讀美國史丹福。2010 年代前後知名泳手，南華會泳員，擅自由式、蝶式、背泳，男飛魚。香港奧運、亞運、東亞運、亞錦賽游泳代表。世界杯短池賽（香港站）金牌泳手。

2006 年，獲選為香港亞洲游泳錦標賽代表。是年在接力上得一面銅牌。同年，獲選為香港亞運游泳代表。

2009 年，獲選為香港東亞運游泳代表。

2010 年，再獲選為香港亞運游泳代表。

2012 年，獲選為香港亞洲游泳錦標賽代表。是年謝旻樹在接力上得兩面銅牌。

2013 年，獲選為香港東亞運游泳代表，謝旻樹獲得兩面銅牌（男子 50 米自由式、4×100 米自由式接力）同年，100 米自由式游 49 秒 69，100 米蝶式游 53 秒 7，皆創香港紀錄。

2014 年，再獲選為香港亞運游泳代表。獲得一面銅牌（4×100 米自由式接力）。同年，100 米背泳游 56 秒 63，創香港紀錄。

2015 年，世界杯短池賽（香港站），50 米蝶式得冠軍。

同年，50 米自由式游 22 秒 39，50 米蝶式游 24 秒 12，皆創香港紀錄。

2016 年，首次獲選為香港奧運游泳代表。

謝旻樹曾五度獲年度最佳男泳員獎（香港游泳教練會）。

2017 年起，游泳退役，不再比賽。

謝旻樹前後代表香港參加過一次奧運、三次亞運。自由式、蝶式、背泳皆破過香港紀錄，是一個多才泳手。

鄧國光———— 057

鄧國光，男，中青會泳員，中學就讀於聖約瑟書院，1970 年代末至 1980 年代初知名泳手，擅蛙式。香港英聯邦游泳代表、亞運游泳代表。其父鄧乃鑄，為香港游泳隊領隊、教練。其兄鄧浩光，亦為亞運代表，影視知名藝員。

1977 年，華泳賽得男子乙組個人全場亞軍。

1978 年，入選為香港亞運代表。

1979 年，華泳賽得男子甲組個人全場冠軍（亞軍為鄧浩光）。100 米蛙式游 1 分 11 秒正，破香港紀錄。

1980 年，華泳賽得男子甲組個人全場亞軍。

同年，100 米蛙式游 1 分 10 秒 32、200 米蛙式游 2 分 36 秒

14，兩項皆破香港紀錄。

1982 年，入選為香港英聯邦和亞運游泳代表。

卡蓮羅拔遜——— 058

卡蓮羅拔遜（Karen Robertson），女，婦遊會泳員（L.R.C），香港 1970 年代中後期知名泳手，擅自由式。香港奧運游泳代表。香港渡海泳冠軍。

1975 年，獲香港渡海泳女子組冠軍。

1976 年，100 米自由式游 1 分 4 秒正，400 米自由式游 5 分 3 秒 9，創香港紀錄。

同年，獲選為香港奧運游泳代表。

同年，再獲香港渡海泳賽女子組冠軍。

1978 年，獲選為香港英聯邦游泳代表。

同年，100 米自由式游 1 分 2 秒 47，破香港紀錄。

1979 年，200 米自由式游 2 分 14 秒 88，破香港紀錄。另有兩項接力創香港紀錄。

郭迪明——— 059

郭迪明（Lawrence Kwoh），男，中學讀聖約瑟書院。南華會泳員，教練溫兆明，擅蝶式。香港奧運游泳代表。港華游泳代表。

1974 年，華泳賽男子乙組 100 米自由式，游 1 分 2 秒，破大會紀錄。

同年，在全港公開賽，獲 100 米蝶式冠軍，時間 1 分 5 秒 8。

1975 年，在學生埠際賽，100 米蝶式，游 1 分 2 秒 6，破香港紀錄。

200 米蝶式曾游 2 分 30 秒正，破香港紀錄。

1976 年獲選為港華游泳代表，訪問菲律賓作三角賽。是賽男子團體得冠軍，女子團體得亞軍。

1976 年，華泳賽 100 米蝶式得冠軍，時間 1 分 4 秒 0，亞軍為陳耀宗，時間 1 分 5 秒 5。

同年獲選為香港奧運游泳代表，泳隊有四人，其餘三人為麥克曲架（Mark Crocker）（男）、加蓮羅拔遜(女)、李雁婷（女）。

在奧運男子 100 米蝶式中，游 1 分 2 秒 47，再破香港紀錄。

1979 年華泳賽，男甲 100 米蝶式得游 1 分 3 秒 2，得亞軍，不久退役。後移民美國。

鄭莉梅 060

鄭莉梅（ Cheng Camile Lily Mei），女，（1993 年 5 月 9 日-）香港出生，身高 5 呎 10 吋，體重約 120 磅。父臺灣人，母法國人。美國柏克萊加州大學畢業。

擅自由式，香港 2010 年代知名泳手。香港奧運、亞運、全運會游泳代表。亞運銀牌得主。

2014 年，獲選為香港亞運游泳代表。鄭莉梅得二面接力銅牌。（女子 4×100 米自由式接力、4×200 米自由式接力）

2016 年，獲選為香港奧運游泳代表。

2018 年，獲選為香港亞運游泳代表。

該屆鄭莉梅得一面銀牌、二面銅牌（皆接力）。銀牌屬意外之喜。

女子 4×100 米混合接力　銀牌

隊員：歐鎧淳、陳健樂、鄭莉梅、葉穎寶、
施幸余、譚凱琳、黃筠陶、楊珍美

（原本第四名，因第二名中國隊和第三名韓國隊接力犯規，被取消資格而遞上第二）

女子 4×100 米自由式接力　銅牌

隊員：歐鎧淳、鄭莉梅、何南慧、譚凱琳、施幸余

女子 4×200 米自由式接力　銅牌

隊員：陳健樂、鄭莉梅、何南慧、簡綽桐、
　　　施幸余、鄧采淋、楊珍美

2018 年，得年度最佳女泳員獎（香港游泳教練會頒發）。

鄭莉梅目前擁有兩項香港長池游泳紀錄（自由式接力）。

韋米高———— 061

韋米高（Michael J . Wright）（1966 年 3 月 3 日-），男，香港知名泳手，擅短途自由式，短途飛魚。香港奧運、亞運、英聯邦、東亞運游泳代表，東亞運銅牌得主。

1988 年，獲選為香港奧運游泳代表。

1990 年，獲選為香港英聯邦游泳代表（Auckland）。

同年，獲選為香港亞運游泳代表（北京、中國）。

1992 年，再獲選為香港奧運游泳代表。

1993 年，獲選為香港東亞運游泳代表。在男子 50 米自由式中，奪得一面銅牌，為香港游泳隊該屆比賽唯一一面獎牌。

1994 年，再獲選為香港亞運游泳代表（廣島、日本）。

同年在男子 50 米自由泳中 ，韋米高創 23 秒 4 的香港紀錄。

羅德貞———— 062

羅德貞，女，香港 1940 年代末知名女泳手，擅蛙式。香港游泳

代表。全運會（1948）銅牌得主。有蛙后之稱。

1960 至 1980 年，擔任不少香港運動協會義務工作，如香港中華業餘游泳聯會副會長、香港女子足總副會長、拯溺總會女子副主席。被稱為「美人魚領隊」。

其夫陳炎明，乃香港保齡球會會長、商人陳樹楷兒子。

羅德貞在游泳比賽時間不長，因 1947 年香港從二戰後才復辦公開游泳比賽。

1948 年，羅德貞代表香港參加中國全運會（民國時期），獲得 200 米蛙式銅牌。此是其一生游泳最高成就。

全運會回來後便結婚，一年多後生子。

1960 年代中後期，開始在各運動協會擔任一些義務工作，出錢出力，大受各協會歡迎。

1969 年 9 月，臺灣北泳隊訪港，香港中華業餘游泳聯會副會長蛙后羅德貞與寶島蛙王吳百慶、寶島蛙后朱秀鳳被記者邀請合照，並見報，傳為一時佳話。

1972 年，其夫創立明德影業公司，拍「球王黑珍珠」電影，邀請臺灣一些電影巨星拍攝，如柯俊雄、湯蘭花、唐寶雲等。

同年 5 月，邀請日本攝影名家拍攝「山度士訪港三仗」，在暑假放影，大收旺場。

羅德貞除了游泳為港爭取榮譽外，退役後亦出錢出力，為香港運動界貢獻不少。

林敏子———— 063

林敏子，女，中青會泳員，擅蛙式，蛙后。中學讀聖士提反女校。香港亞運游泳代表。

其父林君雅，中華隊（臺灣）亞運游泳代表，曾參加 1954 年亞運（二百米蝶式第四名)。

1978 年，獲選為香港亞運游泳代表。

1979 年，全港華人泳賽，女子甲組 200 米蛙式，游 3 分 4 秒 1，破紀錄。並得女子甲組個人全場亞軍。

1980 年，全港華人泳賽，女子甲組 200 米個人混合式，游 2 分 47 秒 41，破紀錄，並得女子甲組個人全場冠軍。

1981 年，再獲全港華人泳賽，女子甲組個人全場冠軍。

同年，全港公開泳賽，在女子 100 米蛙式，游 1 分 23 秒 67 得冠軍，險勝婦遊會之洛瑪絲（1 分 23 秒 96）；在女子 200 米蛙式，游 2 分 56 秒 26 得冠軍，成為雙料蛙后。

曾坤鈺———— 064

曾坤鈺，女，（約 1940 年代出生-2015 年 11 月），廣東新會人。1960 年代知名女泳手，有「女鐵人」稱號。東方會/華員會泳員，教練陳月法。港華代表。香港亞運游泳隊教練。

曾讀香港聖保祿書院，後因家庭經濟因素不再續讀。

1958 年，得香港渡海泳賽第七名。

1962 年，全港馬拉松泳賽得亞軍。

同年，全港公開泳賽，得女甲 100 米蝶式亞軍。

1970 年秋，首屆銀洲島長途泳賽，曾坤鈺得女子組第三名。

（第一名是梁沼蓮、第二名是曹旺卿）（男子組第一名是陳耀邦）

1974 年，被選為亞運會香港泳隊教練。是年泳隊祗有三選手，分別為盧笑娟、李雁婷、許健萍。

曾坤鈺游泳退役後轉入渣打銀行工作。閒時亦參與香港泳壇的一些義務工作，如香港中華業餘游泳聯會、香港業餘游泳總會等一些委員工作。

2015 年 11 月，曾坤鈺晚上在睡夢中仙遊，時年約七十五歲。

陸海天—— 065

陸海天，男勵進會泳員，1960 年代知名泳手，擅自由式、四式。香港奧運、亞運代表，香港渡海泳冠軍。

一家四兄弟姊皆擅泳，父陸安東，勵進會游泳部主任，間兼游泳教練指導子女。兄陸經緯，香港奧運游泳代表，姊陸錦繡，弟陸海通，亦是亞運游泳代表。

1965 年，創 400 米個人混合式 6 分 9 秒之全港紀錄。

同年，繼其兄陸經緯之後，得香港渡海泳冠軍。

1966 年，再得香港渡海泳冠軍，時間 18 分 34 秒 3，僅差 0.7 秒不能破名將溫兆明於 1960 年所創的 18 分 33 秒 7 之香港紀錄（該紀錄後為陳耀邦於 1970 年以 18 分 27 秒 6 所破）。

1966 年，入選為香港亞運游泳代表。

1968 年，入選為香港奧運游泳代表。同期入選的還有其兄陸經緯（其時在美讀書，用海外賽事成績選拔）和王敏超。

曾鳳群—— 066

曾鳳群，女，1920 年代出生，為 1940 年代末知名女泳手。擅自由式、蛙式、背泳。中青會 / 勵進會泳員，香港游泳代表。全運會金牌得主（民國時期）。

曾鳳群父親曾兆生從商，丈夫蕭明，為殯儀大王。亦旁及其它生意，如地產、酒店、飲食業等。

1947 年，全港公開賽，女子 50 米蛙式，曾鳳群游 38 秒 4 得冠軍，並破全港紀錄。（曾女用蝴蝶蛙）

1948 年，中華民國第七屆全運會（上海），在女子 50 米自由式，曾鳳群奪得銅牌。

在 4×50 米自由式接力，香港隊奪得金牌，並破全國紀錄。其接力隊員是曾鳳群、黃婉貞、黃婉生、高妙齡。

回到香港後，不再作游泳比賽。

1979 年 5 月，曾鳳群榮任東華三院總理，為首個女性總理。

夫妻倆一生行善甚多，助有蕭明中學等。

譚永成———— 067

譚永成（1940 年代初-），男，大陸出生。廣東人，讀廣州體育學院，香港 1960 年代知名泳手。擅蝶式、自由式，南華會/中青會/海天會/勵進會泳員。港華游泳代表。

1950 年代中後期為廣東泳隊選手，曾得廣東省泳賽 100 米蝶式冠軍。

1959 年來港，初在修車廠為汽車修理員。

1962 年，全港華泳賽，與王羽（王正權）（後為武俠片巨星，獨臂刀系列最著名）爭男乙全場個人冠軍，少敗，只得第二名。在 100 米蝶式破華泳乙組紀錄（1 分 16 秒 9）得第一名。100 米自由式游 1 分 6 秒 5 得冠軍。

1964 年，全港華泳賽，男甲 400 米個人四式泳得冠軍。時間 6 分 12 秒 3。

1965 年華泳賽男甲 200 米蝶式第三名。

1969 年，全港公開賽，得男甲 4×100 米四式接力冠軍。

王敏超（背）、鍾安柱（蛙）、祁孝賢（蝶）、譚永成（自）——海天隊（4 分 51 秒 2）

參加過香港渡海泳賽，得過第五名。曾被水母螫傷，上岸治療，成為名人。

現七十多歲，仍可健步如飛，間中參加香港先進泳賽，拿過冠軍，亦創過紀錄。

閒時與一些好友飲茶，打發日子，如張浩然（昔日游泳名將陳震南徒弟兼助教，現代詩著名詩人、商人）、溫兆明、陳偉成、何漢炘、陳耀邦等。談天說地，打打牙祭。

周麗儀 068

周麗儀，女，南山會，教練梁健儀，香港蛙后，1980 年代知名女泳手。香港奧運、亞運、英聯邦游泳代表，亞錦賽銀牌得主。

1982 年，獲選為香港英聯邦游泳代表。

是年，在全港華泳賽，獲得女子甲組個人全場亞軍。

同年，獲選為香港亞運游泳代表。

1983 年，在全港華泳賽，獲得女子甲組個人全場冠軍。

1984 年，在全港華泳賽，再獲女子甲組個人全場冠軍。

1984 年，獲選為香港奧運游泳代表。

1984 年，獲選為香港亞錦賽游泳代表，是年在亞錦賽（第二屆），女子 100 米蛙式獲得銀牌，時間為 1 分 17 秒 62，冠軍為中國的梁偉芬，時間 1 分 13 秒 77。

同年，在女子 100 米蛙泳游 1 分 17 秒 62 、200 米蛙泳游 2 分 48 秒 54，同破香港紀錄。

1986 年，獲選為香港英聯邦游泳代表。

同年，獲選為香港亞運游泳代表， 這年亞運，香港獲得一面銅牌（女子 4×100 米自由式接力），為香港首面亞運游泳獎牌，這次突破，領隊佟金城及教練 David Haller 功勞不少。

京士莉（J.Kingsley）—————— 069

京士莉，1950 年代出生，女，婦遊會員，1970 年代前後香港知名泳手，女飛魚。香港亞運代表。

1969 年，香港渡海泳游得第六名。

1970 年，100 米自由式游 1 分 8 秒 6、400 米自由式游 5 分 25 秒、100 米蝶式游 1 分 20 秒 5、200 米背泳游 3 分 1 秒 9，四項香港紀錄。

同年香港渡海泳，得女子組亞軍（冠軍為 M.慕勒）。

同年入選為香港亞運游泳代表。

1971 年以後不再見其在港出賽。在港比賽時間短暫，成績卻出色。

洪詩琪—————— 070

洪詩琪，女，擅自由式、蝶式，賽馬會泳員。香港 1980 年代中後期知名泳手。香港亞運、英聯邦游泳代表。亞運銅牌得主。

1984 年，華泳賽女乙，共得四項個人冠軍並破大會紀錄，100 米自由式游 1 分 5 秒正，並奪得女乙個人全場冠軍。

1986 年，獲選為香港英聯邦和亞運游泳代表。該屆亞運賽事，洪詩琪獲得一面接力銅牌。

女子 4×100 米自由式接力　銅牌

隊員：洪斯琪、吳家樂、李秀美、符梅

為香港游泳隊，自參加亞運以來，首面亞運獎牌。

同年，100 米蝶式游 1 分 5 秒 5，破香港紀錄。

1988 年，獲選為香港奧運游泳代表。

1990 年，獲選為香港亞運和英聯邦游泳代表。

吳祺光 071

吳祺光，男，南華會泳員，1950 年代後期香港著名泳將，中學讀新法書院。香港亞運游泳代表，香港亞運水球代表，香港渡海泳冠軍。

1957 年，得香港渡海泳男子組亞軍，冠軍為溫兆明。

1958 年，獲選為香港亞運游泳代表。是年香港游泳派二人，另一人是祁鳳霞。是屆亞運，在男子 200 米自由式决賽，得第八名，時間 2 分 31 秒。

1959 年，得香港渡海泳男子組季軍，冠軍為何漢炘。

1960 年，得香港渡海泳男子組亞軍，冠軍為溫兆明。

1962 年，得香港渡海泳男子組冠軍。女子組冠軍為 Juliet Sheldon.（J.些路頓）

同年獲選為香港亞運水球代表（耶加達亞運）。

梁沼冰 072

梁沼冰，女，1950 年代末香港知名泳員，南華會，擅蛙式、背泳、蝶式。中華隊（臺灣）亞運游泳代表。

一家數兄弟姊妹皆擅泳。梁世基為港華代表；梁世強為甲組獎牌泳手；梁沼蓮為香港渡海泳冠軍、香港英聯邦游泳代表；梁沼清亦是冠軍好手。

1956 年，梁沼冰在香港渡海泳賽得亞軍。

1958 年，代表中華隊（臺灣）參加東京亞運。在游泳女子 4×100 米混合式接力獲得銀牌。其隊友為區婉玲、馮凝姿、張宗慈（香港出生，小時移民臺灣）。

1959 年，得香港渡海泳賽第三名。

退役後曾在華泳賽報導賽事，聲音甜美，報導清晰，被戲稱「播音皇后」。

丈夫黃勤輝，亦是南華會泳員，知名泳手，香港渡海泳亞軍，港華游泳代表，香港亞運水球代表。

梁沼冰曾任職政府教署（負責體育事項），後來二人移民加拿大。

梁愛梅——— 073

梁愛梅，女，香港大學畢業、鐘聲會泳員，1940 年代後期香港知名女泳手，香港渡海泳冠軍。香港代表。

1949 年，代表鐘聲會，在華泳賽創 100 米自由式 1 分 19 秒 5、400 米自由式 6 分 27 秒 5、100 米背泳 1 分 36 秒 8 之華泳紀錄。

同年，中西賽，200 碼自由式游 2 分 57 秒 4、440 碼自由式游 6 分 27 秒 0、創中西賽紀錄。（香港業餘游泳總會於 1951 年才成立，以後才有全港紀錄）

同年香港渡海泳賽，代表港大，得女子組冠軍。時間 28 分 12 秒 0，刷新香港紀錄，並成為舊距離永久紀錄。

1950 年華泳賽，分別得女子 100 米背泳和 400 米自由式冠軍。

克拉克——— 074

克拉克（Joanna Clark），女，1970 年代中後期香港知名女泳手，來自澳洲，擅蝶式，婦遊會泳員（L.R.C）。香港英聯邦代表。香港渡海泳賽冠軍。

1977 年，獲香港渡海泳賽女子組冠軍，亞軍梁慧娜，季軍麥少萍。男子組冠軍為劉培。

1978 年，獲選為香港英聯邦游泳代表。

同年，獲香港渡海泳賽女子組冠軍。男子組冠軍為佳頓。

同年，100 米蝶式游 1 分 7 秒 08，創香港紀錄。

1979 年，200 米蝶式游 2 分 21 秒 78，創香港紀錄。另有兩項接力創香港紀錄。

符　梅——————　075

符梅，女，1980 年代知名女泳員，香港亞運游泳代表，亞運銅牌得主，擅自由式。

一家皆擅泳，父符大進，印尼華僑，為中國飛魚，全運會冠軍。60 年代新興力量運動會得一百、二百米自由式金牌；母鄭梅萼為中國游泳代表，弟符泳為香港奧運游泳代表。

1981 年，在華泳賽女子甲組 100 米自由式得冠軍，時間 1 分 6 秒 61，榮膺華人最快女飛魚寶座。

1984 年，代表香港隊，在女子 4×100 米自由式接力中，破香港紀錄，時間為 4 分 7 秒正。

1986 年，獲選為香港亞運游泳代表。

是年，香港在女子 4×100 米自由式接力中奪得一面銅牌。時間為 4 分 3 秒 65。得獎隊員名單為：洪詩琪、吳家樂、李秀美、符梅。這是香港游泳隊，自參加亞運以來，首面亞運獎牌。

符梅退役後轉做游泳教練，致力於栽培後輩。

王俊仁——————　076

王俊仁（Wong Chun Yan），（1987 年-），男，身型高長，大學讀港大。2010 年代知名泳手。擅蛙式，蛙王。香港亞運、亞錦賽、世界杯短池賽等代表。亞錦賽銅牌得主。

2009 年，王俊仁創出 50 米蛙式 28 秒 33；100 米蛙式 1 分 2 秒 93 之香港紀錄，奠定香港蛙王地位。

同年亞錦賽，王俊仁獲得 1 銅牌（男子 50 米蛙式）。

2010 年，獲選為香港亞運游泳代表。

2012 年亞錦賽，王俊仁獲得 2 面銅牌（男子 50 米蛙式；男子 4×100 米四式接力）。

2013 年，獲選為香港全運會游泳代表。

2014 年，再獲選為香港亞運游泳代表。

同年，世界杯短池賽（新加坡站），50 米蛙式游 28 秒 15，100 米蛙式游 1 分 1 秒 09，破香港紀錄。

2018 年，第三度獲選為香港亞運游泳代表。

曾得年度最佳男泳員獎 2 次：2009 年、2012 年（香港游泳教練會頒發）。

王俊仁過去多次破蛙式紀錄（長、短池），現仍擁有一項香港接力紀錄（4×100 米四式接力）。

張健達—————— 077

張健達（Kent Cheung）（1992 年-），男，中學讀男拔萃，大學為中文大學（ 體育運動系）。志佩會泳員。擅自由式、背泳。香港亞運、全運會、亞錦賽、東亞運、世界杯短池賽等游泳代表。亞運銅牌得主。亞錦賽銅牌得主。世界杯（短池）賽銀牌得主。

父母喜歡跑步，身型健美。兄亦昔日泳手。

2009 年，亞錦賽，得一面接力銅牌。（男子 4×200 米自由式接力）。

2010 年，獲選為香港亞運游泳代表。

2011 年，全國中學生運動會，張健達在 200 米自由式得金牌（1

分 54 秒 04），另在 100 米自由式（52 秒 07）再得銀牌，接力亦得銀牌。是香港游泳隊最佳成績一人。

2012 年亞錦賽，得一面接力銅牌（男子 4×200 米自由式接力）。

2014 年亞運，張健達得一面接力銅牌（男子 4×100 米自由式接力）。

2017 年，世界杯短池游泳錦標賽（香港站），張健達得男女混合 4×50 米四式接力銀牌。隊員：杜敬謙、張健達、歐鎧淳、施幸余。

2018 年，第三次獲選為香港亞運游泳代表。

現仍擁有香港游泳紀錄長池兩項、短池 1 項。

曾得最進步泳員獎（2016）（香港游泳教練會頒發）。

吳鎮男——— 078

吳鎮男（Derick Ng），男， 中學讀聖若瑟書院，大學讀浸會、理工。泳天會泳員。擅蝶式，四式、自由式，香港知名游泳員。香港亞運、亞錦、東亞運、世界杯短池賽游泳代表。

2009 年，吳鎮男獲選為香港東亞運游泳代表。吳鎮男得 一面接力銅牌。

同年，吳鎮男有三項接力破香港紀錄。同年，獲選為香港亞錦賽代表，獲得接力 1 銀 1 銅。

2010 年，吳鎮男獲選為香港亞運代表。

同年，50 米蝶式破香港紀錄（ 24 秒 95）。

2011 年，200 米個人四式破香港紀錄（ 2 分 6 秒 43）。

2012 年，獲選為香港亞錦賽代表，獲得 2 面接力 2 銅。

2014 年，吳鎮男再獲選為香港亞運代表，得一面接力亞運銅牌。

2016 年，100 米蝶式破香港紀錄（短池）（ 51 秒 88）。

2018 年，吳鎮男第三次獲選為香港亞運代表。

吳鎮男曾獲「全年最有進步男泳員」獎（香港游泳教練會）。

吳鎮男現仍擁有一些香港紀錄（至 2019 年 3 月 26 日止）：長池（50 米）兩項（皆接力）；短池（25 米）一項（接力）

余德丞—— 079

余德丞（Dickson），男，中學華仁書院畢業，大學為城市理工（工商管理）。擅自由式、蝶式。香港游泳代表。知名電視藝員，體育主持。

父為商人，母年青時為中青會甲組冠軍籃球隊員。

2003 年，全港分齡游泳賽，400 米自由式游 4 分 18 秒 88 。

2004 年，在全港（長池）分齡游泳賽中，十三至十四歲組中得 200 米蝶式冠軍（2 分 19 秒 83）、50 米蝶式冠軍（27 秒 89）。

同年，代表香港參加澳洲昆士蘭國際分齡游泳錦標賽，以 200 米蝶式游 2 分 15 秒 57，得第四名最佳。

2005 年，入選為青年奧運會香港游泳代表。

2008 年大專杯水運會，200 米自由式得冠軍，100 米蝶式得季軍。

2010 年大專杯水運會，200 米自由式得季軍，100 米蝶式得亞軍，時間為 1 分 1 秒 35（冠軍是黃鍇威）

畢業後曾在廣告公司工作，2013 年入無綫電視為體育主持，後參演劇集，知名度日增。

2018 年 8 月 8 日，晚上在港島西區中山紀念公園參與足球比賽，中途不適換人離場休息，不久在長椅上昏迷，友人報警送往瑪麗醫院急救，昏迷兩日後甦醒。

陳健樂 080

陳健樂（1994 年 3 月 7 日-）女，身高 5 呎 5 吋，體重約 112 磅。香港 2010 年代知名泳手，蝶后。香港亞運、亞錦賽、世錦賽代表。亞運銀牌得主。亞錦賽銀牌得主。

2009 年，獲選為香港東亞運游泳代表。

同年，參加亞錦泳賽，得接力銅牌一面（女子 4×100 米四式接力）。

2012 年亞錦泳賽，陳健樂得接力銅牌二面。

（女子 4×200 米自由式、4×100 米自由式接力）

2013 年，在東亞運游泳代表，得接力銅牌一面。

2013 年，亞洲室內暨武術運動會，獲接力銅牌四面。

2014 年，為亞運游泳代表，是年得一面接力銅牌。

2016 年亞錦泳賽，陳健樂共得一銀三銅。戰績甚佳。

（ 女子 100 米蝶式 ; 銀牌；另三項接力銅牌）

2017 年，亞洲室內暨武術運動會，陳健樂共得三金一銀一銅。

2018 年再獲選為香港亞運游泳代表，陳是年得一銀（4×100 米混合接力）1 銅。

女子 4×100 米混合接力　　銀牌

隊員：歐鎧淳、陳健樂、鄭莉梅、葉穎寶、

　　施幸余、譚凱琳、黃筠陶、楊珍美

（原第四名，前列隊伍有兩隊犯規，而遞上第二）。

女子 4×200 米自由式接力　　銅牌

隊員：陳健樂、鄭莉梅、何南慧、簡綽桐、

　　施幸余、鄧采淋、楊珍美

陳健樂目前擁有香港游泳紀錄：短池 3 項。

陳詠雪 081

陳詠雪，女，2000 年知名女泳手，海天體育會游泳部泳員，中學讀女拔萃，大學香港理工。香港蝶后。香港奧運、亞運、東亞運、全運會游泳代表。

2000 年，獲選為香港奧運游泳代表（約十四歲）。

同年，200 米蝶式游 2 分 19 秒 65，破香港紀錄。

2001 年，獲選為香港全運會和東亞運游泳代表。

2002 年，獲選為香港亞運游泳代表，400 米個人混合式游 5 分 04 秒 57，破香港紀錄。

同年，獲年度最佳女泳手獎（香港游泳教練會）。

2004 年，第二次獲選為香港奧運游泳代表，

同年，200 米蝶式游 2 分 16 秒 49，破香港紀錄。

2005 年，獲選為香港全運會和東亞運游泳代表。

退役後仍間中參加先進分齡泳賽，自然難尋敵手。

葉賀文 082

葉賀文（1970 年 5 月 5 日-），身高 6 呎，男，勵進會，1980 年代中期知名泳員，背王。香港奧運、亞運、英聯邦游泳代表。

1986 年，獲選為香港英聯邦游泳代表（Edinburgh）。

同年，獲選為香港亞運游泳代表（第十屆、漢城、韓國）。

同年，100 米背泳游 1 分 03 秒 53；200 米背泳游 2 分 18 秒 99，皆破香港紀錄。

1988 年，獲選為香港奧運游泳代表。該次奧運，100 米背泳游 1 分 1 秒 91；200 米背泳游 2 分 14 秒 65，皆未能入决賽。

廖嘉莉——— 083

廖嘉莉，女，中學讀拔萃女校、大學為浸會大學。2000 年代初知名泳手，擅蛙式，蛙后。香港亞運、東亞運、全運會游泳代表。

2000 年，50 米蛙式游 34 秒 18、100 米蛙式游 1 分 13 秒 41、200 米蛙式游 2 分 39 秒 88，三項皆破香港紀錄。

2001 年，獲選為香港中國全運會游泳代表 。

同年，獲選為香港東亞運游泳代表。

是屆賽事，廖嘉莉獲得接力銅牌一面。（女子 4×100 米混合式接力隊員：蔡曉慧、廖嘉莉、江欣琦、吳芷筠，游 4 分 20 秒 341；破香港紀錄）

2002 年，參加第八屆全國中學生運動會，100 米蛙式得銅牌，時間 1 分 14 秒 03。

同年，獲選為香港亞運游泳代表。

游泳退役後，從事教師行業，亦兼負責泳隊。間中參加先進游泳比賽，視作玩票。

2018 年，獲選為「世界中學生運動會」（世中運）香港游泳隊教練（兩位教練，另一教練是朱立賢老師）。

是次賽事，香港游泳代表隊得一金，三銀、三銅，共七面獎牌，歷來最佳。

蔡利恆——— 084

蔡利恒，男，中青會泳員，擅自由式。美國讀大學，得碩士學位。為 1950 年代前後知名游泳員，香港游泳代表。

1948 年，代表香港參加中華民國之全運會，獲 800 米自由式接力金牌（陳震南、蔡利恆、黃金華、劉帝炳），個人則在 50 米自由式得第四名，協助香港隊獲男子團體冠軍。

1951 年，代表中青會，在全港公開賽 4×200 碼自由式接力中，創全港紀錄。時間 9 分 6 秒 2，接力隊員為：蔡利恒、黃金華、黃桂枝、劉錦雄。

游泳退役後，仍不時為香港泳界作一些義務工作，協助提高香港游泳水平。

胡達昌—————— 085

胡達昌（1974 年 2 月 17 日-），男，南華會泳員。中學唸皇仁書院，大學讀浸會。美國春田大學碩士（康樂管理），香港浸會大學碩士。1990 年代前後知名泳員，擅自由式。香港奧運、亞運、英聯邦運動會代表。

1990 年，獲選為香港英聯邦游泳代表（Auckland）。

同年，獲選為香港亞運游泳代表（第十一屆，中國北京）。

1992 年，獲選為香港奧運游泳代表。

1990 年代初，香港隊曾創男子 4×100 米自由式接力香港紀錄，時間 3 分 30 秒 61。紀錄保持達十年之久，胡達昌是其中一員。

接力隊員名單：李繼賢、胡達昌、李嘉偉、韋米高《 Michael Wright 》

在美國求學時，曾任春田大學男、女子游泳隊助教。

胡達昌是歷來第一個任大學體育講師的香港奧運游泳代表。現為中文大學體育講師，擔任中大男子游泳隊教練。

許健萍—————— 086

許健萍（1957 年-），女，東方會/中青會泳員，擅背泳。港華、香港亞運游泳代表。

一家數姊妹皆擅泳，姊許健雯、許健明為港華代表。許健雯於1973年全港公開賽100米自由式得亞軍（時間1分12秒8，冠軍為梁沼蓮），另姊許健玲（東方會）曾得華泳賽女乙50米蝶式冠軍（1969年）。

1972年，全港公開賽，100米背泳，得第二名，

1973年，全港公開賽，200米背泳得第二，時間3分5秒。

1974年，亞運選拔，200米背泳，游2分54秒6，創港紀錄 。

同年，獲選為香港亞運游泳代表。全港公開賽，100米背泳游1分16秒7，破香港紀錄紀錄，

後結婚移民加拿大。

李衍瑜———— 087

李衍瑜，女，勵進會，擅蛙式，蛙后，來自澳門。香港奧運、亞運游泳代表。

1964年，入選為香港奧運游泳代表，另兩位游泳代表為陳錦康和陸經緯。

1965年，100米蛙式游1分31秒、200米蛙式游3分11秒9，皆破香港紀錄。

1966年，100米蛙式游1分27秒6，破香港紀錄。

同年，入選為香港亞運游泳代表。

1967年，全港公開賽，200米蛙式得冠軍，時間3分18秒1。

郭雁紅———— 088

郭雁紅，女，約1935年出生，廣東番禺人，中青會（青泳團），教練黃少雄，擅自由式、蛙式。中學聖保羅書院畢業。1950年代香

港知名女泳員，中華隊（臺灣）亞運游泳代表。

1950 年，香港渡海泳賽，得女子組第二名。

1951 年，獲華泳女甲全場個人冠軍。（男甲冠軍是張乾文）

同年，獲補選為港菲（菲律賓）埠際游泳代表。

1952 年，香港渡海泳賽，得女子組第二名。

1953 年，220 碼背泳游 3 分 18 秒 6，創香港紀錄。

同年，香港渡海泳賽，得女子組第二名。

1954 年，獲選為中華隊（臺灣）亞運游泳代表，於 4×100 米自由式中獲得銅牌，時間 5 分 42 秒 7，隊友為徐少玲、陳倩宜（二人來自香港）、和張宗慈（臺灣、香港出生）。

1955 年，香港渡海泳賽，得女子組第三名。

1959 年結婚。

趙善穎 089

趙善穎（Caroline），女，讀中文大學，香港賽馬會泳員。2010 代前後知名女泳手，蛙后，香港奧運、亞運、東亞運、全運會游泳代表。

一家皆擅泳。其父趙展鴻為商人，1970 年代港華代表，擅背泳。現任香港業餘游泳總會義務秘書，香港游泳隊領隊。

母盧笑娟，1970 年代蛙后，曾出席兩屆亞運（1970、1974），一屆英聯邦運動會（1974），曾創有蛙泳香港紀錄。

1998 年，趙善穎獲選為香港亞運游泳代表。

2000 年，第六屆亞洲游泳錦標賽，在女子 100 米蛙泳游出 1 分 13 秒 71，破香港紀錄。

同年，獲選為香港奧運游泳代表。

2001 年，獲選為香港全運會游泳代表。

同年，獲選為香港東亞運游泳代表，父親趙展鴻為領隊。

2002 年，又再獲選為香港亞運游泳代表。

張國瑜 090

張國瑜，男，愉園會泳員，1970 年代中期知名泳手，香港蛙王，港華代表，香港亞運代表。

1975 年，華泳賽男甲 100 米蛙式，游 1 分 14 秒 5，得冠軍，破大會紀錄，200 米蛙式游 2 分 44 秒 4，是賽並獲男甲個人全場亞軍。

1976 年 8 月，獲選為港華訪問菲律賓游泳代表。同年華泳賽，男甲 200 米蛙式得冠軍，時間 2 分 47 秒 6；全港泳賽，男甲 200 米蛙式得冠軍，時間 2 分 46 秒 7。成為全港蛙王。

1977 年，華泳賽，男甲 100 米蛙式得冠軍（1 分 15 秒 5）。

1978 年，華泳賽，男甲 200 米蛙式得冠軍，時間 2 分 43 秒；100 米蛙式得冠軍，時間 1 分 14 秒 3。

1978 年，獲選為香港亞運游泳代表。

1979 年，獲選為「港華游泳隊訪問星馬游泳代表。

退役後轉為游泳教練，致力於培育後輩。

陳兆亨 091

陳兆亨，男，南華會泳員，擅自由式。1980 年代前後知名泳手。香港亞運、英聯邦運動會游泳代表。

1978 年，全港華泳賽，獲男乙個人全場亞軍。

1979 年，獲選為「港華游泳隊訪問星馬」代表團游泳代表。

1982 年，獲選為香港英聯邦運動會游泳代表。

同年，再獲選為香港亞運游泳代表。

游泳退役後，曾在香港銀禧中心擔任游泳教練（香港體育學院前身），並為香港游泳代表隊教練。

1989 年及 1992 年，獲年度最佳游泳教練獎（香港游泳教練會）。

後移民紐西蘭。

戚家漢—— 092

戚家漢（1970 年-）（Chi Jia Han），男，香港九十年代知名游泳員，擅蛙式，香港奧運游泳代表。

其父母在游泳界大大有名，父親戚烈雲，有「香港蛙王」、「中國蛙王」稱號。戚烈雲於 1954 年，獲選為香港亞運游泳代表（另一人是張乾文），惟選擇回中國大陸而放棄。

1956 年，戚烈雲獲選為中國奧運游泳代表，惟因政治事件，中國不參賽而不能成行。

1957 年 5 月 1 日，戚烈雲於廣州，在 100 米蛙式游出 1 分 11.6 秒創出世界紀錄，為第一個中國人創世界紀錄。

其母親戴麗華，為中國女飛魚，五十及六十年代曾創出多項中國女子游泳紀錄。

1992 年，全港華泳賽，男甲 100 米蛙式，戚家漢游 1 分 7 秒 45，破大會紀錄得冠軍。

同年，戚家漢以 100 米蛙式達標，獲選為香港奧運游泳代表（巴塞隆拿、西班牙 、第廿五屆）。

戚家漢達成奧運心願後，便不再作游泳比賽。

黃鍇威—— 093

黃鍇威（David Wong）（1989 年 1 月 24 日-），男，身高 1 米

77，體重 78 公斤、海天體育會游泳部泳員。中學聖若瑟書院畢業，擅蝶式、自由式。香港亞運、亞錦賽、世界杯賽（短池），東亞運游泳代表。亞運銅牌得主、世界杯賽（短池）金牌得主（杜拜站）、亞錦賽銀牌得主。

2006 年，獲選為香港亞運游泳代表。

2009 年，獲選為香港亞錦賽游泳代表，黃鍇威在接力賽中得一銀一銅。

同年，100 米蝶式游 54 秒 35、200 米蝶式游 2 分 01 秒 54，皆破香港紀錄。另有三項接力亦破香港紀錄。

2010 年，獲選為香港亞運游泳代表。

2011 年，獲選為香港世界杯賽（短池）游泳代表（杜拜站）。在 200 米自由式中得金牌（1 分 46 秒 70、破全港）。

同年，200 米自由式游 1 分 49 秒 58，破香港紀錄。

同年，400 米自由式游 3 分 47 秒 7，破香港短池紀錄。

2012 年，獲選為香港亞錦賽游泳代表（杜拜），該年黃鍇威得兩接力銅牌。

2014 年， 第三次獲選為香港亞運游泳代表。該年黃鍇威得一接力銅牌。

黃鍇威在 2006 年獲最有進步男泳手獎；2010 年和 2011 年獲最佳男泳手獎（香港游泳教練會頒發）。

黃鍇威現為香港體院助理游泳教練、香港游泳隊教練。

馮凝姿—————— 094

馮凝姿，女，勵進會，香港 1950 年代知名泳員，中華民國亞運游泳代表。

1954 年馬尼拉亞運，獲選為中華民國亞運游泳代表，於 4×100

米自由式接力中得銅牌，時間 5 分 42 秒 2，其隊友為郭雁紅、陳倩宜、陳少玲（四人皆香港泳員）。

1955 年，得香港渡海泳賽，女子組第二名。冠軍為 Vanessa Giles.（男子組冠軍為溫兆明）

1958 年東京亞運，獲選為中華民國亞運游泳代表，於 4×100 米混合式接力中得銀牌，時間 5 分 50 秒 4，其隊友為梁沼冰、區婉玲（二人來自香港）和張宗慈（來自臺灣）。

又於 4×100 米自由式接力中得銅牌，時間 5 分 31 秒 5，其隊友為區婉玲（香港）、廖喜代和王雙玉。

彭蘊瑤—————— 095

彭蘊瑤，（Snowie Pang）女，美國一大學畢業，海天體育會游泳部泳員，蛙后，1990 年代知名女泳手。香港奧運、亞運、英聯邦、東亞運游泳代表。

1992 年，全港華泳賽，女乙 200 米蛙式，創 2 分 48 秒 65 之華泳乙組紀錄得冠軍。

1993 年，獲選為香港東亞運游泳代表。

1994 年，獲選為香港英聯邦和亞運游泳代表。

1996 年，獲選為香港奧運游泳代表（亞特蘭大、美國），是年非常難入選，香港祗派三人 。

同年，當選為年度最佳女泳員（香港游泳教練會）。

100 米蛙式曾創 1 分 13 秒 85 之香港紀錄。

1997 年，獲選為香港中國全運會和東亞運游泳代表。

現在港為游泳教練，培育後輩。間中參加香港渡海泳等。

譚智健—————— 096

譚智健（CHI KIN TAM）（1980 年 7 月 28 日-），男，高 5 呎 8 吋，重 159 磅，海獅會泳員。2000 年代前後知名泳手、蛙王。香港奧運、亞運、全運會游泳代表。

1997 年，獲選為香港全運會和東亞運游泳代表。

1998 年，獲選為香港亞運游泳代表。

2000 年，獲選為香港奧運游泳代表。

2001 年，獲選為香港全運會和東亞運游泳代表。

2002 年，獲選為香港亞運游泳代表。

2003 年，200 米蛙泳游 2 分 18.64 秒，破香港紀錄。

2004 年，第二次獲選為香港奧運游泳代表。

同年，200 米蛙泳游 2 分 18.26 秒，破香港紀錄。

譚智健曾獲最佳男泳手獎（1999、2003、2004）（香港游泳教練會頒發）。

鄧穎欣—————— 097

鄧穎欣(TANG Wing Yan Natasha）（1992 年 8 月 23 日-），女，身高 5 呎 6 吋，體重 55 公斤，中學拔萃女書院。大埔會泳員，教練鍾元。擅中長途自由式，香港（維港）渡海泳冠軍；為香港奧運、亞運、東亞運、亞錦賽游泳代表，亞錦賽銅牌得主、東亞運銀牌得主。

2008 年，亞洲沙灘運動會，鄧穎欣在馬拉松游泳女子五公里賽事，奪得金牌。在十公里賽事得銅牌。

2009 年，在東亞運女子 1500 米自由式，獲得一面銀牌。

同年，1500 米自由式創全港紀錄，時間 16 分 53 秒 36 。

同年亞錦賽，鄧穎欣得 一面接力銅牌。

2010 年，獲選為香港亞運游泳代表（廣州、中國）。

同年，亞洲沙灘運動會，鄧穎欣在馬拉松游泳女子五公里、十公里賽事，各得一面銅牌。

2011 年，香港渡海泳復辦，改稱新世界維港泳。女子個人公開組，鄧穎欣得第 1 名（23 分 7 秒）。

2012 年，鄧獲選為香港奧運游泳代表。

同年，新世界維港泳女子個人公開組，鄧穎欣又得第一名（17 分 21 秒）。

2013 年，再獲選為香港東亞運游泳代表。

同年，維港泳女子公開組（十七至三十四歲）組，鄧穎欣得第二名。

張運志 098

張運志，男，東方冬泳會泳員，1980 年代前後知名泳手，擅蝶式，教練王強立。香港亞運游泳代表、亞運水球代表。

1978 年，張運志在全港華泳賽，獲男乙個人全場冠軍。

同年，獲選為香港亞運游泳代表。

1979 年，在港韓星三角賽中，代表香港，破了兩項香港接力紀錄。

1980 年，全港華泳賽，男甲 400 米自由式得冠軍，時間 4 分 44 秒 97。200 米蝶式得冠軍，時間 2 分 28 秒，破大會紀錄。

同年，代表東方冬泳會，在 4×200 米自由式接力，破香港紀錄（隊員：陳耀邦、吳聲發、戴海寧、張運志；時間 9 分 11 秒 53）。

1981 年，參加西貢渡海泳賽，獲男子組第一名。

1981 年，全港華泳賽，在 4×200 米自由式接力，破香港紀錄及大會紀錄（東方冬泳會一陳耀邦、吳聲發、戴海寧、張運志；9 分 8 秒 41）。

其後轉玩水球，於 1990 年及 1998 年，獲選為香港亞運水球代表。

劉少芳———— 099

劉少芳，女，南華會泳員，蛙后。1970 年代中期知名泳手，港華代表。其弟劉志雄，為香港 1980 年代前後知名泳手，亞運、英聯邦游泳代表。

1974 年，香港渡海泳賽，女子組得亞軍（冠軍為梁沼蓮）。

1975 年，全港華泳賽，得女甲個人全場亞軍（冠軍是李雁婷），100 米蛙式奪冠，繼盧笑娟之後，成為華人新蛙后。

同年，香港渡海泳賽，女子組得季軍。

1976 年 8 月，獲選為港華訪問菲律賓游泳代表。

同年，全港華泳賽，再得女甲個人全場亞軍，100 米蛙式奪冠（1 分 28 秒 9），繼續成為華人蛙后。

同年，全港泳賽，100 米蝶式游 1 分 21 秒 1 得冠軍。

1977 年，全港華泳賽，得女甲個人全場亞軍（冠軍是梁慧娜）。100 米、200 米蛙式奪冠，繼續三屆成為華人蛙后。

1978 年，全港華泳賽，100 米和 200 米蛙式奪冠。

1979 年，全港華泳賽，女甲 100 米和 200 米蛙式得亞軍。

1979 年，獲選為「港華游泳隊訪問星馬」游泳代表。

施幸余———— 100

施幸余（SZE Hang Yu），女，（1988 年 3 月 5 日-），香港人，身高 5 呎 5 吋，體重約 125 磅。

中學讀女拔萃。香港 2010 年前後知名泳手。擅蝶式、自由式、四式。泳天會泳員，香港奧運、亞運、世錦賽等代表。亞運銀牌得主、亞錦賽銀牌得主。世界杯短池賽金牌得主。

2004 年，施幸余獲選為香港奧運游泳代表。

2006 年，亞運游泳，施幸余獲得一面接力銅牌。

2009 年亞錦賽，施幸余得接力一銀二銅。

2010 年，亞運游泳，施幸余得二面接力銅牌。

2011 年，在世界杯短池賽迪拜站，施幸余獲得女子 100 米混合泳金牌；100 米自由泳奪銅（破香港紀錄）；50 米蝶泳又得銅牌，共得一金三銅。

2012 年，獲選為香港奧運游泳代表。

2012 年亞錦賽，施幸余得一銀四銅 。

2014 年，在亞運，施幸余得接力三面銅牌。

2016 年，獲選為香港奧運游泳代表。

2016 年亞錦賽，施幸余得接力三面銅牌。

2018 年亞運，施得一銀二銅。銀牌屬意外之喜（原第四）。

施幸余獲選為三屆奧運游泳代表、四屆亞運游泳代表。

曾得全年最佳女泳員獎七次：2003、2004、2005、2006、2010、2011、2012 年（香港游泳教練會頒發）。

施幸余目前仍擁有長池紀錄三項（皆接力）、短池紀錄六項。

江忞懿 101

江忞懿（Kong Yvette Man 一 Yi），女（1993 年 1 月 18 日-）身高 5 呎 7 吋、體重 125 磅。中學讀拔萃女書院，大學讀美國柏克萊，擅蛙，蛙后。2010 年代香港知名女泳手。

香港奧運、亞運、中國全運會、亞錦賽游泳代表。亞運銅牌得主、亞錦賽銀牌得主。

2009年，江忞懿獲選為香港亞錦賽游泳代表。

是年獲得一銀牌、四銅牌。個人項目女子100米、200米蛙式皆得銅牌，餘為接力。

2010年，獲選為香港亞運游泳代表。

2013年，再獲選為香港亞錦賽游泳代表。

2014年，再獲選為香港亞運游泳代表。

是年得女子4×100米混合接力銅牌一面。

2016年，又獲選為香港亞錦賽游泳代表。

2016年，獲選為香港奧運游泳代表。

2018年，第三次獲選為香港亞運游泳代表。

參加過全運會三次，分別是2009、2013和2017年。

江忞懿在2009年，得「最有進步泳手獎」（香港游泳教練會頒發）。

江忞懿現擁有香港紀錄：長池4項（一項是接力）、短池2項。長池囊括50米、100米、200米蛙式，稱蛙后當之無愧。

符　泳————　102

符泳，男，擅短途自由式。香港奧運、亞運、東亞運、全運會游泳代表。

一家皆擅泳，父符大進，印尼華僑，為中國飛魚，中國全運會冠軍。1960年代新興力量運動會得一百、二百米自由式金牌；母鄭梅萼亦為中國游泳代表；姊符梅，香港亞運游泳代表，亞運銅牌得主，擅自由式。

1998年，符泳獲選為香港亞運游泳代表。

2000年，符泳獲選為香港奧運游泳代表。

同年，在4×100米混合泳接力中創全港紀錄，時間3分51秒

07 。

2001 年，獲選為香港東亞運和全運會游泳代表游泳代表。

2002 年，再獲選為香港亞運游泳代表。同年，在 4×100 米自由泳接力中創全港紀錄，時間 3 分 30 秒 29。

2005 年，再獲選為香港全運會游泳代表。

同年，參加曼谷第二屆室內運動會（短池），在男子 50 米自由泳中，符泳獲得一面銅牌。

2006 年，第三次獲選為香港亞運游泳代表。

現為知名游泳教練。

梁沼蓮—————— 103

梁沼蓮，生於 1950 年代，女，南華會泳員，教練溫兆明，1970 年代知名泳手。香港英聯邦代表，香港渡海泳冠軍。

一家數兄姊皆擅泳，姊梁沼冰是中華隊（臺灣）亞運游泳代表，拿過亞運銀牌（接力）。兄梁世基是港華代表，香港亞運水球代表；梁世強亦是甲組好手。

1970 年，第一屆銀洲島長途泳賽得女子組冠軍。

1971 年，香港渡海泳女子組季軍。

1973 年全港公開游泳比賽，100 米自由式得金牌，成為短途女飛魚，時間 1 分 12 秒 1。

同年香港渡海泳得女子組亞軍。

1974 年，獲選為香港英聯邦游泳代表。同時入選的有麥當娜、馬克曲架（M.Crocker）、盧笑娟三人。

1974 年，獲香港渡海泳冠軍。

Mau.慕勒（Maureen.Mueller）———— 104

Mau.慕勒，女，洋將，婦遊會（L.R.C.）。為 1970 年前後知名女泳手。曾得三屆香港渡海泳冠軍。

1969 年，得香港渡海泳賽，女子組冠軍。

同年港泰學生埠際賽，代表香港，創 200 米個人混合式 3 分 6 秒 8，和 400 米自由式 5 分 28 秒 5 之香港紀錄。

1970 年，創 200 米自由式 2 分 32 秒 8；800 米自由式 11 分 14 秒 6；200 米個人混合泳 2 分 57 秒 4，和 4×100 米自由式接力之香港紀錄。

同年香港渡海泳賽，得女子組冠軍，創 19 分 42 秒 3 之香港紀錄（男子組冠軍為陳耀邦，游 18 分 27 秒 6，創全港紀錄）。

1971 年，再得香港渡海泳賽，女子組冠軍，為連續三屆得冠軍（男子組冠軍為陳耀邦）。

蘇美蔚———— 105

蘇美蔚，女，中青會泳員，擅自由式。身裁高瘦。香港知名女泳手，1966 年中華隊（臺灣）亞運代表，港華代表。

1966 年香港渡海泳賽，獲女子組第三名。

同年年尾，代表中華隊（臺灣）參加第五屆亞運，與沈露露、吳小華、李青芳，在女子 4×100 米混合式中，游出 5 分 45 秒 1，破全國紀錄。

1967 年，全港華人游泳比賽，奪得女甲 100 米自由式第一名，時間 1 分 16 秒 5，成為華人女飛魚；4×100 米自由式接力得冠軍，女甲個人全場亞軍（同分）。

1967 年香港渡海泳賽，獲第二名。

1968 年香港渡海泳賽，獲第二名。

馮詠欣 106

馮詠欣，女，中學為拔萃女書院，大學唸中大（會計），擅自由式，2000 年代知名泳手，為香港亞運、東亞運、世錦賽、青奧運、全運會游泳代表。

2006 年中學會考，以二十五分成為香港體育學院中應考獎學金運動員中，成績最好的一人，得 3A1B3C1D。

2005 年，獲選為青年奧運會香港游泳代表。

同年，又獲選為世界游泳錦標賽香港代表（蒙特利爾）。

同一年，馮詠欣獲選為中國全運會和東亞運香港代表。

同年，獲選為曼谷室內運動會代表（短池，25 米），這年，馮詠欣獲接力四金二銀。

同年，與隊友創出兩項香港游泳接力紀錄：

（女子 4×100 米和 4×200 米自由泳接力）

2006 年，獲選為亞運代表。

畢業後不久，成為註冊會計師，事業蒸蒸日上。

趙莉莉 107

趙莉莉，女，1940 年代出生，香港 1960 年代知名女泳手，擅背泳、自由式。教練陳震南。冠軍泳手，港華代表，獲 1965 年香港小姐亞軍。

趙莉莉在泳員時代已以美艷聞名，勝過泳術。

1957 年入金銀會，開始參賽，由陳震南訓練指導。

1959 年，代表金銀會，在華泳賽女乙 100 米背泳，獲得亞軍，時間 96 秒。

同年稍後入選為港臺對抗賽港華代表，時年十四歲，臺灣泳手封她為「美麗皇后」。

1961 年 9 月華泳賽，代表華員會，在女乙 100 米自由式得亞軍，時間 87 秒 3。

同年全港公開泳賽，趙莉莉在女乙 100 米背泳得冠軍，時間 94 秒 6。

1962 年華泳賽，在女甲 100 米自由式得亞軍，時間 88 秒 4。

趙莉莉游泳退役後出來工作，為渣打銀行秘書。

1965 年，香港小姐競選，在希爾頓酒店舉行，趙莉莉在賽前為大熱門。結果爆冷門的杜約克勝出（中英混血兒、父為英國人，母為中國人）。

趙莉莉後獲選為「微笑小姐」。一登龍門，聲價十倍，時常出席一些頒獎、剪彩等活動。

鄒榮煊 108

鄒榮煊，男，東方會泳員，1970 年代中期知名長途泳手，擅自由式（長途），港華代表，接力曾破港紀錄。

其父鄒鏡英，為東方會游泳教練之一，其兄姊鄒榮標、鄒鳳卿、鄒麗卿亦擅泳，皆東方會泳員。鄒麗卿為港華游泳代表，擅背泳。

1973 年，獲選為東南亞華人游泳邀請賽港華代表。

同年，獲選為港澳埠際賽游泳代表。

1975 年，大埔吐露港長途泳賽，得男子組冠軍。

1976 年，獲選為港華訪問菲律賓游泳代表。

1976 年，全港華人游泳比賽，男甲 400 米自由式得冠軍，時間 5 分 2 秒 8。

同年，全港公開游泳比賽，代表東方會，在男子 800 米自由式接力，創香港紀錄，時間 9 分 26 秒 66，接力隊員為：陳耀宗、劉培、鄒榮煊、陳耀邦。

1976 年，香港渡海泳賽，獲男子組第三名。

1977 年，全港華人游泳比賽，男甲 1500 米自由式得冠軍。 並獲男甲個人全場冠軍。

同年，大埔吐露港長途泳賽（第十屆），得男子組冠軍。也獲選為港澳埠際賽游泳代表。香港渡海泳賽，獲男子組第三名。

朱鑑然 109

朱鑑然（1989 年 1 月 5 日-）（Kevin），男，香港出生，海天體育會游泳部泳員。2000 年代知名泳手，擅個人混合式。為香港亞運、東亞運、全運會代表。退役後投身電視圈，為知名藝人。

2005 年，獲選為澳洲青年奧運會香港代表。

同年，獲選為香港全運會和東亞運代表。

2006 年，獲選為香港亞運會代表

2009 年，又獲選為香港東亞運會代表。

同年，400 米混合式（短池）游 4 分 19 秒 21，破香港紀錄。

2010 年，再獲選為香港亞運會代表。

退役後不久，投身電視圈，發展順利，代表作品電視劇「無間道」，現為知名藝人。

黃婉生 110

黃婉生，女。青泳團泳員，擅自由式，1940 年代末香港知名泳員。香港游泳代表，中國全運會（民國時期）金牌得主。

其父為黃錫滔醫生（1947 年與潘永楷、吳緻文、李獻良聯手創辦「香港中華業餘游泳聯會」（那時叫「華人游泳聯會」））。

其姊黃婉貞，亦香港游泳代表，和全運會金牌泳手，為中國女飛魚（民國時期）、香港女飛魚。1948 年第七屆中華民國全運會，黃婉貞代表香港，在女子組奪得三面個人金牌和一面接力金牌。

1948 年第七屆中華民國全運會，黃婉生，奪得女子二百米蛙式冠軍和四百米自由式亞軍。

另在女子 4×50 米自由式接力，與黃婉貞、高妙齡、曾鳳群，游出 2 分 35 秒 6，得冠軍及創全國紀錄。

是屆全運會，總計共奪兩金一銀。

其後在美國讀大學，得碩士學位；其間曾參加州泳賽，聞得女子 100 米蝶冠軍。

林政達———— 111

林政達，男，2010 年代知名泳手，擅自由式。男飛魚。香港亞運、亞錦賽、全運會、世界杯短池賽游泳代表。

2009 年，亞洲青年運動會，林政達獲得三面金牌：

50 米自由式、100 米自由式、和 4×100 米自由式接力。

同年，獲選為香港全運會代表。

同年，獲選為香港亞錦賽游泳代表。是年林政達在接力上得一銀一銅（男子 4×100 自由式接力銀牌、男子 4×200 米自由式接力銅牌）。

2010 年，獲選為香港亞運代表。

林政達現仍擁有一些香港紀錄，包括：長池（50 米）兩項 4×100 米自由式接力；4×200 米自由式接力。

戴伊莉—— 112

戴伊莉，女，西青會泳員，1970 年代早期知名泳手，擅背泳，為港華代表。曾得全港公開泳賽冠軍（背泳）。

戴伊莉有華裔血統（母親是華人，父親非華人），其兄戴伊仁亦是香港出色泳手（全港泳賽背泳亞軍）。

其子在香港大大有名，乃現今香港籃球代表，有「第一中鋒」之稱的惠龍兒。少年時也曾是泳手。

1970 年，全港公開泳賽，戴伊莉在女子 4×100 米四式接力中協助西青會奪得冠軍，並破香港紀錄。

1971 年，全港公開華人泳賽，戴伊莉在女子 100 米奪得冠軍，時間 1 分 26 秒。

同年，全港公開泳賽，戴伊莉在女子 100 米仰式（1 分 24 秒 4）和 200 米仰式（3 分 9 秒 9）奪得冠軍（西青）。成為背后。

1971、1972 年，戴伊莉獲選為港澳華人埠際賽代表。

戴伊莉近年膝腿部有恙，要用拐杖行走。

第二章

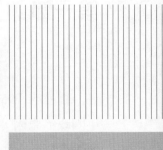

歷屆奧運、亞運、英聯邦運動會、中國全運會、東亞運香港游泳代表名單

第一節 ｜ 歷屆奧運香港游泳代表名單（1952-2016）

香港自 1952 年參加奧運以來，至 2016 年止，共十六屆（1980 年因政治原因，跟從英美等國杯葛奧運），六十四年。其間奧運游泳選手共有五十六人，共七十九人次。

一、1952 年：四人（赫爾辛基・芬蘭）第十五屆

領隊：Harold W.Winglee

泳員：男：張乾文、法蘭・蒙迪路（Fransisco X. Monteiro）

女：郭錦娥、絲依架（Cynthia Eager）。

二、1956 年：二人（墨爾本・澳洲）第十六屆

領隊：Harold W.Winglee

泳員：男：溫兆明、張乾文

三、1960 年：一人（羅馬・意大利）第十七屆

泳員：男：張乾文

四、1964 年：三人（東京・日本）第十八屆

領隊：Ed.A.da Roza

泳員：男：陳錦康、陸經緯

女：李衍瑜

五、1968 年：三人（墨西哥城・墨西哥）第十九屆

教練：Stan Squire

泳員：男：陸經緯、陸海天、王敏超。

六、1972 年：二人（慕尼克・西德）第二十屆

（這年發生慕尼克事件，巴勒斯坦遊擊隊用槍挾持以色列運動員，香港團員亦在同一宿舍被挾持，被命令留在屋內，兩游泳員包括在內。Mark Crocker 與數人爬出窗外沿牆偷偷離開。其他香港人質經派員談判後獲釋。 Mark Crocker 爬外牆逃走照片成為國際頭條新聞。）

教練：黃少雄

泳員：男：王敏超、Mark Crocker（麥克曲架）

七、1976 年：四人（蒙特里爾・加拿大）第廿一屆

領隊：曾坤珏

泳員：男：郭迪明、Mark Crocker（麥克曲架）

女：Karen Robertson（卡蓮羅拔遜）、李雁婷

八、1980 年：（莫斯科、蘇聯）第廿二屆

未參賽（杯葛因素）

補充：1. 這年美國帶頭抵制莫斯科奧運（抗議蘇聯入侵阿富汗），香港政府跟隨英國抵制。

九、1984 年：八人（洛杉磯・美國）第廿三屆

（是年蘇聯帶領東歐杯葛當屆奧運，作為報復）

領隊：鄧乃鑄　教練：David J. Haller（大衛哈拿）

泳員：男：李啓淦、曾意銘、伍永漢、屈金城

女：吳家樂（Ng Gar Loc Fenella）、周麗儀、黃嘉菲（Kathryn F. Wong）、Charlotta I.Flink

十、1988 年：十人（漢城・韓國）第廿四屆

領隊：Wong Yat San　教練：David J. Haller

泳員：男：李繼賢、李啓淦、曾意銘、屈金城、韋米高（Michael J . Wright）、葉賀文。

女：吳家樂（Ng Gar Loc Fenella）、曾詠詩、洪詩琪、Annemarie Munk（孟少萍）

十一、1992 年：八人（巴塞隆拿・西班牙）第廿五屆

領隊：王敏超　教練：W. B. Sweetenham（司徒翰）

泳員：男：李繼賢、韋米高（Michael J. Wright）、胡達昌、Andrew Rutherfurd 、Duncan J.U. Todd 、Chi Jia Han（戚家漢）、LI Kar Wai（李嘉偉）

女：Robyn C. Lamsam（伍劭斌）

十二、1996 年：三人（亞特蘭大・美國）第廿六屆

領隊：K.T.Yeung（楊錦達）　教練：陳耀海

泳員：男：李繼賢、郭建明　女：彭蘊瑤。

十三、2000 年：九人（悉尼・澳洲）第廿七屆

領隊：Sam Kar Lung（沈嘉倫）教練：陳耀海

泳員：男：方力申、譚智健、郭建明、符　泳、郭漢明

女：蔡曉慧、江欣琦、陳詠雪、趙善穎

十四、2004 年：七人（雅典・希臘）第廿八屆

領隊：趙展鴻　教練：陳耀海

泳員：男：譚智健。

女：陳詠雪、陳宇寧、施幸余、蔡曉慧、韋漢娜（Hannah Wilson）、葉芷華

十五、2008 年：四人（北京・中國）第廿九屆

領隊：楊錦達　教練：陳耀海

泳員：女：歐鎧淳、陳宇寧、蔡曉慧、韋漢娜（Hannah Wilson）

十六、2012 年：四人（倫敦・英國）第三十屆

領隊：司徒秉衡　教練：陳耀海

泳員：女：歐鎧淳、韋漢娜、施幸余、鄧穎欣

十七、2016 年：七人（里約熱內盧・巴西）第三十一屆

領隊：司徒秉衡　教練：陳劍虹、Michael Peter Fasching

泳員：男：謝旻樹

女：歐鎧淳、何詩蓓、江忞懿、劉彥恩、鄭莉梅、施幸余

第二節 ｜ 歷屆亞運香港游泳代表名單
（第二屆-第十七屆；1954 年-2014 年）
（第一屆 參賽）

一、1954 年　第二屆　馬尼拉（菲律賓）

領隊：黃少雄

泳員：男：張乾文

二、1958 年　第三屆　東京（日本）

領隊：吳繳文

泳員：男：吳祺光　女：祁鳳霞

三、1962 年　第四屆　雅加達（印尼）

領隊：胡祖堅

泳員　男：陸經緯

四、1966 年　第五屆　曼谷（泰國）

領隊：胡祖堅、簡廣成、H.W.Winglee

泳員：男：王敏超、陸經緯、陸海天、鍾安柱、陳錦康、何漢炘、陸海通

女：李衍瑜、陳娟秀、陳寶秀、陸錦繡、曹旺卿

五、1970 年　第六屆　曼谷（泰國）

領隊：陳錦奎、Daniel Tsang

泳員：男：王敏超、曹錦新、曹維新

女：盧笑娟、曹旺卿、Julia Kingsley（J.京士莉）

六、1974 年　第七屆　德黑蘭（伊朗）

領隊：曾坤鈺

泳員：女：許健萍、盧笑娟、李雁婷

七、1978 年　第八屆　曼谷（泰國）

領隊：鄧乃鑄

泳員：男：鄧浩光、鄧國光、張運志、劉志雄、張國瑜、陳兆亨

女：麥少萍、沈德寶莉（Deborah Sims）、林敏子、莎莉羅拔遜（Sara Robertson）、A.歷士頓（Luxton）、廖靜樺

八、1982 年　第九屆　新德里（印度）

領隊：鄧乃鑄、Patricia Wong

泳員：男：李啓淦、劉志雄、陳兆亨、Perran Coak、梁耀輝、伍永漢、鄧國光、曾意銘、溫慶年、屈金城、鍾元

女：黎　慧、周麗儀、馮雲霞、Kathryn Wong、溫秀嫦、Lucy E.Lomas、吳家樂（Fenella Ng）

九、1986 年　第十屆　漢城（韓國）

領隊：佟金城　教練：大衛哈拿、陳兆亨

泳員：男：曾意銘、李啓淦、關敬華、張子明、葉賀民、屈金城、余世雄、鄧泰華、Perran Coak

女：吳家樂、洪詩琪、符　梅、鄧麗盈、周麗儀、李秀美、周嘉慧

十、1990 年　第十一屆　北京（中國）

領隊：William B.Hill　教練：David J.Haller（大衛哈拿／何大衛）

助教：方原

泳員：男：胡達昌、Wilson Choy（蔡偉臣）、Michael Wright（韋米高）、Willard Sing、Wong Kai Tik Andrew、Hung Hin Kai Michael、Alan Cheung

女：曾詠詩、司徒詠怡、洪詩琪、周嘉慧、吳家樂、Cheung Yiu Ping Karen、Cheng Hoi Yan、Ann M. Mung（孟少萍）

十一、1994　第十二屆　廣島（日本）

領隊：Lee Wai Man John　教練：W.B.Sweetenham（司徒翰）

泳員：男：Kwok Kin Ming（郭健明）、Kwok Sze Wai（郭思維）、李繼賢、Michael Wright（韋米高）

女：伍劭斌（Robyn C.Lamsam）、劉敬亭、吳家樂、李穎詩、彭蘊瑤、黃海滴、Ng Gar Yun Caroline

十二、1998　第十三屆　曼谷（泰國）

領隊：Sham Kar Lum（沈嘉倫）　教練：陳耀海

泳員：男：郭健明、郭漢明、方力申、司徒瑞祈、譚智健、李繼賢、辛法義、郭斯維、符泳、Michael Scott、Zachary Moffatt

女：伍劭斌、蔡曉慧、趙善穎、彭淑梅、董雪明

十三、2002　第十四屆　釜山（韓國）

領隊：趙展鴻　教練：陳耀海、樊偉添、張狄勇

泳員：男：郭健明、符泳、譚智健、鍾國樑、方力申、司徒瑞祈、費友燊、馮學謙、杜景麟、黃國基

女：蔡曉慧、廖嘉莉、彭淑梅、江欣琦、吳芷筠、趙善穎、黃曉嵐、陳詠雪、鄧慶庭

十四、2006　第十五屆　多哈（卡塔爾）

領隊：趙展鴻　總教練：陳景兒（陳耀海）

教練：樊偉添、Michael Peter Fasching、張婵鶯、曾詠詩

泳員：男：黃鍇威、朱鑒然、陳穎廉、張兆恒、謝旻樹、符泳、余海平、李振濤、鍾國鼎、謝浚浩

女：韋漢娜（Hannah Wilson）、蔡曉慧、李亮葵、施幸余、章可兒、吳加敏、馮詠欣、藍家汶、孫嘉兒、葉芷華、謝健熺

十五、2010　第十六屆　廣州（中國）

領隊：趙展鴻　教練：（陳景兒）陳耀海、陳劍虹、張婵鶯、鍾元

泳員：男：黃鍇威、吳鎮男、張健達、江俊賢、林政達、王俊仁、殷浩俊、鍾禮陽、朱鑒然、張兆恒、陳穎廉

女：劉彥恩、馬希彤、施幸余、江忞懿、韋漢娜、歐鎧淳、湯嘉珩、于蕙婷、藍家汶、鄧穎欣

十六、2014　第十七屆　仁川（韓國）

領隊：楊錦達　教練：陳劍虹、樊偉添、張婵鶯、Michael P.Fasching

泳員：男：謝旻樹、張健達、蔡承東、鍾禮陽、江己概、劉紹宇、凌天宇、麥浩麟、吳鎮男、徐海東、黃竟豪、王俊仁、黃鍇威

女：歐鎧淳、陳健樂、鄭莉梅、鄭熙彤、何詩蓓、江忞懿、郭瑩瑩、劉彥恩、施幸余、譚凱琳、楊珍美

十七、2018　第十八屆　雅加達（印尼）

領隊：趙展鴻　教練：陳劍虹、陳勤、Michael Peter Fasching、樊偉添、曾詠詩

泳員：男：陳俊希、卓銘浩、張健達、張祐銘、何天朗、林澤鏗、劉紹宇、廖先浩、林昭光、麥浩麟、莫啓迪、吳鎮男、吳欣鍵、杜敬謙、黃竟豪、王俊仁、楊顯皓

女：歐鎧淳、陳健樂、鄭莉梅、何南慧、葉穎寶、簡綽桐、江忞懿、林凱喬、廖小喬、施幸余、譚凱琳、鄧采淋、王芊霖、黃筠陶、楊珍美

第三節 歷屆英聯邦運動會香港游泳代表名單

一、1954 年　Vancouver

泳員：張乾文

二、1970　Edinburgh

領隊：C.S.W.Day　泳員：王敏超

三、1974 年　Christchurch

領隊：D.W.Mcdonald

泳員：男：Mark Crocker

女：盧笑娟、梁昭蓮、Julian Emsile 、Winnie Hsu、Fiona Mcdonald

四、1978 年　Edmonton

領隊：黃少雄

泳員：男：Mark Crocker（麥克曲架）

女：Joanna Clark（克拉克）Karen Robertson（卡蓮羅拔遜）Deborah Sims（沈德寶莉）

五、1982 年　Brisbane

領隊：David J. Haller 、鄧乃鑄、Patricia Wong

泳員：男：李啓淦、劉志雄、陳兆亨、鍾　元、梁耀輝、鄧國光、曾意銘、屈金城

女：黎慧、吳家樂、周麗儀、Lotta Flink、Kathryn Wong（黃嘉菲）

六、1986 年　Edinburgh

領隊：Stuart H. Leckie　教練：David J. Haller

泳員：男：曾意銘、李啓淦、屈金城、張子明、關敬華、Perran T.Coak、葉賀文

女：吳家樂、李秀美、周麗儀、洪詩琪

七、1990 年　Auckland

領隊：Chow Kai Man Fred　教練：David J. Haller

泳員：男：李繼賢、韋米高（Michael J. Wright）、Wilson Choi（蔡偉臣）、Alan Cheung、胡達昌

女：吳家樂、周嘉慧、洪詩琪

八、1994 年　Victoria

教練：William F. Sweetenham

泳員：男：韋米高（Michael J. Wright）、李繼賢

女：伍劭斌、彭蘊瑤、吳家樂、劉敬婷

第四節 歷屆中國全運會香港游泳代表名單

（1997-2017 年；第八屆-第十三屆）

（1997 年香港回歸中國後，才開始參加中國全運會）

一、1997 年　第八屆　上海

領隊：曾坤鈺　教練：陳耀海、張狄勇、樊偉添

泳員：男：郭健明、李繼賢、方力申、郭思維、史毅豪、譚智健、辛法義

女：彭蘊瑤、蔡曉慧、劉敬婷、黃海滴

二、2001 年　第九屆　廣東

領隊：司徒秉衡

教練：陳耀海、陳劍虹、樊偉添、曾詠詩

泳員：男：郭健明、譚智健、方力申、鍾國樑、馮學謙、司徒瑞祈、黃國基、費友燊、符　泳

女：陳詠雪、蔡曉慧、廖嘉莉、吳芷筠、黃曉嵐、江欣琦、彭淑梅、鄧慶庭、趙善穎

三、2005 年　第十屆　江蘇

領隊：曾坤鈺　教練：陳景兒（陳耀海）、樊偉添、龐麗潔

泳員：男：符　泳、鍾國樑、鍾國鼎、司徒瑞祈、陳穎廉、朱鑑然、謝浚浩

女：施幸余、陳詠雪、陳宇寧、黃曉嵐、葉芷華、馮詠欣、李雅文、劉學霖、謝健熺

四、2009 年　第十一屆　山東

領隊：鄧永康　教練：陳劍虹、樊偉添、年　云

泳員：男：黃鍇威、吳鎮男、張健達、林政達、江俊賢、殷浩俊、鍾禮陽、張兆恒、陳穎廉、郭　森

女：陳健樂、歐鎧淳、陳宇寧、馬希彤、江忞懿、湯嘉珩、于蕙婷

五、2013 年　第十二屆　遼寧

泳員：男：黃竟豪、王俊仁、陳子浩、鄺嘉豪、劉晉良、凌天宇、麥浩麟、吳啓康、.殷浩俊、邱嘉琳

女：陳安怡、鄭熙彤、程早苗、葉穎寶、鄺松惠、梁雅婷、莫凱汶、溫婧文、黃懿澄

六、2017 年　第十三屆　天津

領隊：吳旭光　教練：陳劍虹、陳　勤、樊偉添、龐麗潔

泳員：男：杜敬謙、吳鎮男、陳俊希、張祐銘、馮俊灝、何天朗、林浩賢、吳欣鍵、黃培燊、黃昊翹、謝瀚霆

女：施幸余、歐鎧淳、鄭莉梅、陳芷晴、常鈺涓、廖小喬、黃筠陶

馬拉松游泳：

領隊：馬偉全　教練：麥浩然

泳員：男：冼展霆、謝梓峰

女：駱凱文、聶芷彥

第五節 ｜ 歷屆東亞運香港游泳代表名單
（第一屆-第六屆；1993 年-2013 年）

一、1993 年　第一屆　上海

領隊：曾坤鈺　教練：陳耀海

泳員：男：李繼賢、Michael Wright（韋米高）、李子駿

女：伍劭斌（Robyn C.Lamsam）、劉敬亭、彭蘊瑤、Ng Gar Yun、龍恩庭

二、1997 年　第二屆　釜山

領隊：趙展鴻　教練：陳耀海

泳員：男：李繼賢、方力申、Kwok Kin Ming（郭健明）、Kwok Sze Wai（郭思維）、Zachary Moffatt、Michael Scott、辛法義、譚智健、

女：伍劭斌（Robyn C.Lamsam）、劉敬亭、彭蘊瑤、蔡曉慧、黃海滴

三、2001 年　第三屆　大阪

領隊：趙展鴻　教練：陳耀海

泳員：男：方力申、Kwok Kin Ming（郭健明）、郭漢明、司徒瑞祈、符　泳、譚智健

女：蔡曉慧、陳詠雪、趙善穎、廖嘉莉、江欣琦、吳芷筠、鄧慶庭

四、2005 年　第四屆　澳門

領隊：趙展鴻　教練：陳耀海、曾詠詩

泳員：男：朱鑒然、鍾國樑、司徒瑞祈、費友燊、鍾國鼎

女：韋漢娜（Hannah Wilson）、陳詠雪、陳宇寧、蔡曉慧、施幸余、何擅泳、劉學霖、馮詠欣、孫嘉兒、葉芷華、謝健熺、黃曉嵐

五、2009 年　第五屆　香港

領隊：趙展鴻　教練：陳景兒（陳耀海）、陳劍虹、Michael P. Fasching、鍾　元

泳員：男：陳穎廉、謝旻樹、張健達、朱鑒然、張兆恒、鍾禮陽、郭　森、林政達、吳鎮男、王俊仁、黃鍇威、徐海東、董卓軒、殷浩俊

女：歐鎧淳、陳健樂、陳宇寧、鍾欣庭、江忞懿、劉彥恩、馬希彤、藍家汶、施幸余、鄧穎欣、湯嘉珩、蔡曉慧、韋漢娜（Hannah Wilson）

六、2013 年　第六屆　天津

領隊：趙展鴻

教練：Martin Grabowski、陳劍虹、龐潔麗

泳員：男：謝旻樹、張健達、鍾禮陽、郭俊德、L.H.M.Little、吳鎮男、吳啓康、王俊仁、黃鍇威、邱嘉琳

女：歐鎧淳、陳健樂、何詩蓓、葉穎寶、江忞懿、劉彥恩、施幸余、莫凱汶、鄧穎欣、黃懿澄、于蕙婷

第三章

歷屆亞運、亞錦賽、東亞運、亞室運香港游泳代表隊成績（獎牌榜）

第一節 ┃ 歷屆亞運香港游泳代表隊成績（獎牌榜）（1951-2019）

1986 年　漢城亞運　1 銅

領隊：佟金城

教練：David Hallar

一　女子 4×100 米自由式接力　銅牌

隊員：洪詩琪、吳家樂、李秀美、符　梅

1994 年　廣島亞運　1 銀 1 銅

領隊：Lee Wai Man John

教練： W.B.Sweetenham（司徒翰）

一　女子 4×100 米自由式接力　銀牌

隊員：伍劭斌、劉敬亭、吳家樂、李穎詩

二　女子 50 米自由式　銅牌

泳員：伍劭斌[1]（為香港游泳隊首面個人獎牌）

1998 年　曼谷亞運會　1 銅

教練：陳耀海

一　男子 400 米自由式　銅牌

泳員：郭健明[1]（為香港男子游泳隊首面個人項目獎牌）

2006 年　多哈亞運會。　1 銅

教練：陳耀海

一　女子 4×100 米自由式接力　銅牌

隊員：韋漢娜、蔡曉慧、李亮葵、施幸余

2010 年　廣州亞運會　2 銅

領隊：趙展鴻

教練：陳耀海、陳劍虹、張嬋鶯、鍾　元

一　女子 4×100 米混合接力　銅牌

隊員：劉彥恩、馬希彤、施幸余、韋漢娜

二　女子 4×100 米自由式接力　銅牌

隊員：歐鎧淳、施幸余、韋漢娜、于蕙婷

2014 年　仁川亞運會。　4 銅

領隊：楊錦達

教練：陳劍虹、 Michael Peter Fasching、曾詠詩、張嬋鶯、樊偉添

一　女子 4×100 米混合接力　銅牌

隊員：歐鎧淳、陳健樂、何詩蓓、江忞懿、劉彥恩、施幸余、譚凱琳、楊珍美

二　女子 4×100 米自由式接力　銅牌

隊員：歐鎧淳、鄭莉梅、何詩蓓、施幸余

三　女子 4×200 米自由式接力　銅牌

隊員：歐鎧淳、鄭莉梅、何詩蓓、施幸余

四　男子 4×100 米自由式接力　銅牌

隊員：謝旻樹、張健達、麥浩麟、吳鎮男、黃竟豪、黃鍇威

2018 年　雅加達亞運會　1 銀 2 銅

領隊：趙展鴻

教練：陳劍虹、陳勤、Michael Peter Fasching、樊偉添、曾詠詩

一　女子 4×100 米混合接力　銀牌

隊員：歐鎧淳、陳健樂、鄭莉梅、葉穎寶、施幸余、譚凱琳、黃

筠陶、楊珍美

二　女子 4×100 米自由式接力　銅牌

隊員：歐鎧淳、鄭莉梅、何南慧、譚凱琳、施幸余

三　女子 4×200 米自由式接力　銅牌

隊員：陳健樂、鄭莉梅、何南慧、簡綽桐、施幸余、鄧采淋、楊珍美

補充：1 香港游泳隊在亞運會，最高獎牌成績為銀牌。
（1951 年第一屆亞運至 2019 年，編按：或有錯漏請見諒）

第二節 | 歷屆亞錦賽香港游泳代表隊成績（獎牌榜）

1984 年　第二屆		3 金 3 銀 5 銅
女子 200 米自由式	吳家樂	金牌
女子 400 米自由式		金牌
男子 200 米蝶式	曾意銘	金牌（雙冠軍）
男子 100 米蝶式		銀牌
女子 100 米蛙式	周麗儀	銀牌
女子 4×100 米自由式接力		銀牌
男子 100 米自由式	李啓淦	銅牌
男子 400 米個人混合式	伍永漢	銅牌
女子 200 米個人混合式	勞特	銅牌
女子 100 米蝶式	黃嘉菲	銅牌
女子 4×100 米混合式接力		銅牌

2000 年　第六屆　釜山		1 金
教練：陳耀海		
男子 400 米自由式	郭健明	金牌

2006 年　第七屆　新加坡		2 金 2 銅
教練：陳耀海		
選手：		
女子 50 米自由式	韋漢娜	金牌
女子 100 米自由式		金牌
女子 50 米蛙式	孫嘉兒	銅牌

男子 4×100 米自由式接力	謝旻樹、張兆恆、余海平、陳穎廉	銅牌

2009 年　第八屆　佛山　2 銀 6 銅

女子 4×100 米自由式接力	施幸余、江忞懿、于蕙婷、蔡曉慧	銀牌
女子 100 米蛙式	江忞懿	銅牌
女子 200 米蛙式		銅牌
女子 50 米背泳	蔡曉慧	銅牌
女子 4×100 米四式接力	施幸余、江忞懿、陳健樂、蔡曉慧	銅牌
女子 4×200 米自由式接力	施幸余、江忞懿、鄧穎欣、湯嘉珩	銅牌
男子 4×100 米 自由式接力	林政達、吳鎮男、黃鍇威、江俊賢	銀牌
男子 50 米蛙式	王俊仁	銅牌
男子 4×200 米 自由式接力	張健達、吳鎮男、林政達、黃鍇威	銅牌

2012 年　第九屆　杜拜　1 銀 7 銅

教練：陳耀海

女子 100 米 蝶式	施幸余	銀牌
女子 50 米 蝶式。	施幸余	銅牌
女子 200 米 自由式。	施幸余	銅牌
女子 4×200 米自由式接力	施幸余、黃懿澄、陳健樂、莫凱汶	銅牌

女子 4×100 米自由式接力	施幸余、陳健樂、	
	于蕙婷、莫凱汶	銅牌
男子 50 米蛙式	王俊仁	銅牌
男子 4×100 米四式接力	王俊仁、謝旻樹、黃鍇威、	
	吳鎮男、Ng Kai Hong	銅牌
男子 4×200 米 自由式接力	謝旻樹、吳鎮男、	
	黃鍇威、張健達	銅牌

2016 年　第十屆　東京　1 銀 3 銅

領隊：趙展鴻

教練：陳劍虹（總教練）、曾詠詩、樊偉添、陳勤、Zhang Jun

選手：

女子 100 米蝶式	陳健樂	銀牌
女子 4×100 米自由式接力	施幸余、陳健樂、	
	劉彥恩、于蕙婷	銅牌
女子 4×200 米自由式接力	施幸余、劉彥恩、	
	鄧采琳、陳健樂	銅牌
女子 4×100 米四式接力	T.K.T.Wong.、R.Ip、	
	陳健樂、施幸余	銅牌

（編按：相關資訊或有錯漏，敬請見諒。）

第三節 ｜ 歷屆東亞運香港游泳代表隊成績（獎牌榜）（1993-2013）

1993 年　第一屆　上海		共獲 1 銅
領隊：曾坤鈺		
教練：陳耀海		
男子 50 米自由式	韋米高（Michael Wright）	銅牌

2001 年　第三屆　大阪		共獲 1 銅
領隊：趙展鴻		
教練：陳耀海		
女子 4×100 米混合式接力	蔡曉慧、廖嘉莉、江欣琦、吳芷筠	銅牌

2005 年　第四屆　澳門		共獲 1 銅
領隊：趙展鴻		
教練：陳耀海、曾詠詩		
女子 50 米蛙式	孫嘉兒	銅牌

2009 年　第五屆　香港		共獲 3 銀 8 銅
女子 4×200 米自由式接力	歐鎧淳、江忞懿、施幸余、韋漢娜	銀牌
女子 4×100 米自由式接力	歐鎧淳、施幸余、蔡曉慧、韋漢娜	銀牌
女子 1500 米自由式	鄧穎欣	銀牌
女子 200 米自由式	歐鎧淳	銅牌

女子 400 米自由式	歐鎧淳	銅牌
女子 1500 米自由式	藍家汶	銅牌
男子 4×100 公尺自由式接力	張健達、林政達、吳鎮男、黃鍇威	銅牌
女子 4×100 米混合泳接力	蔡曉慧、江忞懿、施幸余、韋漢娜	銅牌
女子 100 米自由式	韋漢娜	銅牌
女子 100 米蝶式	韋漢娜	銅牌
女子 50 米自由式	韋漢娜	銅牌

2013 年　第六屆　天津　共獲 3 銀 7 銅

男子 50 米自由式	謝旻樹	銅牌
女子 50 米自由式	何詩蓓	銀牌
女子 100 米自由式	何詩蓓	銅牌
女子 4×100 米混合泳接力	歐鎧淳、何詩蓓、江忞懿、施幸余	銅牌
女子 4×100 米自由式接力	歐鎧淳、何詩蓓、施幸余、于蕙婷	銅牌
女子 50 米背泳	歐鎧淳	銀牌
女子 200 米個人混合泳	何詩蓓	銀牌
女子 200 米自由式	何詩蓓	銅牌
男子 4×100 米自由式接力	謝旻樹、張健達、吳鎮男、黃鍇威	銅牌
女子 4×200 米自由式接力	歐鎧淳、陳健樂、何詩蓓、施幸余	銅牌

註：東亞運 2017 年比賽取消。

第四節 ｜ 歷屆亞室運香港游泳代表隊成績（獎牌榜）（2005-2017）

2005 年　　曼谷　　室內運動會

短池（25 米）　　共獲 8 金 5 銀 3 銅

女子 50 米自由泳	施幸余	金牌
女子 100 米個人混合泳	施幸余	金牌
女子 4×25 米混合接力	施幸余、陳宇寧、孫嘉兒、馮詠欣	金牌
女子 4×25 米自由泳接力	施幸余、陳宇寧、黃曉嵐、馮詠欣	金牌
女子 4×50 米混合接力	施幸余、陳宇寧、孫嘉兒、馮詠欣	金牌
女子 4×50 米自由泳接力	施幸余、陳宇寧、黃曉嵐、馮詠欣	金牌
女子 50 米蛙泳	孫嘉兒	金牌
女子 50 米蝶泳	施幸余	金牌
女子 100 米蛙泳	孫嘉兒	銀牌
女子 100 米蝶泳	施幸余	銀牌
女子 200 米蛙泳	黃曉嵐	銀牌
女子 4×100 米混合接力	施幸余、陳宇寧、孫嘉兒、馮詠欣	銀牌
女子 4×100 米自由泳接力	施幸余、黃曉嵐、馮詠欣、陳宇寧	銀牌
女子 100 米自由泳	施幸余	銅牌
女子 100 米蛙泳	黃曉嵐	銅牌

男子 50 米自由泳	符　泳	銅牌

2007 年　澳門　室內運動會

短池（25 米）		共獲 10 金 5 銀 6 銅
女子 100 米仰泳	蔡曉慧	金牌
女子 100 米個人混合泳	蔡曉慧	金牌
女子 100 米自由泳	韋漢娜	金牌
女子 100 米蝶泳	韋漢娜	金牌
女子 200 米個人混合泳	蔡曉慧	金牌
女子 4×100 米混合泳接力	蔡曉慧、孫嘉兒、歐鎧淳、韋漢娜	金牌
女子 4×100 米自由泳接力	蔡曉慧、歐鎧淳、施幸余、韋漢娜	金牌
女子 4×50 米混合接力	蔡曉慧、孫嘉兒、施幸余、韋漢娜	金牌
女子 4×50 米自由泳接力	蔡曉慧、歐鎧淳、施幸余、韋漢娜	金牌
女子 50 米仰泳	蔡曉慧	金牌
女子 50 米蝶泳	施幸余	金牌
女子 100 米仰泳	歐鎧淳	銀牌
女子 100 米個人混合泳	施幸余	銀牌
女子 100 米蝶泳	施幸余	銀牌
女子 50 米自由泳	施幸余	銀牌
女子 50 米蝶泳	韋漢娜	銀牌
女子 200 米自由泳	湯嘉珩	銅牌
女子 50 米仰泳	歐鎧淳	銅牌

女子 50 米蛙泳	孫嘉兒	銅牌
男子 100 米仰泳	謝旻樹	銅牌
男子 4×100 米自由泳接力	謝旻樹、林政達、 殷浩俊、董卓軒	銅牌
男子 50 米仰泳	謝旻樹	銅牌

2009 年　越南　室內運動會

短池（25 米）		共獲 5 金 7 銀 7 銅
女子 100 米蛙泳	江忞懿	金牌
女子 4×100 米混合泳接力	江忞懿、蔡曉慧、 劉彥恩、施幸余	金牌
女子 4×100 米自由泳接力	江忞懿、蔡曉慧、 劉彥恩、施幸余	金牌
女子 4×50 米混合泳接力	蔡曉慧、江忞懿、 施幸余、于蕙婷	金牌
女子 50 米蛙泳	江忞懿	金牌
女子 100 米仰泳	蔡曉慧	銀牌
女子 100 米個人混合泳	蔡曉慧	銀牌
女子 100 米自由泳	施幸余	銀牌
女子 100 米蝶泳	施幸余	銀牌
女子 4×50 米自由泳接力	于蕙婷、蔡曉慧、 施幸余、江忞懿	銀牌
女子 50 米自由泳	施幸余	銀牌
男子 4×50 米混合泳接力	鍾禮陽、陳穎廉、 殷浩俊、江俊賢	銀牌
女子 100 米仰泳	劉彥恩	銅牌

女子 100 米蛙泳	馬希彤	銅牌
女子 200 米個人混合泳	蔡曉慧	銅牌
女子 50 米仰泳	蔡曉慧	銅牌
女子 50 米蝶泳	施幸余	銅牌
男子 4×100 米混合泳接力	鍾禮陽、陳穎廉、黃鍇威、殷浩俊	銅牌
男子 4×50 米自由泳接力	殷浩俊、董卓軒、鍾禮陽、江俊賢	銅牌

2013 年　仁川　亞洲室內暨武術運動會

短池（25 米）		共獲 3 銀 7 銅
女子 50 米背泳	歐鎧淳	銀牌
女子 50 米自由泳	施幸余	銀牌
男子 4×100 米自由泳接力	黃竟豪、吳鎮男、張健達、黃鍇威	銀牌
女子 100 米個人混合四式	施幸余	銅牌
女子 100 米背泳	歐鎧淳	銅牌
女子 100 米蝶泳	施幸余	銅牌
女子 4×100 米混合接力	歐鎧淳、江忞懿、陳健樂、施幸余	銅牌
女子 4×100 米自由泳接力	于蕙婷、陳健樂、施幸余、歐鎧淳	銅牌
女子 4×50 米混合接力	歐鎧淳、江忞懿、陳健樂、施幸余	銅牌
女子 4×50 米自游泳接力	施幸余、于蕙婷、歐鎧淳、陳健樂	銅牌

2017 年　阿什哈巴德　亞洲室內暨武術運動會

短池（25 米）		共獲 4 金 5 銀 5 銅
女子 100 米背泳	歐鎧淳	金牌
女子 100 米蝶泳	陳健樂	金牌
女子 4×100 米混合泳接力	歐鎧淳、陳健樂、葉穎寶、施幸余	金牌
女子 4×50 米混合泳接力	歐鎧淳、陳健樂、江忞懿、施幸余、葉穎寶、劉詩穎、譚凱琳、黃鈺茵	金牌
女子 100 米自由泳	施幸余	銀牌
女子 100 米蛙泳	葉穎寶	銀牌
女子 4×100 米自由泳接力	歐鎧淳、何南慧、施幸余、黃楚瑩	銀牌
女子 4×50 米自由泳接力	歐鎧淳、陳健樂、施幸余、譚凱琳	銀牌
女子 50 米背泳	黃筠陶	銀牌
女子 100 米蛙泳	簡綽桐	銅牌
女子 200 米自由泳	何南慧	銅牌
女子 50 米蛙泳	江忞懿	銅牌
女子 50 米蝶泳	陳健樂	銅牌
男子 100 米個人混合泳	麥浩麟	銅牌

第四章

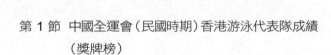

中國全運會（民國時期）

第一節 中國全運會（民國時期）香港游泳代表隊成績（獎牌榜）

第 3 屆中國全運會（民國時期）游泳成績 1

1924 年 5 月 22 日至 24 日在武昌舉行

【男子】

傅啟述	湖南	41″4	50 米自由泳
劉煥新	廣東	1′33″8	100 米自由泳
劉煥新	廣東	8′45″8	400 米自由泳
龍　翥	湖南	39′45″0	1500 米自由泳
趙士敏	江蘇	2′ 2″4	100 米仰泳
劉煥新	廣東	4′13″	200 米仰泳
華中隊		2′25″	200 米接力

第 4 屆中國全運會（民國時期）游泳成績

1930 年 4 月 1 日至 11 日在杭州舉行

祗有男子組賽事

【男子】

陳振興	香港	26″8	50 碼自由泳
陳振興	香港	1′ 4″6	100 碼自由泳
史興隆	遼寧	6′37″	440 碼自由泳
史興隆	遼寧	30′47″8	一英里自由泳
樁元華	廣東	1′25″2	100 碼仰泳
龍榮軾	廣東	3′33″4	220 碼蛙泳
香港隊		1′34″8	160 碼接力

1933 年中國全運會（民國時期）游泳成績

1933 年 10 月 10 日至 20 日在南京舉行

【男子】

陳振興	廣東	28″8	50 米自由泳
陳振興	廣東	1′ 8″4	100 米自由泳
史興隆	遼寧	5′51″9	400 米自由泳
史興隆	遼寧	23′27″6	1500 米自由泳
劉寶希	廣東	1′23″3	100 米仰泳
郭振恆	香港	3′ 5″2	200 米俯泳
廣東隊		2′ 1″1	200 米接力

【女子】

楊秀瓊	香港	38″2	50 米自由泳
楊秀瓊	香港	1′29″6	100 米自由泳
楊秀瓊	香港	1′45″2	100 米仰泳
楊秀瓊	香港	3′41″1	200 米俯泳
香港隊		2′49″	200 米接力

1935 年 第 6 屆中國全運會（民國時期）游泳成績

1935 年 10 月 10 日至 20 日在上海舉行

【男子】

陳振興	香港	28″	50 米自由泳
陳振興	香港	1′ 5″7	100 米自由泳
楊維莫	馬來亞華僑	5′33″2	400 米自由泳
楊維莫	馬來亞華僑	22′59″2	1500 米自由泳
林惠俊	馬來亞華僑	1′23″5	100 米仰泳

郭振恆	廣東	3′ 9″5	200 米俯泳
香港隊		2′ 1″2	200 米接力

【女子】

劉桂珍	廣東	36″2	50 米自由泳
楊秀瓊	香港	1′23″	100 米自由泳
楊秀瓊	香港	1′37″4	100 米仰泳
陳玉瓊	廣東	3′38″5	200 米俯泳
廣東隊		2′39″2	200 米接力

1948 年中國全運會（民國時期）游泳成績

1948 年 5 月 5 日至 15 至日在上海舉行

【男子】

俞順源	印尼華僑	28″	50 米自由泳
吳傳玉	印尼華僑	1′ 3″3	100 米自由泳
陳震南	香港	5′44″6	400 米自由泳
陳震南	香港	23′ 2″3	1500 米自由泳
馮朝玉	馬來亞華僑	1′16″9	100 米仰泳
紀順美	馬來亞華僑	3′ 6″9	200 米俯泳
馬來亞華僑隊		1′57″1	200 米自由泳接力
香港隊		11′ 4″3	800 米自由泳接力

【女子】

黃婉貞	香港	35″9	50 米自由泳
黃婉貞	香港	1′20″6	100 米自由泳
黃婉貞	香港	7′16″3	400 米自由泳

黃碧霞	馬來亞華僑	1′47″	100 米仰泳
黃婉貞	香港	3′43″5	200 米俯泳
香港隊		2′25″6	200 米自由泳接力

第五章

香港游泳教練（1930-2019）

第一節 ┃ 香港知名游泳教練姓名（1930-2019）

陳耀海、大衛哈拿（David J. Haller）、陳劍虹、陳震南、戚烈雲、郭鎮恒、溫兆明、符大進、王強立、陳耀邦、尹立新、Harry Wright、佟金城、林莉、Michael P. Fasching、陳錦奎、曾河福、王大力、Martin J.Grabowsik、Bill Sweetenham（司徒翰）、張狄勇、張嬋鶯、李志廣、高麗華、樊偉添、黃焯榮、劉志雄、曾意銘、李啓淦、陳勤、梁健儀、司徒民強、張國瑜、鄭崇連、劉偉霖、符梅、常青、鄭梅萼、林展名、周向明、Dominic Tsui、李健民、蔡曉慧、黃鍇威、梁榮華、陳錦波、吳旭光、方原、馮錦泰、曾詠詩、朱國新、劉佐新、黃國華、吳家樂、崔瑋俊、羅周昌、梁偉芬、歐陽鳳麗、陳蓮芳、何尹茜、鄧浩光、陳兆亨、鍾元、梁耀輝、司徒智恆、鄒榮煊、雷茜、古汝發、林君雅、羅肇鋒、曹維新、王俊仁、張健達、Colman Wong、林山坤、戴智輝、Philip Leung、羅啓明、Ryan Leung（梁文遠）、張運志、尹劍英、洪同昌、溫順揮、馬偉全、John Yiu、方力申、黃少池、黃少雄、林德明、陳永聰、胡達昌、梁泰林、黃澤鋒（黃澤民）、史圭亞（Stan Squire）、曾坤鈺、高俠雲、符泳、鍾家寶、吳海成、梁世基、胡劍豪、梁沼冰、林日光、郭浩天、盧京文、陳美莉、梁楚弼，楊志文、彭蘊瑤、沈俊良、許靜、廖嘉莉、孔志超、余浩志、張軍、麥浩然、龐潔麗、陳燕燕、顏瓔、馬偉權、楊晶、鄧乃鑄、馬偉、黃才彪、何綺茵、曾諾民、林永、蔡泳斌、黃勤輝、吳泳琛、梁鐵生、鄭美華、陳菲菲、年云、李超仁、溫樹俊、劉帝炳。

（編按：知名游泳教練多，未能一一盡錄，或有錯漏，敬請見諒）

第 2 節 ｜ 香港年度最佳游泳教練及 Harry Wright 教練獎
（1987-2018）
（香港游泳教練會頒發）

年度	最佳游泳教練	coach Harry Wright Award
1987	陳錦富	
1988	Harry Wright	
1989	陳兆亨	
1990	David Haller	
1991	陳耀海	
1992	陳兆亨	
1993	Harry Wright	
1994	Bill Sweetenham	
1996	樊偉添	
1997	陳耀海	
1998	張狄勇	
1999	王大力	
2000	陳耀海	
2001	曾詠詩	余思彥
2002	陳美莉	鄭美華
2003	張嬋鶯	余浩志
2004	陳耀海	胡劍豪
2005	陳劍虹	林德明
2006	Michael Fasching	張國瑜

2007	張狄勇	司徒民強
2008	陳劍虹	戴智輝
2009	陳耀海	崔瑋俊
2010	樊偉添	馬　偉
2011	樊偉添	高麗華
2012	陳耀海	麥浩然
2013	Michael Fasching	張　軍
2014	張狄勇	羅周昌
2015	Michael Fasching	符　梅
2016	陳劍虹	麥浩然
2017	陳　勤	顏　瓔
2018	張狄勇	顏　瓔

第六章

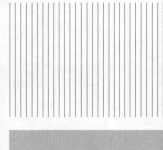

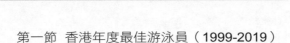

香港年度最佳游泳員

(1999-2018)

歷年香港最佳游泳員

（香港游泳教練會頒發）

年度	最佳男泳員	最佳女泳員
1999	譚智健	蔡曉慧
2000	郭健明	蔡曉慧
2001	郭健明	蔡曉慧
2002	郭健明	陳詠雪
2003	譚智健	施幸余
2004	譚智健	施幸余
2005	符　泳	施幸余
2006	謝旻樹	施幸余、韋漢娜、蔡曉慧、李亮葵
2007	謝旻樹	蔡曉慧
2008	林政達	蔡曉慧
2009	王俊仁	韋漢娜
2010	黃鍇威	施幸余
2011	黃鍇威	施幸余
2012	王俊仁	施幸余
2013	謝旻樹	歐鎧淳
2014	謝旻樹	何詩蓓、歐鎧淳
2015	謝旻樹	何詩蓓、歐鎧淳
2016	徐海東	何詩蓓
2017	杜敬謙	何詩蓓
2018	杜敬謙	歐鎧淳、鄭莉梅
2019	卓銘浩	何詩蓓、歐鎧淳

第七章

香港渡海泳賽

第一節 | 香港渡海泳賽成績（1940-2018）

1940 年香港渡海泳男、女子組成績

男子組成績	第 1 名	陳震南	22 分 24 秒 4（全港新記錄）
	第 2 名	黃兆倫	23 分 38 秒
	第 3 名	尤世坤	
	第 4 名	麥偉明	
	第 5 名	楊昌華	
女子組成績	第 1 名	吉打利士	28 分 37 秒
	第 2 名	李寶聯	28 分 42 秒 4
	第 3 名	何偉雯	
	第 4 名	張佩珍	
	第 5 名	區美珍	

1941 年香港渡海泳男、女子組成績

男子組成績	第 1 名	尤世坤	22 分 45 秒
	第 2 名	劉帝炳	23 分 49 秒 8
	第 3 名	張雪屏	
	第 4 名	馮偉昌	
	第 5 名	林　珍	
女子組成績	第 1 名	吉打利士	28 分 19 秒 2
	第 2 名	李寶聯	30 分 35 秒
	第 3 名	高妙齡	
	第 4 名	何惠文	
	第 5 名	沈惠容	

1942-46 年停辦

1947 年香港渡海泳男、女子組成績

男子組成績	第 1 名	張乾文	30 分 38 秒 1
	第 2 名	陳震南	
	第 3 名	尤世坤	
	第 4 名	蒙迪路	
	第 5 名	劉帝炳	
女子組成績	第 1 名	吉打利士	40 分 46 秒 4
	第 2 名	伊格	
	第 3 名	何慕芬	

1948 年香港渡海泳男、女子組成績

（男女共 62 人參加）

男子組成績	第 1 名	陳震南	26 分 15 秒 4
	第 2 名	張乾文	28 分 24 秒 4
	第 3 名	黄金華	
	第 4 名	黄焯榮	
	第 5 名	佐治確氏	
女子組成績	第 1 名	黄玉冰	39 分 17 秒 4
	第 2 名	郭雁紅	40 分 6 秒 4
	第 3 名	黄玉清	
	第 4 名	鍾依架	
	第 5 名	絲依架	

1949 年香港渡海泳男、女子組成績

（約一百八十餘人參加）

男子組成績	第 1 名	張乾文	22 分 37 秒

	第 2 名	陳震南	25 分 10 秒
	第 3 名	麥福	26 分 48 秒
	第 4 名	勿朗	
	第 5 名	鄧沃明	

女子組成績（前五名）

	第 1 名	梁愛梅	28 分 12 秒 4（全港新記錄）
	第 2 名	鍾依架	29 分 35 秒
	第 3 名	巴頓夫人	30 分 13 秒
	第 4 名	郭錦娥	
	第 5 名	陳靜梅	

1950 年香港渡海泳男、女子組成績

（域多利會最後一屆主辦，1951 年起由新成立的「香港業餘游泳總會」接手）

10 月 15 日	第 38 屆	尖沙咀至中環	
男子組成績	第 1 名	張乾文	23 分 20 秒 6
	第 2 名	鄧沃明	24 分 30 秒
	第 3 名	勿釗	
	第 4 名	葉九	
	第 5 名	米蘭	
女子組成績	第 1 名	施依架（C.Eager）	28 分 12 秒 8
	第 2 名	郭雁紅	28 分 15 秒
	第 3 名	鍾依架	
	第 4 名	郭錦娥	
	第 5 名	陳靜梅	

1951 年香港渡海泳男、女子組成績

（是年香港渡海泳賽由香港業餘游泳總會接辦，之前由香港域多利會《VRC》主辦）

男子組成績	第 1 名	張乾文	27 分 49 秒 8
	第 2 名	鄧沃明	28 分 10 秒
	第 3 名	勿釗	
	第 4 名	米蘭	
	第 5 名	黃桂枝	
女子組成績	第 1 名	施依架（C.Eager）	31 分 30 秒 4
	第 2 名	郭錦娥	35 分 42 秒 8
	第 3 名	陳靜梅	
	第 4 名	陳倩宜	
	第 5 名	黃玉冰	

1952 年香港渡海泳男、女子組成績

男子組成績	第 1 名	鄧沃明	30 分 32 秒 4
	第 2 名	黃桂枝	31 分 42 秒
	第 3 名	黃朗開	
	第 4 名	潘錫泉	
	第 5 名	劉錦波	
女子組成績	第 1 名	陳倩宜	47 分 45 秒
	第 2 名	郭雁紅	58 分 48 秒
	第 3 名	程　敏	
	第 4 名	巴頓夫人	
	第 5 名	潘笑枝	

（風高浪急、近半未能完成賽事，中途上船，女子組僅六人泅達終點）

1953 年香港渡海泳男、女子組成績

男子組成績	第 1 名	張乾文	23 分 8 秒
	第 2 名	黃朗開	24 分 17 秒 6
	第 3 名	溫兆明	
	第 4 名	鄧沃明	
	第 5 名	黎焯華	
女子組成績	第 1 名	施依架（C.Eager）	28 分 11 秒 4
	第 2 名	郭雁紅	33 分 8 秒 2
	第 3 名	馮凝姿	
	第 4 名	張敬華	
	第 5 名	郭錦娥	

1954 年香港渡海泳男、女子組成績

男子組成績	第 1 名	張乾文	22 分 21 秒 5（新距離紀錄）
	第 2 名	黃朗開	22 分 46 秒 1
	第 3 名	張明鏗	
	第 4 名	德特梭	
	第 5 名	晏高斯	
女子組成績	第 1 名	施依架（C.Eager）	24 分 26 秒 4（新距離紀錄）
	第 2 名	郭錦娥	29 分 51 秒 2
	第 3 名	林杏芳	
	第 4 名	潘笑枝	
	第 5 名	曾潔貞	

1955 年香港渡海泳男、女子組成績

男子組成績	第 1 名	溫兆明	19 分 18 秒 4（新距離紀錄）

	第 2 名	黃朗開	19 分 54 秒
	第 3 名	黃勤輝	
	第 4 名	陳誠忠	
	第 5 名	王浩林	
女子組成績	第 1 名	齊露絲	24 分 45 秒 3
	第 2 名	馮凝姿	25 分 17 秒 9
	第 3 名	郭雁紅	
	第 4 名	林杏芳	
	第 5 名	曾鳳文	

1956 年香港渡海泳男、女子組成績

男子組成績	第 1 名	溫兆明	19 分 30 秒 8
	第 2 名	黃勤輝	22 分 24 秒 3
	第 3 名	陳　勃	
	第 4 名	陳誠忠	
	第 5 名	劉定平	
女子組成績	第 1 名	柯利花	24 分 18 秒 4（全港新）
	第 2 名	梁沼冰	26 分 45 秒 6
	第 3 名	齊露絲	
	第 4 名	郭雁紅	
	第 5 名	林杏芳	

1957 年香港渡海泳男、女子組成績

男子組成績	第 1 名	溫兆明	21 分 19 秒
	第 2 名	吳祺光	22 分 23 秒 5
	第 3 名	黃朗開	

	第4名	陳　渤	
	第5名	黃勤輝	
女子組成績	第1名	區婉玲	26分33秒9
	第2名	祁鳳霞	28分15秒
	第3名	柯利花	
	第4名	區婉雯	
	第5名	郭雁紅	

1958年香港渡海泳男、女子組成績

男子組成績	第1名	溫兆明	18分53秒7
	第2名	梁榮智	22分05秒
	第3名	謝漢森	
	第4名	黃金華	
	第5名	黃勤輝	
女子組成績	第1名	祁鳳霞	23分18秒4
	第2名	黃霞女	25分44秒6
	第3名	區婉玲	
	第4名	區婉雯	
	第5名	梁沼冰	

1959年香港渡海泳男、女子組成績

男子組成績	第1名	何漢炘	19分10秒8
	第2名	溫兆明	19分48秒8
	第3名	吳祺光	
	第4名	謝漢森	
	第5名	白允元	

女子組成績	第 1 名	祁鳳霞	22 分 37 秒 5
	第 2 名	區婉玲	23 分 25 秒 4
	第 3 名	梁沼冰	
	第 4 名	徐樂天	
	第 5 名	黃霞女	

1960 年香港渡海泳男、女子組成績

男子組成績	第 1 名	溫兆明	18 分 33 秒 7（全港新記錄）
	第 2 名	吳祺光	19 分 19 秒 5
	第 3 名	何漢炘	
	第 4 名	謝漢森	
	第 5 名	黃勤輝	
女子組成績	第 1 名	祁鳳霞	21 分 52 秒 2（全港新記錄）
	第 2 名	徐樂天	23 分 1 秒 6
	第 3 名	祁鳳媚	
	第 4 名	廖建華	
	第 5 名	梁沼冰	

1961 年香港渡海泳男、女子組成績

男子組成績	第 1 名	溫兆明	23 分 27 秒 2
	第 2 名	謝漢森	23 分 52 秒 5
	第 3 名	霍劭國	
	第 4 名	何漢炘	
	第 5 名	黃勤輝	
女子組成績	第 1 名	高些路頓（J.Sheldon）	27 分 44 秒 7
	第 2 名	祁鳳霞	31 分 38 秒

	第 3 名	廖建華	
	第 4 名	陳倩儀	
	第 5 名	梁沼冰	

1962 年香港渡海泳男、女子組成績

男子組成績	第 1 名	吳祺光	23 分 20 秒
	第 2 名	陳誠忠	24 分 05 秒
	第 3 名	溫兆明	
	第 4 名	黎綽華	
	第 5 名	麥浩源	
女子組成績	第 1 名	些路頓	27 分 18 秒 7
	第 2 名	徐樂天	28 分 10 秒 6
	第 3 名	李衍瑜	
	第 4 名	衛淑莊	
	第 5 名	祁鳳媚	

1963 年香港渡海泳男、女子組成績

男子組成績	第 1 名	陸經緯	19 分 14 秒 9
	第 2 名	譚偉雄	
	第 3 名	麥年豐	
	第 4 名	趙海強	
	第 5 名	梁維均	
女子組成績	第 1 名	廖建華	25 分 4 秒 5
	第 2 名	衛淑莊	25 分 39 秒 9
	第 3 名	李衍瑜	

	第 4 名	曹旺卿	
	第 5 名	衛淑炘	

1964 年香港渡海泳男、女子組成績

男子組成績	第 1 名	陸經緯	19 分 15 秒
	第 2 名	陸海天	22 分 55 秒 8
	第 3 名	梁維鈞	
	第 4 名	麥年豐	
	第 5 名	譚永成	
女子組成績	第 1 名	陳娟秀	25 分 35 秒
	第 2 名	李衍瑜	26 分 35 秒
	第 3 名	陳寶秀	
	第 4 名	曹旺卿	
	第 5 名	衛淑炘	

1965 年香港渡海泳男、女子組成績

男子組成績	第 1 名	陸海天	20 分 12 秒 8
	第 2 名	何漢炘	20 分 27 秒 2
	第 3 名	謝漢森	
	第 4 名	梁維鈞	
	第 5 名	吳海成	
女子組成績	第 1 名	陳娟秀	22 分 30 秒 7
	第 2 名	甘麗賢	24 分 11 秒 7
	第 3 名	曹旺卿	
	第 4 名	李衍瑜	
	第 5 名	何明莉	

1966 年香港渡海泳男、女子組成績

男子組成績	第 1 名	陸海天	18 分 34 秒 3
	第 2 名	王敏超	18 分 46 秒 4
	第 3 名	何漢炘	
	第 4 名	梁維鈞	
	第 5 名	霍劭國	
女子組成績	第 1 名	陳娟秀	22 分 0 秒 1
	第 2 名	陸錦繡	24 分 28 秒 2
	第 3 名	蘇美蔚	
	第 4 名	陳寶秀	
	第 5 名	曹旺卿	

1967 年香港渡海泳男、女子組成績

男子組成績	第 1 名	王敏超	23 分 25 秒 6
	第 2 名	陳耀邦	24 分 57 秒 2
	第 3 名	吳海成	
	第 4 名	容成林	
	第 5 名	何天志	
女子組成績	第 1 名	廖少華	28 分 35 秒 7
	第 2 名	蘇美蔚	30 分 6 秒 8
	第 3 名	曹旺卿	
	第 4 名	梁沼蓮	
	第 5 名	岑燕琼	

1968 年香港渡海泳男、女子組成績

男子組成績	第 1 名	王敏超	21 分 31 秒 6

	第 2 名	T. 紐拔	23 分 9 秒 8
	第 3 名	塱士堡	
	第 4 名	謝景柔	
	第 5 名	葉達成	
女子組成績	第 1 名	曹旺卿	28 分 31 秒 2
	第 2 名	蘇美蔚	29 分 8 秒 9
	第 3 名	麥哥蓮	
	第 4 名	蘇宜茜	
	第 5 名	孔令馥（謝雪心）	

1969 年香港渡海泳男、女子組成績 2

男子組成績	第 1 名	王敏超	18 分 48 秒
	第 2 名	陳耀邦	18 分 57 秒 8
	第 3 名	當奴.朗士堡	
	第 4 名	A.史提堡	
	第 5 名	李浩文	
女子組成績	第 1 名	莫蓮.慕勒	21 分 22 秒
	第 2 名	米高.慕勒	22 分 43 秒 2
	第 3 名	蘇宜茜	
	第 4 名	曹旺卿	
	第 5 名	梁沼蓮	

1970 年香港渡海泳男、女子組成績

男子組成績	第 1 名	陳耀邦	18 分 27 秒 6（破全港）
	第 2 名	P.史提堡	
	第 3 名	王敏超	

	第 4 名	A.史提堡	
	第 5 名	威特	

（2 、3 名時間或出錯，故不列出）

女子組成績	第 1 名	M.慕勒	19 分 42 秒 3（破全港記錄）
	第 2 名	J.京士莉 20 分 53 秒 6	
	第 3 名	米高慕勒	
	第 4 名	M.歷多娜	
	第 5 名	梁沼蓮	

1971 年香港渡海泳男、女子組成績 2

男子組成績	第 1 名	陳耀邦	23 分 55 秒 6
	第 2 名	A.史提堡	24 分 1 秒 5
	第 3 名	蔡永健	
	第 4 名	P.史提堡	
	第 5 名	李浩文	
女子組成績	第 1 名	M.慕勒	28 分 8 秒 9
	第 2 名	葉佩英	32 分 5 秒 2
	第 3 名	梁沼蓮	
	第 4 名	許健萍	
	第 5 名	盧笑娟	

1972 年香港渡海泳男、女子組成績

男子組成績	第 1 名	P.史提堡	21 分 50 秒
	第 2 名	A.史提堡	21 分 57 秒 4
	第 3 名	陳耀邦	
	第 4 名	蔡永健	

	第 5 名	李廣才	
女子組成績	第 1 名	葉佩英	25 分 40 秒 8
	第 2 名	沈寶妮	26 分 17 秒 5
	第 3 名	麥當娜	
	第 4 名	梁沼蓮	
	第 5 名	盧笑娟	

1973 年香港渡海泳男、女子組成績 2

男子組成績	第 1 名	A.史提堡	19 分 55 秒 9
	第 2 名	李廣才	22 分 29 秒 6
	第 3 名	蔡永健	
	第 4 名	葉振榮	
	第 5 名	占士	
女子組成績	第 1 名	麥當娜	23 分 15 秒 4
	第 2 名	梁沼蓮	23 分 32 秒 8
	第 3 名	莫慧瑩	
	第 4 名	盧笑娟	
	第 5 名	歐陽寶珠	

1974 年香港渡海泳男、女子組成績

男子組成績	第 1 名	蔡永健	26 分 53 秒 7
	第 2 名	李廣才	27 分 35 秒 1
	第 3 名	柯達頓	
	第 4 名	葉偉霖	
	第 5 名	葉振榮	
女子組成績	第 1 名	梁沼蓮	29 分 34 秒 4

	第 2 名	劉少芳	33 分 33 秒 2
	第 3 名	廖美華	
	第 4 名	李雁婷	
	第 5 名	盧笑娟	

1975 年香港渡海泳男、女子組成績

男子組成績	第 1 名	陳錫培	21 分 7 秒 2
	第 2 名	李廣才	21 分 21 秒 2
	第 3 名	G.佳頓	
	第 4 名	林吉祥	
	第 5 名	柯頓	
女子組成績	第 1 名	卡蓮羅拔遜	21 分 25 秒 6
	第 2 名	李雁婷	23 分 18 秒 1
	第 3 名	劉少芳	
	第 4 名	葉佩英	
	第 5 名	梁慧娜	

1976 年香港渡海泳男、女子組成績

男子組成績	第 1 名	莊遜	21 分 18 秒 0
	第 2 名	陳錫培	21 分 29 秒 0
	第 3 名	鄒榮煊	
	第 4 名	G.佳頓	
	第 5 名	劉　培	
女子組成績	第 1 名	卡蓮羅拔遜	21 分 39 秒 9
	第 2 名	韋可梅	24 分 54 秒 2
	第 3 名	譚慕貞	

	第 4 名	麥少萍	
	第 5 名	吳婉琪	

1977 年香港渡海泳男、女子組成績

男子組成績	第 1 名	劉　培	19 分 24 秒 2
	第 2 名	G.佳頓	19 分 28 秒 1
	第 3 名	鄒榮煊	20 分 58 秒 0
	第 4 名	黃澤中	
	第 5 名	狄維亞	
女子組成績	第 1 名	J.克拉克	19 分 8 秒 8（破全港記錄）
	第 2 名	梁慧娜	22 分 33 秒 3
	第 3 名	麥少萍	22 分 41 秒 2
	第 4 名	韋可梅	
	第 5 名	廖靜華	

1978 年香港渡海泳男、女子組成績

尖沙咀至中環

（1978 年後因海水污染而停辦，至 2011 年才恢復舉辦，首年是鯉魚門至鰂魚涌線，至 2017 年才重回維港中心，但改為尖沙咀至灣仔線）

男子組成績	第 1 名	G 佳頓	19 分 9 秒 3
	第 2 名	狄維路	19 分 25 秒 7
	第 3 名	漢密頓	20 分 9 秒 0
	第 4 名	鄧浩光	
	第 5 名	劉　培	
女子組成績	第 1 名	J.克拉克（J.Clark）	19 分 31 秒 1
	第 2 名	莎莎羅拔遜	21 分 3 秒 3

	第 3 名	麥少萍	22 分 25 秒 0
	第 4 名	廖靜華	
	第 5 名	韋可梅	

2011 年香港渡海泳男、女子個人公開組成績

鯉魚門—鰂魚涌

（自 1979 年停辦後第一年恢復主辦，「香港渡海泳」又稱「維港渡海泳」《Hong Kong Cross Harbour Race》）

男子個人公開組	第 1 名	凌天宇	20 分 34 秒 3
	第 2 名	黃鍇威	20 分 48 秒 6
	第 3 名	GLASSMAN Zachary	
	第 4 名	李晉康	
	第 5 名	莫梓煊	
女子個人公開組	第 1 名	鄧穎欣	23 分 7 秒
	第 2 名	吳翠華	25 分 59 秒
	第 3 名	黃素暉	
	第 4 名	鍾國海	
	第 5 名	Slater Sheryl	

2012 年新世界維港泳男、女子個人公開組比賽成績

男子個人公開組	第 1 名	凌天宇	16 分 57 秒
	第 2 名	關栢康	17 分 14 秒
	第 3 名	李　揚	
	第 4 名	姚善竣	
	第 5 名	孫大革	
女子個人公開組	第 1 名	鄧穎欣	17 分 21 秒

	第 2 名	陳靖汶	18 分 37 秒
	第 3 名	鄭涴瑜	
	第 4 名	王雪昕	
	第 5 名	吳翠華	

2013 年新世界維港泳成績

男子公開組（17-34 歲）成績	第 1 名	凌天宇	18 分 44.1 秒
	第 2 名	李　揚	19 分 5.7 秒
	第 3 名	呂尚聰	19 分 29.2 秒（裁判判決，同時間）
	第 4 名	姚善浚	19 分 29.2 秒
	第 5 名	李浩逸	
女子公開組（17-34 歲）成績	第 1 名	黃茗瑜	20 分 1.6 秒
	第 2 名	鄧穎欣	20 分 8.0 秒
	第 3 名	陳靖汶	
	第 4 名	張詠芝	
	第 5 名	Wilson Hannah	

2014 年新世界維港泳比賽成績

男子公開組（17-34 歲）成績	第 1 名	冼展霆	16 分 49 秒
	第 2 名	劉澤霖	16 分 56 秒
	第 3 名	劉晉良	
	第 4 名	呂尚聰	
	第 5 名	張子健	
女子公開組（17-34 歲）成績	第 1 名	陳安怡	16 分 56 秒
	第 2 名	黃茗瑜	17 分 35 秒
	第 3 名	李恆楓	

	第 4 名	張詠芝	
	第 5 名	黃素暉	

2015 年新世界維港泳公開組（17-34 歲）成績

男子公開組（17-34 歲）成績	第 1 名	陸永健	15 分 55.4 秒
	第 2 名	Ratcliff John Edward	16 分 09.4 秒
	第 3 名	楊家豪	
	第 4 名	何俊琛	
	第 5 名	何俊廷	
女子公開組（17-34 歲）成績	第 1 名	彭曉筠	16 分 36.8 秒
	第 2 名	張采欣	16 分 59.6 秒
	第 3 名	黃銘恩	
	第 4 名	陳曉菁	
	第 5 名	張蔚婷	

2016 年新世界維港泳公開組（17-34 歲）成績

男子公開組（17-34 歲）成績	第 1 名	冼展霆	18 分 28.5 秒
	第 2 名	周盛夏	18 分 33.6 秒
	第 3 名	謝梓峰	
	第 4 名	關浩然	
	第 5 名	許俊軒	
女子公開組（17-34 歲）成績	第 1 名	李恒楓	21 分 06. 秒
	第 2 名	Wilson Hannah	21 分 59.7 秒
	第 3 名	林錦華	
	第 4 名	黃素暉	
	第 5 名	梁樂雯	

2017 年新世界維港泳公開組（17-34 歲）成績

尖沙咀至灣仔　10 月 1000 米

男子公開組（17-34 歲）成績	第 1 名	冼展霆	11 分 00 秒
	第 2 名	黃煦蔚	11 分 25 秒 6
	第 3 名	劉澤霖	
	第 4 名	陳梓軒	
	第 5 名	黃子圖	
女子公開組（17-34 歲）成績	第 1 名	林柏彤	11 分 45 秒 6
	第 2 名	陳芷晴	11 分 51 秒 5
	第 3 名	李恒楓	
	第 4 名	鄭莉梅	
	第 5 名	Styles Aneekah	

2018 年新世界維港泳公開組（17-34）歲成績

男子公開組	第 1 名	冼展霆	11 分 26.8 秒
（17-34 歲）	第 2 名	譚思成	12 分 02.5 秒
成績	第 3 名	謝梓峰	
	第 4 名	劉晉良	
	第 5 名	李俊賢	
女子公開組	第 1 名	李恒楓	12 分 26.3 秒
（17-34 歲）	第 2 名	梁靜妍	13 分 20.7 秒
成績	第 3 名	葉穎寶	
	第 4 名	藍家汶	
	第 5 名	徐紀而	

2019 年新世界維港泳賽事取消

第二節 | 香港歷屆渡海泳男女冠軍姓名及時間（1906-2019）

歷屆渡海泳男、女子冠軍姓名及時間：

一：尖沙咀——中環（1906~1978年）

年份	男子組		女子組	
1906	Gunner Brotherton	27分42秒8		
1907	A.E.Thomas	28分50秒8		
1908	A.E.Thomas	26分		
1909	C.J.Cooke	29分26秒8		
1910	T.Logan	26分58秒4		
1911	T.Logan	33分16秒4		
1912	Bambardier Nutty	30分28秒4		
1913	J.O. Finch	22分26秒		
1914年、1915年	停辦（第一次世界大戰）			
1916	J.O. Finch	23分24秒		
1917	J.O. Finch	23分37秒		
1918	T.Logan	29分13秒		
1919	J.R.Jonston	27分		
1920	J.R.Jonston	23分55秒2	Ruby Young	37分10秒2
1921	J.R.Jonston	26分 53秒	C. Ramsy	38分2秒
1922	D.Lyon	26分47秒6	M. Groundwater	38分
1923	D.Lyon	27分47秒	M.Groundwater	34分18秒6
1924	C.J.Cooke	26分11秒8	M.Groundwater	34分31秒
1925	A.May	28分14秒2	V. Owen Hughes	41分2秒
1926	C.J.Cooke	26分10秒2	Phyllis Hunt	49分24秒
1927	C.J.Cooke	23分17秒6	Phyllis Hunt	39分27秒
1928	C.J.Cooke	23分35秒	郭彩明	35分47秒2
1929	J.R.Jonston	28分32秒	Maude George	40分40秒
1930	L.R.Pereira	25分59秒	楊秀瓊	32分39秒
1931	L.R.Pereira	23分53秒	Doris Hunt	32分4秒
1932	L.R.Pereira	25分44秒6	楊秀瓊	32分46秒
1933	L.R.Pereira	24分10秒2	Doris Hunt	28分50秒4
1934	W.Lawrence	27分34秒	Doris Hunt	39分37秒
1935	W.Lawrence	24分13秒5	Veronica Thirwell	33分48秒6
1936	麥偉明	23分53秒	Veronica Thirwell	33分37秒
1937	L.R.Pereira	26分36秒8	Veronica Thirwell	30分17秒6
1938	L.R.Pereira	28分24秒4	Doris Hunt	46分5秒6
1939	陳震南	26分12秒8	李寶聯	33分42秒2

歷屆渡海泳男、女子冠軍姓名及時間：

年份	男子組		女子	
1940	陳震南	22分24秒4	Celeste Guterres	28分37秒
1941	尤世坤	22分45秒	Celeste Guterres	28分19秒
1942～1946年	停辦	（第二次世界大戰）		
1947	張乾文	33分8秒1	Celeste Guterres	40分46秒8
1948	陳震南	26分15秒4	黃玉冰	39分17秒4
1949	張乾文	22分37秒	梁愛梅	28分12秒
1950	張乾文	23分20秒6	Cynthia Eager	28分12秒8
1951	張乾文	27分49秒8	Cynthia Eager	31分30秒4
1952	鄧沃明	30分32秒4	陳倩宜	47分45秒
1953	張乾文	23分18秒	Cynthia Eager	28分11秒4
1954	張乾文	22分21秒5	Cynthia Eager	24分26秒4
1955	溫兆明	19分18秒4	Vanessa Giles	24分45秒3
1956	溫兆明	19分34秒8	Ann Oliver	24分18秒4
1957	溫兆明	21分19秒	區婉玲	26分33秒9
1958	溫兆明	18分53秒7	祁鳳霞	23分18秒
1959	何漢圻	19分10秒8	祁鳳霞	22分37秒5
1960	溫兆明	18分33秒7	祁鳳霞	21分52秒2
1961	溫兆明	23分27秒2	Juliet Sheldon	27分44秒7
1962	吳祺光	27分18秒3	Juliet Sheldon	27分18秒3
1963	陸經緯	19分14秒9	廖建華	25分4秒5
1964	陸經緯	19分15秒	陳娟秀	25分35秒
1965	陸海天	20分12秒8	陳娟秀	22分30秒7
1966	陸海天	18分34秒3	陳娟秀	20分0秒1
1967	王敏超	23分25秒6	廖少華	28分35秒7
1968	王敏超	21分31秒6	曹旺卿	28分32秒2
1969	王敏超	18分48秒	Maureen Mueller	21分22秒5
1970	陳耀邦	18分27秒6	Maureen Mueller	19分42秒3
1971	陳耀邦	23分56秒6	Maureen Mueller	28分8秒9
1972	Pierre Stynberg	21分50秒	葉佩英	25分40秒8
1973	Andre Stynberg	19分55秒9	Fiona McDonald	23分15秒4
1974	蔡永健	26分53秒7	梁沼蓮	29分34秒4
1975	陳錫培	21分7秒2	Karen Robertson	21分25秒6
1976	Gavin Johnson	21分18秒	Karen Robertson	21分39秒9
1977	劉培	19分24秒2	Joanne Clark	19分8秒8
1978	Gary Claydon	19分9秒3	Joanne Clark	19分31秒1
1979～2010年	停辦	（水質變差問題……）		

歷屆渡海泳男、女子冠軍姓名及時間：

年份	男子組		女子組	
2011	公開組	（鯉魚門—鰂魚涌）		
	凌天宇.	20分34秒4	鄧穎欣	23分7秒
	青年組			
	劉澤霖	20分49秒9	陳安怡	24分10秒3
	團體賽			
	李揚、嚴柏喻、袁逸豪	21分7秒2	潘允誼、王雪昕、張詠芝	24分36秒8
2012	公開組	（鯉魚門—西灣河）		
	凌天宇	16分57秒	鄧穎欣	17分21秒
	12～16歲組			
	黎振偉	18分1秒	李恒楓	18分13秒
	17～34歲組			
	李浩逸	17分38秒	張詠芝	18分55秒
	35～49歲組			
	何澤誠	20分32秒	S.S.Lynn	21分20秒
	50歲或以上			
	陳偉業	21分36秒	B.B.Ann.	27分37秒
2013	公開甲組 17～34歲	（鯉魚門—鰂魚涌）		
	凌天宇	18分44秒1	黃茗瑜	20分01秒6
	國際組			
	Christian Reichert.	15分45秒7	Poliana Okimoto.	15分56秒2
	公開乙組 35～49歲			
	N.C.Andrew.	19分41秒4	郭迪纨	21分29秒1
	公開丙組 50歲或以上			
	古汝發	21分52秒1	梁黃燕霞	28分21秒3
	青少年組 12～16歲			
	劉紹宇	21分22秒1	陳安怡	22分10秒1
2014	公開甲組 17～34歲	（鯉魚門—鰂魚涌）		
	冼展霆	16分48秒65	陳安怡	16分56秒2
	國際組			
	Boon Brandon.	16分43秒1	陳靖汶	17分15秒95
	公開乙組 35～49歲			
	N.C.Andrew.	17分30秒2	P.C.Maria.	20分28秒65
	公開丙組 50歲或以上			
	W.M.Lawrence.	19分45秒6	C.I.Anne.	17分46秒56
	青少年組 12～16歲			
	關浩然	16分41秒55	陳芷晴	17分43秒65
	邀請組			
	江俊賢（消防）	18分42秒25	余詩慧（警務處）	27分12秒

歷屆渡海泳男、女子冠軍姓名及時間：

年份	男子組		女子組	
2015	公開甲組 17～34歲	（鯉魚門—鰂魚涌）		
	陸永健	16分7秒4	彭曉筠	16分48秒88
	國際組			
	A.D.Carmo.	13分46秒2	A.M.Cunha.	14分4秒8
	公開乙組 35～49歲			
	N.C.Andrew.	15分47秒4	B.Ruth.	15分49秒1
	公開丙組 50歲或以上			
	K.A.John.	16分23秒	K.T.Mhaira.	16分56秒9
	青少年組 12～16歲			
	關浩然	14分45秒8	徐德怡	15分37秒7
	學校組			
	英華書院（謝瀚霆、鄭源）		拔萃女書院（楊柏蕙、陳泳柔）	
	邀請組			
	董楨浩（水務處）	16分36秒4	余詩慧（警務處）	18分52秒2
2016	公開甲組 17～34歲	（鯉魚門—鰂魚涌）		
	冼展霆	18分28秒5	李恒楓	21分06秒
	國際組			
	Charles Peterson.	16分44秒3	S.V.Rouwendaal	16分55秒9
	公開乙組 35～49歲			
	L.L.P.Fredric.	20分10秒5	S.S.Lynn.	23分34秒6
	公開丙組 50歲或以上			
	B.S.James.	23分26秒8	郭迪紈	23分25秒6
	青少年組 12～16歲			
	譚思成	18分14秒	徐德怡	20分1秒8
	學校組			
	長沙灣天主教英文中學（區仲然、林瑋達）			
	邀請組			
	江俊賢（消防）	21分13秒3	劉瑜欣（警務處）	31分48秒6

歷屆渡海泳男、女子冠軍姓名及時間：			尖沙咀至灣仔	1000公尺
年份	男子組		女子組	
2017	公開甲組 17～34歲			
	冼展霆	11分	林柏彤	11分45.6秒
	公開乙組 35～49歲			
	Peter Fredric	11分52秒	M.E.Anne.	15分21.2秒
	公開丙組 50歲或以上			
	W.M.Lawrence	14分0秒8	Lee Temple.	15分33秒
	國際組			
	潘正亮	11分18.5秒	黃靖琳	11分45.1秒
	12～16歲			
	T.W.Yan.	11分19.4秒	黃楚瑩	11分28.9秒
	學校組隊際			
	男子組	德信中學	林旻軒/林昊軒	
	女子組	拔萃女書院	駱凱文/黃心弦	
	邀請盃			
	男子組	江俊賢	香港消防處	13分21秒3
	女子組	黃以晴	香港消防處	16分24秒7

歷屆渡海泳男、女冠軍 姓名及時間：

2018年

新世界維港泳2018年比賽成績 - 競賽項目
尖沙咀至灣仔　　1000公尺

冠軍姓名及時間：

一.國際組 - 男子(14歲或以上)　卓承齊　0:10:45.6
女子(14歲或以上)　王怡臻　0:12:04.7
二.青少年組 - 男子(12-16歲)　岑家樂　0:11:41.4
女子(12-16歲)　梁嘉靜　0:12:28.1
三.公開甲組 - 男子(17-34歲)　冼展霆　0:11:26.8
女子(17-34歲)　李恒楓　0:12:26.3
四.公開乙組 - 男子(35-49歲)L. L. P. FREDRIC　0:12:06.1
女子(35-49歲)S. S. LYNN　0:14:32.7
五.公開丙組 - 男子 (50歲或以上)L.FRANCESCO 0:13:40.4
女子 (50歲或以上) 鄭麗珊　0:18:23.6
六. 邀請組 - 男子　Correctional Services　Department
殷浩俊　0:13:14.4
邀請組 - 女子　Fire Services Department
黃以晴　0:16:28.2
七.學校組 - 男子　德信中學
林旻軒 0:12:39.0　林昊軒 0:12:40.6
學校組 - 女子　滙江維多利亞學校
鄧采淋 0:13:03.0　余緯蕾 0:13:12.4

2019年　　賽事取消

第八章

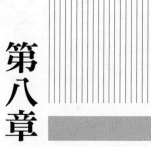

其它

第一節 | 2018 年亞運香港游泳隊入前八名姓名及成績

一　銀牌（第二名）

1　女子 4×100 米四式接力　　4 分 03 秒 15
決賽名單：歐鎧淳、楊珍美、陳健樂、鄭莉梅
初賽名單：黃筠陶、葉穎寶、施幸余、譚凱琳

二　銅牌（第三名）

1　女子 4×200 米自由式接力　　8 分 07 秒 17
鄭莉梅、何南慧、鄧采淋、施幸余、陳健樂、簡綽桐、楊珍美

2　女子 4×100 米自由式接力　　3 分 41 秒 88
鄭莉梅、歐鎧淳、譚凱琳、施幸余、何南慧。

三　第四名

1　混合 4×100 米四式接力　　3 分 50 秒 22
歐鎧淳、杜敬謙、林昭光、鄭莉梅　　（破香港紀錄）

四　第五名

1	男子 50 米自由泳	杜敬謙	22 秒 54
2	女子 100 米自由泳	鄭莉梅	55 秒 39
3	男子 200 米個人四式	杜敬謙	2 分 01 秒 76

五　第六名

1	女子 200 米個人四式	楊珍美	2 分 17 秒 63

2	女子 50 米背泳	歐鎧淳	28 秒 70
3	女子 200 米自由泳	鄭莉梅	2 分 01 秒 95
4	女子 100 米背泳	黃筠陶	1 分 02 秒 12
5	女子 200 米背泳	黃筠陶	2 分 14 秒 68
6	女子 100 米蛙泳	楊珍美	1 分 08 秒 75
7	女子 200 米蛙泳	楊珍美	2 分 29 秒 81

六　第七名

1	女子 400 米自由泳	何南慧	4 分 18 秒 77
2	女子 800 米自由泳	何南慧	8 分 53 秒 16
3	女子 1500 米自由泳	鄧采淋	17 分 08 秒 39
4	男子 800 米自由泳	卓銘浩	8 分 07 秒 76
5	女子 400 米個人四式	林凱喬	4 分 55 秒 42

七　第八名

1	女子 50 米自由泳	歐鎧淳	25 秒 86
2	女子 400 米自由泳	鄧采淋	4 分 19 秒 91
3	女子 200 米個人四式	簡綽桐	2 分 18 秒 82
4	男子 4×100 米四式接力		3 分 44 秒 61

決賽名單：劉紹宇、楊顯皓、林昭光、杜敬謙。

初賽名單：劉紹宇、杜敬謙、林昭光、黃竟豪

（3 分 44 秒 16，破香港紀錄）

5	女子 50 米背泳	黃筠陶	29 秒 02
6	女子 100 米蝶泳	陳健樂	59 秒 94
7	女子 1500 米自由泳	林凱喬	17 分 20 秒 65
8	女子 50 米蝶泳	陳健樂	27 秒 22

第二節 | 香港一些游泳紀錄（1949-2019）

1949年全港公開賽（中西賽）男子游泳紀錄

資料來源:報章　　陳耀邦整理

項目	姓名	時間	泳會	創造年份
50碼自由泳	桑打士	24.4	域多利	1947
100碼自由泳	蒙迪路	55.8	域多利	1949
220碼自由泳	羅蘭士	2:25.0	域多利	1934
440碼自由泳	陳震南	5:19.0	勵進	1947
880碼自由泳	陳震南	11:11.0	勵進	1949
100碼背泳	盧比士	68.4	域多利	1948
250碼背泳	盧比士	2:51.8	域多利	1949
100碼蛙泳	陳超祥	69.8	青泳團	1949
200碼蛙泳	梁顯乾	2:41.8	勵進	1948
150碼個人三式泳	羅蘭士	1:46.6	域多利	1948
300碼三人三式接力泳	域多利會	3:19.8		1948
200碼四人自由式接力	東方會	2:11.6		1949
	張乾文、徐亨、黃志雄、張威林			
渡海泳	陳震南	22:24.4	域多利	1940

1949年全港公開賽（中西賽）女子游泳紀錄

項目	姓名	時間	泳會	創造年份
50碼自由泳	B.安德臣	29.6	域多利	1948
100碼自由泳	南特夫人	68.6	域多利	1934
200碼自由泳	梁愛梅	2:57.4	港大	1949
440碼自由泳	梁愛梅	6:27.0	港大	1949
50碼背泳	羅黛夫人	35.4	域多利	1948
100碼背泳	羅黛夫人	76.6	域多利	1948
50碼蛙泳	羅黛夫人	38.0	域多利	1948
100碼蛙泳	羅黛夫人	82.4	域多利	1948
75碼個人三式泳	B.安德臣	55.1	域多利	1947
150碼三人三式接力	域多利會	1:45.0		1948
200碼四人自由式接力	域多利會	2:08.8		1948
渡海泳	梁愛梅	28:12.5	港大	1949

1949年華泳賽男子游泳紀錄

資料來源:星島日報奇萍　陳耀邦整理

項目	姓名	泳會	時間	創造年份
50 米自由泳	吳年	青泳團	27.6	1948
100米自由泳	吳年	青泳團	1:04.4	1949
400米自由泳	陳震南	勵進團	5:25.0	1948
1500米自由泳	陳震南	勵進團	21:57.0	1948
100米背泳	張威林	東方	1:20.6	1948
200米蛙泳	梁顯乾	勵進團	2:57.2	1949
4x50米自由泳接力		東方	1:53.8	1949
徐亨、張威林、黃志雄、錢仁澤				
4x200米自由泳接力		勵進團	10:02.6	1948
陳震南、尤世坤、劉帝炳、黃金華				

1949年華泳賽女子游泳紀錄

項目	姓名	泳會	時間	創造年份
50 米自由泳	黃婉貞	青泳團	35.0	1948
100米自由泳	梁愛梅	鐘聲	1:19.5	1949
400米自由泳	梁愛梅	鐘聲	6:27.5	1949
100米背泳	梁愛梅	鐘聲	1:36.8	1949
200米蛙泳	郭錦娥	勵進團	3:21.4	1949
4x50米自由泳接力		青泳團	2:30.0	1949
黃婉貞、黃婉笙、石嶺梅、蘇愛蓮				

1954年香港男子游泳紀錄

資料來源：泳總　　陳耀邦翻譯編制

項目	姓名	泳會	時間	創造年份
100 碼自由泳	張乾文	幸運	52.6	1953
220碼自由泳	張乾文	幸運	2:13.9	1953
440碼自由泳	張乾文	幸運	4:55.2	1953
880碼自由泳	張乾文	幸運	10:26.5	1953
100碼背泳	張乾文	幸運	1:03.2	1952
150碼背泳	張乾文	幸運	1:42.6	1952
220碼背泳	張乾文	幸運	2:38.8	1953
100碼蛙泳	吳年	幸運	1:08.0	1951
100碼蛙泳(傳统)	戚烈雲	中青	1:08.5	1953
200碼蛙泳	戚烈雲	中青	2:31.4	1952
220碼蛙泳(傳統)	戚烈雲	中青	2:48.9	1953
220碼蝶泳	彭照瑞	南華	3:10.2	1953
150碼混合泳	吳年	鐘聲	1:45.2	1951
200碼混合泳	黃譚勝	南華	2:33.4	1953
3x100碼混合泳接力		幸運	3:14.4	1950
張乾文、張仲堯、William Teo.				
4x100碼混合泳接力.		南華	4:21.4	1953
黃譚勝、蘇志禮、彭照瑞、温兆明				
4x100碼自由泳接力		幸運	3:48.2	1952
張乾文、吳年、徐亨、William Teo				
4x200碼自由泳接力		中青	9:06.2	1951
蔡利恒、黃金華、黃桂枝、劉錦雄				
香港渡海泳(舊距離)	陳震南	勵進	22:22.4	1940
香港渡海泳(新距離)	張乾文	幸運	23:18.0	1953

1954年香港女子游泳紀錄

資料來源：泳總　陳耀邦翻譯編制

項目	姓名	泳會	時間	創造年份
50碼自由泳	S.Anderson.	VRC.	29.6	1948
100碼自由泳	C.Eager.	VRC.	1:05.4	1952
220碼自由泳	C.Eager.	VRC	2:39.6	1952
440碼自由泳	C.Eager.	VRC	5:33.8	1952
50碼背泳	L.Rose	VRC	35.4	1948
100碼背泳	L.Rose	VRC	1:16.6	1948
220米背泳	郭雁紅	中青	3:18.4	1953
50碼蛙泳	郭錦娥	中青	37.8	1952
100碼蛙泳	郭錦娥	中青	1:22.4	1952
	L.Rose	VRC	1:22.4	1948
200碼蛙泳	郭錦娥	中青	2:53.6	1952
220碼蛙泳	郭錦娥	中青	3:20.3	1953
100碼蝶泳	郭錦娥	中青	1:37.3	1953
150碼混合泳	黄玉冰	中青	2:08.2	1951
200碼混合泳	陳静梅	幸運	3:16.5	1953
3x50碼混合泳接力	L.Rose、H.Anderson、S.Anderson	VRC	1:45.0	1948
4x50碼混合泳接力	陳倩宜、黄玉冰、陳静梅、徐少玲	幸運	2:26.4	1953
4x50碼自由泳接力	L.Rose、H.Anderson、S.Anderson、C.Eager	VRC	2:08.8	1948
4x100碼自由泳接力	V.Gile、E.Stokes、S.Hewson、E.Grant	EYMCA	4:53.8	1953
香港渡海泳（舊距離）	梁愛梅	香港大學	28:12.0	1949
香港渡海泳（新距離）	C.Eager	VRC	28:11.4	1953

1966年香港男子游泳紀錄（50米長池）

（50米長池） 資料來源：泳總　陳耀邦翻譯編制

項目	姓名	泳會	時間	創造日期
100米自由泳	温兆明	南華	58.1.	1960
400米自由泳	陸經緯	勵進	4:50.0	1964
1500米自由泳	温兆明	南華	20:08.2	1959
100米背泳	張乾文	幸運	1:12.2	1959
200米背泳	陳錦康	中青	2:45.5	1965
100米蛙泳	盧雄超	中青	1:18.6	1961
200米蛙泳	招再剛	勵進	2:58.5	1965
100米蝶泳	陸經緯	幸運	1:08.6	1964
200米蝶泳	温兆明	南華	2:44.0	1959
400米混合泳	陸海天	勵進	6:09.0	1965
4x100米混合泳接力		中青	4:49.7	1965
4x200米自由泳接力		中青	9:50.7	1961
霍劭國、謝漢森、陸經緯、何漢炘				
香港渡海泳	温兆明	南華	18:53.7	1958

1966年香港女子游泳紀錄（50米長池)

（50米長池) 資料來源：泳總 陳耀邦翻譯編制

項目	姓名	泳會	時間	創造年份
100米自由泳	歐婉玲	海天	1:12.4	1959
400米自由泳	歐婉玲	海天	6:04.9	1959
100米背泳	祁鳳霞	CCSA	1:20.8	1959
100米蛙泳	李衍瑜	勵進	1:31.0	1965
200米蛙泳	李衍瑜	勵進	3:11.9	1965
100米蝶泳	陳娟秀	勵進	1:25.0	1964
200米混合泳	陳娟秀	勵進	3:16.8	1965
4x100米混合泳接力		勵進	5:52.5	1965
陳娟秀、陳寶秀、李衍瑜、陸錦繡				
4x100米自由泳接力		勵進	5:31.2	1965
陳娟秀、陳寶秀、李衍瑜、陸錦繡				
香港渡海泳	祁鳳霞	CCSA	21:52.2	1960

1970年香港男子游泳紀錄 (1970年12月31日)

(50米泳池) (資料來源：泳總) 陳耀邦編制

項目	姓名	泳會	時間	創造日期
100米自由泳	王敏超	海天	56.4	1970
200米自由泳	王敏超	海天	2:09.5	1970
400米自由泳	陸經緯	勵進	4:50.0	1964
1500米自由泳	陸經緯	勵進	19:57.9	1966
100米背泳	王敏超	海天	1:08.2	1970
200米背泳	王敏超	海天	2:35.8	1970
100米蛙泳	張善本	EYMCA	1:16.9	1970
200米蛙泳	鍾安柱	海天	2:53.5	1966
100米蝶泳	陸經緯	勵進	1:05.1	1966
200米蝶泳	陸經緯	勵進	2:30.9	1966
200米混合泳	陳耀邦	東方	2:30.3	1970
400米混合泳	王敏超	海天	5:33.0	1969
4x100米混合泳接力		勵進	4:42.0	1966
容成林、招再剛、陸海天、陸經緯				
4x100米自由泳接力		海天	4:18.5	1970
曾遠帆、祁孝然、王敏超、張道俊				
4x200米自由泳接力		勵進	9:32.9	1966
陸海天、陸經緯、J.Cowden、陸海通				
香港渡海泳	陳耀邦	東方	18:27.6	1970

1970年香港女子游泳紀錄（1970年12月31日）

（50米泳池）（資料來源：泳總）陳耀邦編制

項目	姓名	泳會	時間	創造日期
100米自由泳	J.Kingsley	LRC	1:08.6	1970
200米自由泳	Mau.Mueller	LRC	2:32.8	1970
400米自由泳	J.Kingsley	LRC	5:25.0	1970
800米自由泳	Mau.Mueller	LRC	11:14.6	1970
100米背泳	祁鳳霞	CCSA	1:20.8	1959
200米背泳	J.Kingseley	LRC	3:01.9	1970
100米蛙泳	曹旺卿	中青	1:27.5	1970
200米蛙泳	盧笑娟	南華	3:10.8	1970
100米蝶泳	J.Kingsley	LRC	1:20.5	1970
200米蝶泳	Eustacia Su	EYMCA	3:32.0	1970
200米混合泳	Mau.Mueller	LRC	2:57.4	1970
400米混合泳	Mich.Mueller	LRC	6:31.7	1970
4x100米自由泳接力	Mau.Mueller、J.Kingseley、M.Lertora、Mich.Mueller	LRC	4:56.8	1970
4x100米混合泳接力	D.Dey、P.Rainbird、E.Su、W.Liddiard	EYMCA	5:44.9	1970
香港渡海泳	Mau. Mueller	LRC	19.42.3	1970

1976年香港男子游泳紀錄（1976年12月31日）

（陳耀邦整理）

（50米泳池） （資料來源：華僑日報 七趾）

項目	姓名	泳會	時間	創造年份
100米自由泳	M.Crocker	香港	54.14	1976
200米自由泳	M.Crocker	香港	2:00.81	1976
400米自由泳	M.Crocker	LRC	4:30.5	1975
1500米自由泳	M.Crocker	LRC	19:45.3	1973
100米背泳	M.Crocker	LRC	1:06.4	1975
200米背泳	王敏超	海天	2:31..5	1969
100米蛙泳	埃姆斯利	香港	1:13.20	
200米蛙泳	埃姆斯利	香港	2:41.9	
100米蝶泳	陳耀邦	港華	1:01.6	1976
200米蝶泳	郭迪明	南 華	2:30	1976
200米混合泳	M.Crocker	LRC	2:26.9	1976
400米混合泳	陳耀邦	東方	5:27.3	1976
4x100米混合泳接力		香港隊	4:34.7	
A.史提堡、埃姆斯利、蔡永健、M.Crocker (麥克曲架)				
4x100米自由泳接力		香港隊	3:58..2	1976
埃姆斯利、蔡永健、A.史提堡、M.Crocker (麥克曲架)				
4x200米自由泳接力		東方	9:26.66	1976
陳耀宗、鄒榮煊、劉培、陳耀邦				
港九渡海泳	陳耀邦	東方	18:27.6	1970

1976年香港女子游泳紀錄（1976年12月31日）
（50米泳池)（資料來源：華僑日報七趾）（陳耀邦整理）

項目	姓名	泳會	時間	創造年份
100米自由泳	李雁婷	香港	1:04.0	1976
	卡倫羅伯遜	婦遊	1:04.0	1976
200米自由泳	李雁婷	香港	2:20.76	1976
400米自由泳	卡倫羅伯遜	香港	5:03.90	1976
800米自由泳	李雁婷	海天	10:47.5	1976
100米背泳	李雁婷	海天	1:14.66	1976
200米背泳	李雁婷	海天	2:48.5	1976
100米蛙泳	盧笑娟	南華	1:24.5	
200米蛙泳	盧笑娟	南華	3:03.5	
100米蝶泳	沈寶妮	海天	1:15.0	1972
200米蝶泳	古德森	西青	2:49.7	
200米混合	古德爾	西青	2:38.3	
400米混合泳	麥克唐納	LRC	6:03.6	
4x100米混合泳接力		西青	5:28.8	1976
安墨菲、賓多爾、賴特、米竭爾.里布				
4x100米自由泳接力		香港	4:45.8	1976
莎拉羅伯遜、傑恩.克羅克、勒士頓、卡倫羅伯遜				
港九渡海泳	莫蓮慕勒	婦遊	19：42.3	1970

1981年香港男子游泳紀錄（1981年9月9日）

（50米泳池)（資料來源：華僑日報七赿）陳耀邦整理

項目	姓名	泳會	時間	創造年份
100米自由泳	M.Crocker	香港	54.14	1976
200米自由泳	M.Crocker	香港	2:00.81	1976
400米自由泳	M.Crocker	LRC	4:30.05	1975
1500米自由泳	克來唐	LRC	17:57.04	1978
100米背泳	鄧浩光	中青	1:06.09	1980
200米背泳	鄧浩光	中青	2:27.14	1980
100米蛙泳	鄧國光	中青	1:10.32	1980
200米蛙泳	鄧國光	中青	2:36.14	1980
100米蝶泳	陳耀邦	東方	1:01.06	1976
200米蝶泳	莫斯	梭魚	2:22.79	1980
200米混合泳	劉志雄	香港	2:24.54	1981
400米混合泳	鍾元	海天	5:14.35	1981
4x100米混合泳接力	香港隊		4:21.09	1979
鄧浩光、鄧國光、張運志、莫斯				
4x100米自由泳接力	香港隊		3:56.48	1979
張漢華、莫斯、張運志、鄧浩光				
4x200米自由泳接力	東方		9:11.53	1980
陳耀邦、吳聲發、戴海寧、張運志				

1981年香港女子游泳紀錄 (1981年9月9日)
(50米泳池) (資料來源: 華僑日報七趾) (陳耀邦整理)

項目	姓名	泳會	時間	創造年份
100米自由泳	卡倫羅伯遜	香港	1:02.47	1978
200米自由泳	卡倫羅伯遜	孟德	2:14.88	1979
400米自由泳	勒士頓	香港	4:37.86	1979
800米自由泳	勒士頓	香港	9:26.38	1979
100米背泳	弗林克	梭魚	1:13.5	1978
200米背泳	勒士頓	LRC	2:36.59	1980
100米蛙泳	沈德寶莉	香港	1:19.72	1979
200米蛙泳	沈德寶莉	香港	2:51.15	1979
100米蝶泳	克拉克	LRC	1:07.08	1978
200米蝶泳	克拉克	LRC	2:27.18	1979
200米混合泳	勒士頓	LRC	2:34.3	1979
400米混合泳	勒士頓	LRC	5:23.9	1979
4x100米混合泳接力		香港	4:46.07	1979
勒士頓、沈德寶莉、克拉克、卡倫羅伯遜				
4x100米自由泳接力		香港	4:19.10	1979
勒士頓、克拉克、麥少萍、卡倫羅伯遜				

1986年香港男子游泳紀錄（1986年7月15日）
（50米泳池）（資料來源：香港游泳教練會）陳耀邦編制

項目	姓名	時間	創造年份
100 米自由泳	李啓淦	53.27	1983
200米自由泳	曾意銘	1:59.7	1986
400米自由泳	曾意銘	4:22.7	1983
1500米自由泳	曾意銘	17:39.16	1985
100米背泳	葉賀民	1:03.57	1986
200米背泳	葉賀民	2:18.99	1986
100米蛙泳	屈金城	1:07.1	1985
200米蛙泳	屈金城	2:27.3	1985
100米蝶泳	曾意銘	56.77	1985
200米蝶泳	曾意銘	2:05.44	1986
200米混合泳	曾意銘	2:14.70	1984
400米混合泳	曾意銘	4:50.95	1985
4x100米混合泳接力	香港隊	4:03.87	1984
鍾元、屈金城、曾意銘、李啓淦			
4x100米自由泳接力	香港隊	3:40.38	1984
曾意銘、李啓淦、伍永漢、温慶年			
4x200米自由泳接力	香港隊	8:10.84	1984
李啓淦 、鍾元、伍永漢、曾意銘			

1986年香港女子游泳紀錄（1986年7月15日）
（50米泳池）（資料來源：香港游泳教練會）陳耀邦編制

項目	姓名	時間	創造年份
100米自由泳	吳家樂	1:00.23	1984
200米自由泳	吳家樂	2:08.00	1984
400米自由泳	吳家樂	4:30.57	1984
800米自由泳	A.Luxton	9:26.38	1979
100米背泳	L.Flink	1:09.44	1982
200米背泳	L.Flink	2:29.76	1984
100米蛙泳	周麗儀	1:17.62	1984
200米蛙泳	周麗儀	2:48.54	1984
100米蝶泳	洪詩琪	1:05.5	1986
200米蝶泳	吳家樂	2:26.14	1985
200米混合泳	L.Flink	2:28.47	1982
400米混合泳	黃茄菲	5:23.70	1983
4x100米混合泳接力	香港隊	4:37.41	1984
L.Flink、周麗儀、黃茄菲、吳家樂			
4x100米自由泳接力	香港隊	4:07.00	1984
吳家樂、黃茄菲、鄭麗珊、符梅			

2006年香港男子游泳紀錄 （2006年6月30日）

（長池） 資料來源：泳總 陳耀邦翻譯編制

項目	姓名	時間	創造年份
50米自由泳	Wright Michael	23.4	1994
100米自由泳	李繼賢	51.84	1996
200米自由泳	郭健明	1:52.48	2000
400米自由泳	郭健明	3:58.94	2000
800米自由泳	郭健明	8:25.02	1995
1500米自由泳	鍾國樑	16:02.83	2002
50米背泳	余海平	27.80	2005
100米背泳	方力申	59.71	2000
200米背泳	方力申	2:05.47	2000
50米蛙泳	Andrew Rutherfurd	29.62	1992
100米蛙泳	Andrew Rutherfurd	1:04.23	1992
200米蛙泳	譚智健	2:18.64	2003
50米蝶泳	郭健明	25.29	2001
100米蝶泳	李繼賢	55.78	1993
200米蝶泳	郭健明	2:01.99	2000
200米混合泳	郭健明	2:07.30	1998
400米混合泳	方力申	4:29.02	2000
4x100米混合泳接力	香港隊	3:51.07	2000
方力申、譚智健、郭健明、符泳			
4x100米自由泳接力	香港隊	3:30.29	2002
杜景麟、郭健明、司徒瑞祈、符泳			
4x200米自由泳接力	香港隊	7:38.91	1998
郭健明、Zachary Moffatt、方力申、李繼賢			

2006年香港女子游泳紀錄 （2006年6月30日）

（長池） 資料來源：泳總 陳耀邦翻譯編制

項目	姓名	時間	創造年份
50米自由泳	韋漢娜	26.14	2006
100米自由泳	韋漢娜	56.63	2005
200米自由泳	施幸余	2:04.97	2004
400米自由泳	伍劭斌	4:24.23	1994
800米自由泳	湯嘉珩	9:05.03	2006
1500米自由泳	區鎧淳	17:52.2	2005
50米背泳	蔡曉慧	29.64	2005
100米背泳	蔡曉慧	1:03.30	2005
200米背泳	蔡曉慧	2:17.71	2005
50米蛙泳	孫嘉兒	33.08	2006
100米蛙泳	葉芷華	1:12.78	2003
200米蛙泳	謝健熺	2:37.66	2005
50米蝶泳	韋漢娜	27.66	2006
100米蝶泳	韋漢娜	1:00.89	2006
200米蝶泳	陳詠雪	2:16.49	2004
200米混合泳	蔡曉慧	2:21.82	2001
400米混合泳	藍家汶	4:59.07	2006
4x100米混合泳接力	香港隊	4:18.8	2005
蔡曉慧、葉芷華、施幸余、韋漢娜			
4x100米自由泳接力.	香港隊	3:51.78	2005
施幸余、蔡曉慧、馮詠欣、韋漢娜			
4x200米自由式接力	香港隊	8:32.41	2005
施幸余、蔡曉慧、馮詠欣、韋漢娜			

2012年香港男子游泳紀錄（2012年6月30日）

（長池）主要資料來源：泳總

項目	姓名	時間	創造日期
50米自由泳	林政達	22.99	2009
100米自由泳	林政達	50.48	2009
	謝旻樹	50.48	2012
200米自由泳	黃鍇威	1:49.58	2011
400米自由泳	黃鍇威	3:58.83	2012
800米自由泳	郭健明	8:25.02	1995
1500米自由泳	鍾國樑	16:02.83	2002
50米背泳	鍾禮揚	26.22	2011
100米背泳	鍾禮揚	57.49	2012
200米背泳	方力申	2:05.47	2000
50米蛙泳	王俊仁	28.33	2009
100米蛙泳	王俊仁	1:02.93	2009
200米蛙泳	譚智健	2:18.26	2004
50米蝶泳	吳鎮男	24.95	2010
100米蝶泳	黃鍇威	54.35	2009
200米蝶泳	黃鍇威	2:01.54	2009
200米混合泳	吳鎮男	2:06.43	2011
400米混合泳	方力申	4:29.02	2000
4x100米混合泳接力	香港隊	3:45.15	2009
鍾禮揚、王俊仁、吳鎮男、林政達			
4x100米自由泳接力	香港隊	3:21.22	2009
林政達、吳鎮男、張健達、黃鍇威			
4x200米自由泳接力	香港隊	7:27.16	2009
張健達、吳鎮男、林政達、黃鍇威			

2012年香港女子游泳紀錄（2012年6月30日）

（長池） 主要資料來源：泳總 陳耀邦編制

項目	姓名	時間	創造日期
50 米自由泳	韋漢娜	25.62	2009
100米自由泳	韋漢娜	54.35	2009
200米自由泳	施幸余	1:59.57	2011
400米自由泳	歐鎧淳	4:13.81	2007
800米自由泳	歐鎧淳	8:41.66	2008
1500米自由泳	鄧穎欣	16:53.36	2009
50米背泳	蔡曉慧	28.93	2009
100米背泳	歐鎧淳	1:01.06	2012
200米背泳	歐鎧淳	2:12.99	2012
50米蛙泳	江忞懿	31.82	2009
100米蛙泳	江忞懿	1:08.43	2009
200米蛙泳	江忞懿	2:31.65	2009
50米蝶泳	韋漢娜	26.66	2009
100米蝶泳	韋漢娜	58.24	2009
200米蝶泳	藍家汶	2:13.91	2008
200米混合泳	何詩蓓	2:18.53	2012
400米混合泳	藍家汶	4:54.46	2009
4x100米混合泳接力	香港隊	4:03.07	2009
蔡曉慧、江忞懿、施幸余 、韋漢娜			
4x100米自由泳接力	香港隊	3:40.8	2009
韋漢娜、蔡曉慧、歐鎧淳、施幸余			
4x200米自由泳接力	香港隊	8:04.86	2009
施幸余 、韋漢娜、江忞懿、歐鎧淳			

2017年香港男子游泳紀錄 （長池）

（截至2017年12月31日止） Bond編制

項目	姓名	時間	創造年份
50米自由泳	謝旻樹	22.39	2015
100米自由泳	杜敬謙	49.39	2017
200米自由泳	黃鍇威	1:49.58	2011
400米自由泳	卓銘浩	3:57.77	2017
800米自由泳	廖先浩	8:24.57	2016
1500米自由泳	卓銘浩	16:00.66	2017
50米背泳	劉紹宇	26.03	2015
100米背泳	謝旻樹	56.63	2014
200米背泳	方力申	2:05.47	2000
50米蛙泳	杜敬謙	28.23	2017
100米蛙泳	徐海東	1:02.36	2016
200米蛙泳	莫啓迪	2:15.77	2017
50米蝶泳	謝旻樹	24.12	2015
100米蝶泳	謝旻樹	53.70	2013
200米蝶泳	黃鍇威	2:01.54	2009
200米混合泳	杜敬謙	2:01.37	2017
400米混合泳	方力申	4:29.02	2000
4x100米混合泳接力	香港隊	3:44.67	2013
鍾禮揚、王俊仁、謝旻樹、吳鎮男.			
4x100米自由泳接力	香港隊	3:21.22	2009
林政達、吳鎮男、張健達、黃鍇威			
4x00米自由泳接力	香港隊	7:27.16	2009
張健達、吳鎮男、林政達、黃鍇威			
男女子混合接力———			
4x100 自由式	海天隊	3:37.67	2017
黃竟豪、麥浩麟、于蕙婷、鄭莉梅			
4x100混合式	香港隊	4:00.22	2017
張祐銘、吳欣鍵、施幸余、鄭莉梅			

2017年香港女子游泳紀錄　（長池）

（截至2017年12月31日止）　Bond編制

項目	姓名	時間	創造年份
50米自由泳	何詩蓓	25.38	2013
100米自由泳	何詩蓓	53.83	2017
200米自由泳	何詩蓓	1:55.96	2017
400米自由泳	歐鎧淳	4:13.81	2007
800米自由泳	歐鎧淳	8:41.66	2008
1500米自由泳	鄧穎欣	16:53.36	2009
50米背泳	歐鎧淳	28.33	2013
100米背泳	歐鎧淳	1:00.48	2016
200米背泳	劉彥恩	2:09.33	2016
50米蛙泳	江忞懿	31.76	2016
100米蛙泳	江忞懿	1:07.69	2016
200米蛙泳	江忞懿	2:27.96	2016
50米蝶泳	韋漢娜	26.66	2009
100米蝶泳	韋漢娜	58.24	2009
200米蝶泳	藍家汶	2:13.91	2009
200米混合泳	何詩蓓	2:12.10	2017
400米混合泳	何詩蓓	4:51.30	2013
4x100米混合泳接力	HKG	4:03.07	2009
蔡曉慧(背) 江忞懿(蛙)施幸余(蝶)韋漢娜(自)			
4x100米自由泳接力	HKG	3:39.94	2014
鄭莉梅 、歐鎧淳 、施幸余 、何詩蓓			
4x200米自由泳接力	HKG	8:04.55	2014
鄭莉梅、 歐鎧淳 、施幸余 、何詩蓓			

> 2019年香港男子游泳紀錄（50米長池）

截至2019年12月31日止

資料來源：泳總（英文） Bond Chan 翻譯

項目	姓名	泳會	時間	創造年份
50 米自由泳	何甄陶	SCA	22.18	2019/7
100米自由泳	杜敬謙	LWS	49.22	2018
200米自由泳	黃鍇威	HTA	1:49.58	2011
400米自由泳	卓銘浩	CPS	3:53.05	2019/4
800米自由泳	卓銘浩	CPS	8:07.76	2018
1500米自由泳	卓銘浩	CPS	15:38.76	2018
50米背泳	劉紹宇	HTA	26.03	2015
100米背泳	謝旻樹	SCA	56.63	2014
200米背泳	方力申	SCA	2:05.47	2000
50米蛙泳	杜敬謙	LWS	28.23	2017
100米蛙泳	杜敬謙	LWS	1:01.91	2018
200米蛙泳	吳宇軒	CPS	2:15.34	2019/4
50米蝶泳	伍棹然	TPS	23.97	2019/11
100米蝶泳	謝旻樹	SCA	53.70	2013
200米蝶泳	林昭光	LRC	2:00.43	2019/4
200米混合泳	杜敬謙	LWS	2:01.37	2017
400米混合泳	方力申	SCA	4:29.02	2000

項目	隊伍	時間	創造年份
4x100米混合泳接力	香港隊	3:44.16	2018
劉紹宇、杜敬謙、林昭光、黃竟豪			
4x100米自由泳接力	香港隊	3:21.22	2009
林政達、吳鎮男、張健達、黃鍇威			
4x200米自由泳接力	香港隊	7:27.16	2009
張健達、吳鎮男、林政達、黃鍇威			

男女子混合接力———

項目	隊伍	時間	創造年份
4x100 自由式	海天隊	3:32.55	2019/7
林昭光、何甄陶、譚凱琳、鄭莉梅			
4x100混合式	香港隊	3:50.22	2018
歐鎧淳、杜敬謙 、林昭光、鄭莉梅			

> 2019年香港女子游泳紀錄（50米長池）

截至2019年12月31日止

資料來源：泳總（英文） Bond Chan 翻譯

項目	姓名	泳會	時間	創造年份
50 米自由泳	何詩蓓	SCA	24.85	2019/6
100米自由泳	何詩蓓	SCA	53.32	2019/6
200米自由泳	何詩蓓	SCA	1:54.98	2019/7
400米自由泳	何詩蓓	SCA	4:11.90	2019/6
800米自由泳	歐鎧淳	DWA	8:41.66	2008
1500米自由泳	何南慧	WTS	16:51.05	2019/6
50米背泳	歐鎧淳	DWA	27.98	2019/6
100米背泳	歐鎧淳	DWA	1:00.22	2019/8
200米背泳	劉彥恩	DLS	2:09.33	2016
50米蛙泳	楊珍美	HTA	31.61	2019/7
100米蛙泳	江忞懿	SCA	1:07.69	2016
200米蛙泳	江忞懿	SCA	2:27.96	2016
50米蝶泳	韋漢娜	SCA	26.66	2009
100米蝶泳	韋漢娜	SCA	58.24	2009
200米蝶泳	藍家汶	TPS	2:13.91	2009
200米混合泳	何詩蓓	SCA	2:12.10	2017
400米混合泳	何詩蓓	SCA	4:51.30	2013
4x100米混合泳接力		HKG	4:03.07	2009
蔡曉慧(背) 江忞懿(蛙)施幸余(蝶)韋漢娜(自)				
4x100米自由泳接力		HKG	3:39.94	2014
鄭莉梅 、歐鎧淳 、施幸余 、何詩蓓				
4x200米自由泳接力		HKG	8:04.55	2014
鄭莉梅、 歐鎧淳 、施幸余 、何詩蓓				

第三節 ｜ 香港分齡賽的起源

1. 香港分齡泳賽開始於 1967 年，由梅美雅（ Betty Mair）和史奎亞（W.S.Squire）引入及推行。二人是香港業餘游泳總會的執行委員。
2. 梅美雅（ Betty Mair）是教育署體育組總監。
3. 史奎亞（ W.S.Squire）是西青會游泳主理人之一，也於 1968 年墨西哥奧運時擔任香港游泳隊教練。
4. 那年開始，每年舉辦數次分齡賽。遍及多區泳池。
   那時政府公眾游泳池很少（只有維多利亞公園泳池和九龍仔公園泳池）。所以常借用一些空軍、陸軍軍營泳池舉辦比賽；另也借用港島半山的婦遊會泳池、九龍拔萃中學泳池、西青會泳池等來舉辦比賽。
5. 分齡泳賽在 1950 年代起源於美國，在各州推行試辦，發覺成效頗佳，在十年後的 1964 年奧運，美國泳隊大有收獲。比後不少國家、地區效法。
6. 香港那時是英國殖民地，不少泳池是用碼作為單位，如 25 碼、33 碼、20 碼、50 碼等。有時有些比賽是 66 碼自由式（33 碼×2），年幼的有 25 碼比賽。
7. 香港分齡泳賽約 1970 年代末期蓬勃。1980 年代出外參賽開始獲獎無數。如吳慶華、李啓淦、吳家樂、曾意銘、洪詩琪等。
8. 現在中學名校學位競爭激烈，學生有運動成績便可加分，游泳最易拿獎（項目多、獎牌多）。不少家長視為優先的選擇。

第四節 ┃ 香港各姓知名泳員姓名（1930-2019）

（包括後來知名的，如知名教練、明星／藝人等）

陳、李、張、黃、何、王、劉、吳、楊、周、梁、林、郭、鄧、蔡、曾、鄭、溫、麥、區、謝、葉、許、廖、鍾、歐、施、曹、高、徐、馮、莫、盧、杜、戴、黎、尹、江、符、孔、譚、趙、戚、韋、胡、蘇、馬、沈、歐陽、陸、祁、古、伍、司徒、佘、羅、朱、彭、潘、方、孫、董、龍、洪、鄒、霍、袁、藍、崔、卓、雷、樊、酈、屈、湯、關、費、章、殷、簡、邱、駱、聶、冼、尤、于、辛、常、凌、田、嚴姓。

1. 陳姓：

陳震南、陳耀海、陳耀邦、陳振興、陳宇寧、
陳娟秀、陳健樂、陳偉成、陳詠雪、陳錫培、
陳念發、陳靖汶、陳啓亨、陳靜梅、陳煥瓊、
陳寶秀、陳智志、陳錦奎、陳耀宗、陳俊希、
陳誠忠、陳國風、陳雷壁、陳國雄、陳玉輝、
陳兆亨、陳錦波、陳倩宜、陳穎廉、陳其松、
陳錦康、陳淑冰、陳携興、陳靄德、陳芷晴、
陳臻樂、陳栢軒、陳愛珠、陳少萍、陳月法、
陳安怡、陳　光、陳偉業、陳超祥、陳丹鳳、
陳嘉儀、陳卓華、陳偉然、陳玉瓊、陳超萍、
陳淑妍、陳曉茵、陳兆文、陳念恩、陳志章、
陳志棠、陳仲維、陳永佳、陳耀斌、陳念成。

2. 李姓：

李啓淦、李繼賢、李雁婷、李志廣、李秀美、李穎詩、李亮葵、李寶聯（蓮）、李浩文、李衍瑜、李淑賢、李嘉偉、李偉庭、李廣才、李恒楓、李振濤、李子駿、李國森、李小瓊、李孝冲、李孝桐、李文稱、李雅文、李啓峰、李玉清、李　敏、李佑慧、李穎怡。

3. 張姓：

張乾文、張運志、張漢華、張健達、張兆恒、張子明、張威林、張善本、張國瑜、張蕊萍、張阿倫、張志光、張祐銘、張友強、張仲堯、張明鏗、張道俊、張敏詩、張韻詩、張敬華、張展豪、張志雄、張小喬、張天培、張浩然、張敏靈、張潤輝、張穎詩。

4. 黃姓：

黃婉貞、黃婉生、黃鍇威、黃焯榮、黃錫林、黃加菲、黃國華、黃金華、黃譚勝、黃桂枝、黃澤中、黃竟豪、黃澤民（黃澤鋒）、黃海滴、黃海媛、黃玉冰、黃少池、黃筠陶、黃朗開、黃曉嵐、黃少雄、黃霞女、黃培燊、黃阜峋、黃勤輝、黃金華、黃茗瑜、黃靖琳、黃詩婷、黃國基、黃鈺茵、黃添亮、黃楚瑩、黃　健、黃志雄、黃燕霞、黃靜音、黃明康、黃正賢、黃凱絲、黃懿澄、黃卓傑、黃　滔、黃美玉、黃恩妮、黃劍豪、黃嘉儀、黃友良、黃美蘭、黃育新、黃宜亮、黃祥興、黃浩雲、黃浩明。

5. 何姓：

何詩蓓、何南慧、何甄陶、何漢炘、何明芝、何明莉、何天志、何家輝、何天朗、何擅泳、何雅舒、何銘良、何惠瓊、何尹茜、何偉基。

6. 王姓：

王敏超、王正權（王羽）、王文雅、王俊仁、王芊霖、王敏剛、王敏智、王敏馨、王志生、王思思、王啓德、王敏幹、王文顯、王倍蒂、王浩林、王新民、王啓順。

7. 劉姓：

劉彥恩、劉志雄、劉錦波、劉桂珍、劉帝炳、劉樹懋、劉紹宇、劉敬婷、劉　培、劉少芳、劉藻德、劉　玲、劉平兒、劉寶希、劉學霖、劉定平、劉晉良、劉詩穎、劉錦雄、劉惠敏、劉耀廷、劉　嶸、劉量宏、劉詠玲。

8. 吳姓：

吳家樂、吳慶華、吳祺光、吳　年、吳海成、吳惠波、吳婉琪、吳家欣、吳芷筠、吳加敏、吳小華、吳聲發、吳欣鍵、吳鎮男、吳啓康、吳宗權、吳銘傑、吳宇軒、吳家傑、吳潔珍、吳稚蓮、吳榮昌、吳福多、吳緻文。

9. 楊姓：

楊秀瓊、楊珍美、楊秀珍、楊顯皓、楊英澤、楊文杰、楊柱南、楊昌華。楊義智、楊元華、楊亨華。

10. 周姓：

周麗儀、周嘉慧、周毓釗、周向明、周麗華、
周熙雯、周怡香、周彰明、周紹球、周錦添。

11. 梁姓：

梁沼冰、梁慧娜、梁健儀、梁詠嫻、梁鐵生、
梁顯乾、梁榮華、梁榮智、梁維鈞、梁沼蓮、
梁世基、梁世強、梁耀輝、梁志和、梁愛梅、
梁晉熙、梁華勝、梁沼清、梁雅婷、梁志威、
梁偉生、梁秀瓊、梁可欣、梁雅媛、梁泰林。

12. 林姓：

林政達、林敏子、林凱喬、林君雅、林　永、
林瑞豪、林澤鏗、林昭光、林浩賢、林　珍、
林惠娟、林佩佩、林念煊、林杏芳、林　耀、
林都麗、林銘樂。

13. 郭姓：

郭健明、郭鎮恒、郭錦娥、郭迪明、郭紫娟、
郭漢明、郭雁紅、郭瑩瑩、郭其聰、郭漢銘、
郭斯維、郭家輝、郭彩明、郭俊德、郭浩天、
郭　森。

14. 鄧姓：

鄧浩光、鄧穎欣、鄧煜明、鄧泰華、鄧慶庭、
鄧國光、鄧采淋、鄧麗盈、鄧芷媛、鄧錦榮。

15. 蔡姓：

蔡曉慧、蔡永健、蔡利恒、蔡偉臣、蔡雪雅、
蔡國平、蔡國良（蔡泳斌）、蔡承東、蔡婉蘭、
蔡慶強。

16. 曾姓：

曾意銘、曾鳳群、曾鳳文、曾坤鈺、曾昌明、
曾河福、曾詠詩、曾若蘭、曾遠帆、曾志昌、
曾美英、曾惠英、曾流泳、曾潔貞。

17. 鄭姓：

鄭莉梅、鄭麗珊、鄭崇連、鄭熙彤、鄭子滔、
鄭凱欣、鄭善熒、鄭仲恩、鄭以君。

18. 溫姓：

溫兆明、溫慶年、溫綉嫦、溫世強、溫婧文、
溫俊年、溫笥弼、溫婉兒、溫德有。

19. 麥姓：

麥少萍、麥偉明、麥年豐、麥浩麟、麥詠誼、
麥浩源、麥　薇、麥紀平、麥　華。

20. 區姓：

區婉玲、區婉雯、區淑芬（歐嘉慧）、區小梅、
區有傑、區湛楷、區暢開、區守義。

21. 謝姓：

謝旻樹、謝景柔、謝景陞、謝健熺、謝梓峰、
謝漢森、謝家華、謝瀞霆、謝浚浩、謝保宗。

22. 葉姓：

葉賀民、葉穎寶、葉達成、葉振榮、葉佩英、
葉潤餘、葉翠文、葉芷華、葉美和。

23. 許姓：

許健萍、許健雯、許俊輝、許健玲、許健明、
許俊軒、許澤先、許　由、許子功、許美琪。

24. 廖姓：

廖靜華、廖美華、廖建華、廖少華、廖靜婷、廖曼華、廖嘉莉、廖小喬、廖文賓、廖先浩、廖靜霞。

25. 鍾姓：

鍾　元、鍾禮揚、鍾國鼎、鍾國樑、鍾詩敏、鍾家寶、鍾安柱、鍾英傑、鍾卓熹、鍾欣庭、鍾美梨。

26. 歐姓：

歐鎧淳、歐豐明。

27. 施姓：

施幸余、施璇璇。

28. 曹姓：

曹旺卿、曹錦新、曹維新。

29. 高姓：

高妙齡、高慧雅。

30. 徐姓：

徐　亨、徐少玲、徐海東、徐德成、徐曼華、徐樂天、徐立言、徐天德、徐曼梅。

31. 馮姓：

馮詠欣、馮凝芝、馮婉儀、馮學謙、馮　勃、馮俊灝、馮錦泰、馮健斌、馮雲霞、馮偉昌。

32. 莫姓：

莫凱汶、莫偉鵬、莫啓迪、莫家輝、莫潤章、莫慧瑩、莫穎欣。

33. 盧姓：

盧笑娟、盧洪超、盧京文、盧綽蘅、盧狄昌、

盧　明、盧偉聰、盧兆姿。

34. 杜姓：

杜敬謙、杜午玲、杜欣玲、杜世佳、杜景麟。

35. 戴姓：

戴伊仁、戴伊莉、戴海寧、戴智輝。

36. 黎姓：

黎　慧、黎　榮、黎焯華、黎美鳳。

37. 尹姓：

尹立新、尹劍英、尹家璧、尹家珍、尹創權、
尹光庭。

38. 江姓：

江忞懿、江欣琦、江俊賢、江己概。

39. 符姓：

符　梅、符大進、符　泳。

40. 孔姓：

孔令馥（謝雪心）、孔憲楷、孔志超。

41. 譚姓：

譚智健、譚永成、譚家寶、譚思成、譚智妮、
譚慕貞、譚偉雄、譚逸心、譚慕潔。

42. 趙姓：

趙展鴻、趙善穎、趙莉莉、趙寶蓮、趙善權。

43. 戚姓：

戚烈雲、戚家漢、戚珍妮。

44. 韋姓：

韋德榮、韋德泉、韋德光、韋可梅、韋基可。

45. 胡姓：

胡達昌、胡泰良、胡慧珠、胡詠梅、胡讚明、

胡克剛、胡劍豪。

46. 蘇姓：

蘇美蔚、蘇宜茜、蘇天謨、蘇智禮、蘇美薇。

47. 馬姓：

馬希彤、馬偉權、馬益添、馬　虹。

48. 沈姓：

沈寶妮、沈昌銳、沈蓓妮。

49. 歐陽姓：

歐陽寶珠、歐陽強。

50. 陸姓：

陸經緯、陸海天、陸海通、陸錦繡、陸振英、陸永健。

51. 祁姓：

祁鳳霞、祁鳳媚、祁孝賢、祁鳳珊。

52. 古姓：

古敏求、古汝發、古逸豪。

53. 伍姓：

伍劭斌、伍永漢、伍棹然、伍舜英。

54. 司徒姓：

司徒詠怡、司徒瑞祈、司徒文強、司徒智恒。

55. 余姓：

余德丞、余海平、余健欽、余達華、余炳冠、余永漢、余荷珠、余浩志。

56. 羅姓：

羅德貞、羅迺狄、羅啓明、羅啓光、羅文嘉、羅毓榮、羅浩威。

57. 朱姓：

朱鑑然、朱　磊、朱國新、朱家心、朱教新。

58. 彭姓：

彭蘊瑤、彭淑梅、彭曉筠、彭照瑞、彭照祺。

59. 潘姓：

潘笑枝、潘肇強、潘角青。

60. 方姓：

方力申、方正元、方胤男、方宗宇。

61. 孫姓：

孫嘉兒、孫　昕、孫明珠、孫偉明。

62. 董姓：

董雪明、董卓軒。

63. 龍姓：

龍漢光、龍欣庭。

64. 洪姓：

洪詩琪、洪韻琪、洪曉茵。

65. 鄒姓：

鄒榮煊、鄒鳳卿、鄒麗卿。

66. 霍性：

霍劭國、霍燕珊、霍詩思。

67. 袁姓：

袁羡絢、袁佩嫺、袁沛權。

68. 藍姓：

藍家汶、藍進雄。

69. 崔姓：

崔瑋俊、崔桂枝、崔世明。

70. 卓姓：

卓銘浩、卓小聰。

71. 雷姓：

雷怡暉、雷柏誠。

72. 樊姓：

樊偉添、樊日平、樊樹森。

73. 鄺姓：

鄺嘉豪、鄺富佑、鄺松惠。

74. 其餘姓氏：

屈金城、湯嘉珩、關敬華、費友燊、章可兒、
殷浩俊、簡綽桐、邱嘉琳、駱凱文、聶芷彥、
冼展霆、尤世坤、于蕙婷、辛法義、常鈺涓、
凌天宇、田湘桂、嚴之耀。

75. 英文姓名：

Fransisco X. Monteiro、Cynthia Eager、Mark Crocker、
Julia Kingsley、Julian Emsile、Fiona Mcdonald、
Karen Robertson、Joanna Clark、Deborah Sims、
Sara Robertson、A. Luxton、Charlotta I. Flink、
Perran Coak、Lucy E. Lomas、Michael Wright、
Ann M. Mung、Michael Scott、Zachary Moffatt、
Andrew Rutherfurd、Duncan J. U. Todd、
Hannah Wilson、Gary Claydon、Gavin Johnson、
Pieer Stynberg、Andre Stynberg、Juliet Sheldon、
Ann 0liver、Celeste Guterres、Vanessa Giles、
L. R. Pereira、Doris Hunt、Veronica Thirwell、

（編按：知名泳員太多，難以一一盡錄，相關名單或有錯漏，敬請見諒。）

第五節 | 香港的游泳競賽

游泳古已有之，不過多限於實用性。如漁夫舟子、水師等，便學游泳，那時的技術多為狗爬式（狗仔式）。

近代的游泳競賽祗有百多年歷史，早期祗是游一距離鬥快，誰先到終點便為第一名。最初游泳競賽用的多是蛙泳和側泳。到 1800 年時蛙式仍是最快泳式，後來演變為自由式（爬泳、捷泳）、背泳、蝶式等。

1906 年，游泳競賽分為三類：蛙式、背泳和自由式，而蝶式在 1956 年成為奧運項目。

香港有競賽游泳紀錄記載是 1906 年，洋人域多利遊樂會舉辦之香港渡海泳賽。以後游泳競賽普及化，華人亦參與。

游泳競賽開始於 19 世紀中期，起源於英國。

1869 年，英國業餘游泳總會成立，為世界第一個國家游泳總會。

1896 年第一屆奧運會，游泳是競賽項目，不設女子組。

1906 年，洋人域多利遊樂會舉辦了香港渡海泳賽。

1908 年，國際泳聯會（FINA）成立。

1930 年，中國全運會（民國時期），香港派隊參賽，游泳成績出眾，陳振興代表香港拿得個人兩金（50 碼和 100 碼自由式），香港亦得自由式接力金牌，那時祗有男子組。

1930 年，香港渡海泳賽，十一歲之楊秀瓊奪得女子組冠軍。

1933 年，中國全運會（民國時期），香港楊秀瓊共得五面金牌（個人四面，接力一面），震驚全國。

1934 年第十屆遠東運動會，香港楊秀瓊代表中國，在游泳上共取四面金牌（其中一面為接力）。

1936 年，香港兩泳員代表中華民國參加柏林奧運，分別是楊秀瓊（女）和陳振興（男）。

1951 年初，香港業餘游泳總會成立（1950 年籌備）。

1951 年，第一屆亞運會於印度舉行，游泳祗有男子組。

1952 年，香港參加奧運（芬蘭・赫爾辛基），祗派游泳四人，分別是張乾文、法蘭・蒙迪路（Fransisco 米onteiro）（男）、郭錦娥、絲依架（Cynthia Eager）（女）。張乾文在男子 100 米自由式入複賽（24 強）。

1954 年，香港參加亞運（菲律賓、馬尼拉、第二屆），游泳祗派張乾文 1 人，戚烈雲獲選，但入大陸受訓而放棄。

1957 年，香港蛙王戚烈雲，於 5 月 1 日，在廣州創出 1 分 11 秒 6 的世界紀錄，時年 23 歲。戚烈雲乃香港人，發掘恩師為香港游泳名將陳震南。

1960 年全港公開泳賽，溫兆明在 100 米自由式游 58 秒 1，創全港紀錄。並破亞運紀錄（1958 年亞運，58 秒 3，日本選手古賀學所創）。

同年，張乾文成為首個代表香港參加三次奧運游泳代表。

1967 年，香港業餘游泳總會開始舉辦分齡泳賽。

1984 年第二屆亞錦泳賽，香港首次奪得金牌，吳家樂兩金（女子 200 米和 400 米自由式）、曾意銘一金（男子 200 米蝶式），全隊共獲三金三銀五銅。

1986 年，香港首次在亞運會游泳得獎，在女子 4×100 米自由式接力得銅牌（吳家樂、洪詩琪、李秀美、符梅）。

1994 年，香港在亞運會游泳得銀牌，那是女子 4×100 米自由式

女子接力（伍劭斌、吳家樂、李穎詩、劉敬婷）。個人項目首次得獎牌（伍劭斌，女子 50 米自由式，得銅牌）

1998 年，郭健明在亞運男子 400 米自由式，得銅牌。2000 年，亞洲游泳錦標賽，郭健明在男子 400 米自由式得金牌一面。

2006 年，第七屆亞錦泳賽，韋漢娜奪得兩面金牌（女子 50 米自由式、和 100 米自由式）。

2009 年世界大學生運動會，香港首次得金牌，香港女飛魚韋漢娜得 100 米蝶式和自由式金牌。

2013 年，香港／中國蛙王戚烈雲入選國際游泳名人堂。

2016 年奧運，何詩蓓在女子 200 米自由式進入 16 強。

2017 年世錦泳賽，何詩蓓在女子 200 米自由式得第五名。

2017 年世大運泳賽，何詩蓓個人奪 2 金（女子 100 米自由泳和 200 米自由泳）。

2018 年亞運，香港泳隊奪歷來亞運泳隊最佳成績，共得一銀二銅，三項皆接力。

2019 年世錦泳賽，何詩蓓在女子 200 米自由式得第四名。

同年 11 月，何詩蓓，在國際游泳聯賽（lSL）游泳短池賽中，50 米蛙泳（29. 88 秒）和 200 米自由泳（1 分 51. 99 秒），破亞洲短池紀錄。

第六節 香港不同時期男/女飛魚、蛙王、蝶王、背王、四式王（1930-2019）

1a. 香港不同時期男飛魚（1930-2019）

陳振興、陳震南、張乾文、溫兆明、何漢炘、陸經緯、陸海天、王敏超、陳耀邦、麥克曲架（Mark Crocker）、鄧浩光、李啓淦、曾意銘、李繼賢、韋米高、符　泳、郭健明、黃鍇威、林政達、謝旻樹、杜敬謙。

1b. 香港不同時期女飛魚（1930-2019）

楊秀瓊、黃婉貞、梁愛梅、絲依架、區婉玲、祁鳳霞、陳娟秀、M. 慕勒、京士莉、F 麥當娜、沈寶妮、李雁婷、麥少萍、卡蓮羅拔遜（Karen Robertson）、

克拉克（Joanna Clark）、A. 勒士頓（A. Luxton）、吳家樂（Fenella Ng）、洪詩琪、伍劭斌（Robyn C. Lamsam）、韋漢娜（Hannah Wilson）、蔡曉慧、施幸余、歐鎧淳、何詩蓓。

2a. 香港不同時期蛙王（1930-2019）

郭鎮恒、黃焯榮、陳超祥、梁顯乾、吳　年、戚烈雲、王浩林、盧（勞）洪超、招再剛、古敏求、鍾安柱、張善本、馬偉權、曹錦新、韋德光、埃姆斯利（Julian Emsile）、張國瑜、鄧國光、屈金城、勞夫霍特（A. Rutherfurd）、史毅豪（M. Scott）、戚家漢、譚智健、郭漢明、陳穎廉、王俊仁、郭家輝、徐海東、杜敬謙、楊顯皓、莫啓迪、吳宇軒。

2b. 香港不同時期蛙后（1930-2019）

曾鳳群、羅德貞、黃婉生、黃玉冰、羅黛夫人、郭錦娥、梁沼冰、李衍瑜、曹旺卿、盧笑娟、林敏子、沈德寶莉、周麗儀、黃海滴、彭蘊瑶、趙善穎、廖嘉莉、謝健煊、孫嘉兒、葉芷華、江忞懿、楊珍美。

3a. 香港不同時期蝶王（1930-2019）

林君雅、彭照瑞、溫兆明、黃勤輝、陸經緯、陳耀邦、郭迪明、張運志、莫斯、曾意銘、李繼賢、郭健明、陳穎廉、黃鍇威、吳鎮男、謝旻樹、林昭光、伍棹然。

3b. 香港不同時期蝶后（1930-2019）

郭錦娥、梁沼冰、陳娟秀、J. 京士莉、沈寶妮、麥少萍、古德森、克拉克、洪詩琪、陳詠雪、韋漢娜、藍家汶、施幸余、陳健樂。

4a. 香港不同時期背王（1930-2019）

盧比士、張威林、張乾文、黃譚勝、梁榮智、王敏超、陳耀邦、麥克曲架、鄧浩光、葉賀文、郭思維、方力申、余海平、鍾禮陽、謝旻樹、劉紹宇、伍棹然。

4b. 香港不同時期背后（1930-2019）

楊秀瓊、羅黛夫人、梁愛梅、郭雁紅、L. Rose、區婉玲、祁鳳霞、J. 京士莉、戴伊莉、李雁婷、許健萍、梁慧娜、A. 勒士頓、弗林克（L. Flink）、司徒詠怡、蔡曉慧、歐鎧淳、劉彥恩、

5a. 香港不同時期四式王（1930-2019）

黃譚勝、譚永成、陸經緯、陸海天、王敏超、陳耀邦、鄧浩光、劉志雄、鍾元、伍永漢、方力申、郭健明、吳鎮男、司徒瑞祈、麥浩麟、朱鑑然、杜敬謙。

5b. 香港不同時期四式后（1930-2019）

陳靜梅、陳娟秀、曹旺卿、M. 慕勒、沈寶妮、F. 麥當娜、麥少萍、麥克唐納、克拉克、A. 勒士頓、弗林克（L. Flink）、黃嘉菲、藍家汶、施幸余、簡綽桐、何詩蓓。

（編按：相關名單或有錯漏，敬請見諒）

第九章

一些舊報的游泳報導

男子一百公尺蛙泳
戚烈雲破世界紀錄
成績是：一分十一秒六
陳運鵬創全國百公尺蝶泳新猷

【本報廣州一日電訊】五月一日晚，在廣州市越秀游泳場慶祝「五一」國際勞動節舉行的游泳比賽中，北京體育學院學生戚烈雲以一分十一秒六的成績打破了男子一百公尺蛙泳世界最高紀錄。

國際業餘游泳聯合會會員從決定在蛙泳中禁止使用潛泳以後，最近頒佈自今年五月一日起，男子一百公尺蛙泳世界最高紀錄為一分十三秒（五十公尺泳池或五百五十碼泳池）。就在這個紀錄生效的第一天，我國運動員就在越秀游泳場的五十公尺泳池裏把它打破了。

【又訊】北京體育學院學生陳運鵬一日晚在越秀游泳場慶祝「五一」國際勞動節的游泳比賽中，一百和二百公尺蝶泳的成績都超過了國家紀錄保持者王張文，並以一分六秒一的成績打破了王張文創造的一分六秒三的男子一百公尺蝶泳全國最高紀錄。

在女子四百公尺自由泳比賽中，廣州市初露頭角的運動員余[illegible]參加過多次國際比賽的北京體育學院運動員[illegible]。

華僑日報, 1971-09-19

新秀游泳比賽
海天東方分膺冠軍
六項創大會新紀錄

中華游泳聯會主辦新秀游泳比賽，前夜在摩士泳池舉行，收獲成績極佳，共創出六項大會新猷。

團體總分：男子組冠軍，海天九十三分，亞軍東方四十五分，季軍南華四十分。

女子組冠軍東方一百分，亞軍海天六十七分，季軍青年會十三分。

新秀泳賽收穫甚豐，在十八個項目中，有六項創出大會紀錄。男百米自由式，海天張鴻俊六四秒七，關鴻何乃康六四秒八，分別打破六十五秒紀錄。男二百尺個人四式，前三名都破紀錄，海天蔡永健二分四七秒九，南華賀宏亮，東方陳耀宗，以二分四十八秒七及二分五十七秒四刷新了二分五八秒五大會紀錄。一百公尺蛙式，東方陳念德締一分十八秒四，破蔡永健一分十八秒五今屆在預賽時之紀錄。

三個接力項目都破大會紀錄，男子四百自由式接力，海天四分卅秒六刷新四分四五秒八紀錄，女子二百自由式接力，東方二分卅一秒九刷新二分卅二秒紀錄。

男子二百四式接力，海天二分十四秒五破二分十五秒紀錄，[illegible]

華僑日報, 1962-09-22

劉志航關應熾高台跳水有劇鬥
譚永成陳錦康昨晚成績破全港

（特訊）香港中華業餘游泳聯會主辦，第十五屆公開全港華人游泳大會，昨天已開始。首天決賽，平均比去屆進步，南華與中青兩大會仍力爭不已。

今夜最後一天決賽，仍在晚上假座港府泳池舉行，總共十八項，開始便舉行男子十公尺高台花式跳水，將由昨夜冠軍關應熾與代表香港出席雅運代表劉志航一決高下，關為大陸受嚴格跳水訓練習，常起跳之「難度」較現役港將高一層，惟今晚適將選良材，料與劉志航較量下跳得更精采，跟着次項男子百公尺捷泳南華之譚兆明與中青之陳錦康又有激烈之戰鬥，雖皆代表港出席雅運，實力雄厚，而譚兆明則為衛冕而戰，相信今夜在各將力拚下，當會有破紀錄之成績出現也。

昨天首席決賽，花式跳水錦標，全部由華青奪取，游泳男、女則分由南華青年會決鬥，女甲青年會宿將潤瀾姿振得復出，但青年會有李衍瑜之助實威頓壯，與擁有鄒鳳嫦，曾坤玉打成平手，從暫時成四十比四十之積分，至男乙甲之組南華微領先，比陳蓉闊大的中青稍勝，而好手何漢炘、古敏求、徐紹聰，卻因病未能出戰，否則南甲會隊不過中甲的氣於昨天各項成績頗好，而且有後浪推前浪的好現象，昨夜且有兩華新手，乙組譚永成，甲組陳錦康兩破齊紀錄，至堪好評，而女將方面，卻以鐵騏之女甲選手麼嫦建華奪百尺捷泳，及中甲的李衍瑜奪百尺蛙式，獲得掌聲甚多。

港會中唯一之小枝節，乃東方會上訴中青女甲代表李衍瑜，為澳門游泳主力，在澳門參雅運初中有參於留港六個月，始有資格參加比賽權，後由會長徐亨親自調查，獲悉李之一九六〇年身份證，於是乃解決此一小糾紛也，將今天秩序，昨日成績錄下：（白浪）

華僑日報 一九八一年四月一日

香港中華業餘游泳聯會
昨晚舉行週年頒獎

香港中華業餘游泳聯會，昨（十四）日晚假座九龍彌敦道大酒樓舉行一九八〇至一九八一年度游泳比賽頒獎典禮，暨週年大會。由會長徐亨主持盛會，泳會首長頒發各項錦標及優勝獎。

首先由會長黃[illegible]致開會詞，繼由各嘉賓及名譽會長分別致訓詞，隨後由業泳聯會會長聯合主持頒獎。最後由錦瑞華主席致謝詞。

茲將昨夜各項優勝者名錄列後：

第卅三屆公開全港華人游泳比賽錦標

男子甲組團體冠軍：東方多泳會；亞軍：青年會

男子乙組團體冠軍千飛魚會；亞軍東方多泳會。

男子甲組個人冠軍：鄧希光（青年會）；亞軍：鄧國光（青年會）。

男子乙組個人冠軍：陳元（南天會）；亞軍：鮑衛恒（東方多泳會）。

男女子甲組團體總分冠軍：青年會。

泳場儀式比賽獎冠軍：飛魚會；亞軍：南天會；季軍：九龍游會。

第十七屆華人新秀游泳比賽錦標

男子組團體冠軍：飛魚會。亞軍：東方多泳會；季軍：南華會。

女子甲組團體冠軍：九龍游會 亞軍：青年會

女子乙組團體冠軍：九龍游會 亞軍：東方多泳會

女子甲組個人冠軍：林敏子（青年會） 亞軍：麥少萍（青年會）

女子乙組個人冠軍：符[illegible]楠（九龍游會） 亞軍：吳愛振（東方多泳會）

男女子乙組團體積分冠軍：東方多泳會

服裝獎 冠軍：飛魚會 亞軍：九龍游會 季軍：南天會

女子組團體冠軍：九龍游會 亞軍：南華會 季軍：東方多泳會

第廿六屆公開全港華人多泳團體錦標賽

男女子全場總錦標 冠軍：東方多泳會 亞軍：南華會 季軍：九龍游會

男子團體錦標 冠軍：東方多泳會 亞軍：南華會 季軍：飛魚會

女子團體錦標 冠軍：九龍游會 亞軍：東方多泳會 季軍：南華會

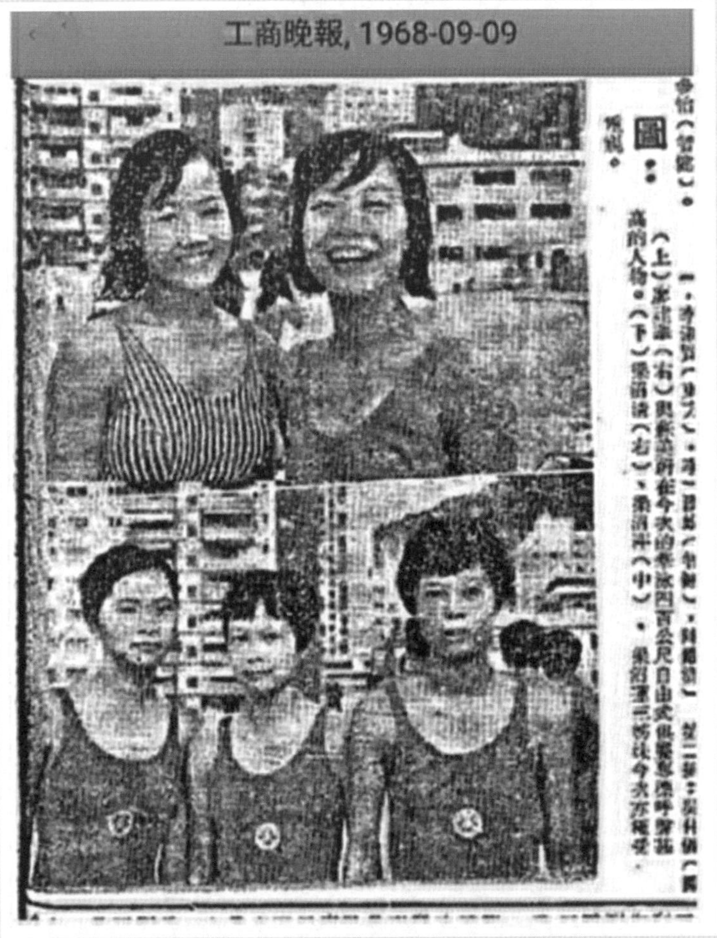
工商晚報, 1968-09-09

廖建華（右）
蘇美蔚（左）

梁沼蓮（左）
梁沼萍（中）
梁沼青（右）

華僑日報, 1980-09-27

游泳週年錦標賽圓滿閉幕
五項香港新猷
昨男八百接力東方冬泳破全港

女子組

百米自由式

二百米背泳

二百米蛙式

體記廿九召開月會

工商盃籃球今續賽六場

中西區反

一、陳劍新香港游泳最高紀錄。（七項）
茲將昨夜決賽成績，及今年全港游水錦標賽，各項優勝選手成績錄後：

昨夜決賽成績

男子組

一百公尺自由式決賽
一、鄧港光（中青）五七秒一
二、劉志雄（南華）五九秒八
三、張漢華（九龍塘）五九秒八
四、陳兆亨（南華）一分正
五、吳燦發（東方多泳）一分四秒
六、保羅傑克遜（梭魚）一分五秒

一百公尺蛙式決賽
一、鄧國光（中青）一分十秒八（香港新）
二、孔志超（南華）一分十七秒四
三、陳偉然（海天）一分十七秒四
四、鄭有傑（愉園）一分廿一秒四
五、陳國風（東方多泳）一分廿一秒四
六、樊樹森（勵進）一分廿四秒四
（首名成績改寫其本人於今年全港華人泳賽所創之一分十一秒正香港最高紀錄）

二百公尺自由式決賽
一、加里．克萊庸（婦遊）二分十秒七
二、朱利安．卜克（婦遊）二分十八秒
三、陳兆亨（南華）二分十八秒六
四、保羅傑克遜（梭魚）二分廿一秒八
五、張漢華（九龍塘）二分廿三秒五
六、溫慶年（海天）二分廿九秒六

二百公尺蝴蝶式決賽
一、張鎮志（東方多泳）二分卅四秒三
二、黃海民（東方多泳）二分四二秒五
三、佩爾科克（梭魚）二分五二秒八
四、金宇龍（中青）二分五八秒六
五、余錦雄（海天）三分十二秒三
六、查德史特懸（梭魚）三分五一秒七

二百公尺背泳決賽
一、鄧港光（中青）二分卅秒正
二、鄧國光（中青）二分卅六秒
三、劉志雄（南華）二分四一秒二五
四、姜錦榮（勵進）二分四九秒一
五、保羅傑克杰（梭魚）二分五〇秒
六、徐德成（中青）二分五〇秒
（香港最高紀錄二分廿七秒五七中青會鄧港光創於今年一九七九年全港第四次分齡錦標賽）

華僑日報, 1959-10-03

公開泳昨晚最後決賽

昨創四項港紀錄

溫兆明百公尺以五八秒七破全港

（特訊）香港業餘游泳總會主辦的一九五九年全港中西游泳錦標賽會昨日下午六時，假維多利亞公園泳場作最後一天的決賽，共捧十七項秩序，男甲佔五項（百公尺自由式、四百公尺自由式、二百公尺蛙泳、一百公尺蝶式、八百公尺四人自由式接力泳），女甲佔四項（百公尺蝶式、一百公尺蛙式、四百公尺自由式、四百公尺四人四式接力泳），男乙亦佔四項（百公尺背泳四百公尺自由式、百公尺蛙泳、四百公尺自由式接力），女乙佔最四項（二百公尺蛙泳，百公尺背泳四百公尺自由式、四百公尺四人四式接力泳），在這十七項戰鬥錦標中，計有四項（男甲一百公尺自由式，南華溫兆明五八秒七，一百公尺蝶泳，南華溫兆明創二分四四秒正，八百公尺四人自由式接力泳南華隊創九分五二秒八，女乙二百公尺蛙泳金銀陳倩宜創三分廿七秒二），破全港新紀錄，（還有一項大會新中背女乙四式接力創六分五二秒當昨夕賽會枚隆舒好的一部份，賽會首去月廿八、廿九兩天開始預賽，再經昨前兩天的決賽，先後舉四天的賽程，已於昨日下午八時卅分，將全部秩序……

全港公開泳，第二天決……

香港工商日報, 1968-07-27

乙組陳耀邦已赴菲

謝景陞連獲兩冠軍

男子甲組

男子乙組

黃燕霞蛙泳無敵

曾惠英再破紀錄

女子甲組

女子乙組

南華保齡隊

下月征星

下屆乙丙組代表

畢得利圈定

趙不弱競選副會長

香港工商日報 1970-08-24 83%

銀洲島長途泳賽
陳耀邦及梁沼蓮
分奪男女子錦標

由香港拯溺總會，澳洲皇家救生會，英國游泳總會駐港考試委員會聯合主辦之首屆全港公開銀洲島長途泳賽，昨日舉行，報到參加之中西男女健兒共六百七十人，陳耀邦及梁沼蓮分獲男女冠軍，賽後由皇家救生會長潘柔芬，大會主席李健源及鄧滙代會長鄧國珉分別主持頒獎。

男子組冠軍陳耀邦（東方），亞軍李裕文（海天），季軍黃燦源（星洲拯溺會）。

女子組冠軍梁沼蓮（南華），亞軍曹旺鵬（中會），季軍曾坤鈺（宣流）。

男甲二百米蝶泳，一、張運志（東冬），二、黃澤中（東冬），三、陳兆亨（南華）

女乙百米背泳：一、馮雲霞（九龍塘），二、王文雅（九龍塘），三、周怡香（南華）

女甲百米背泳：一、梁綵鄒（中青），二、廖靜華（海天），三、林敏子（中青）。

女甲百米自由式：一、麥少萍（中青），二、廖靜華（海天），三、吳婉琪（東圣），民政主任苗華安頒獎。

華僑日報, 1971-08-23

大埔吐露港二百多男女競賽

渡海泳熱烈

民政署長黎敦義伉儷頒獎，黃源章報告

參加年年多，今年增一倍。陳燿邦獲大埔飛

魚榮銜，許家三姊妹囊括女子組冠亞季軍。

吐露港
渡海泳
陳燿邦
得冠軍
／

香港工商日報, 1984-10-05

泳總公開賽改公尺制

△廿六年前的今日，香港泳總主辦公開游泳比賽，首次改用公尺制，以往游泳是在廿五碼的短池舉行。此後改游五十公尺長池，以往訂下的全港紀錄，惟有折算為長池的紀錄，每一轉塘作一秒成績計算。

華僑日報, 1966-09-02

華泳第二夕預賽
女蝶背泳破大會
陳娟秀身手不凡
帀運遴選未合標準

公開華人泳賽第二夕，三項破紀錄，昨晚在政府泳池舉行，女子背泳一百公尺，陳娟秀在預賽時破了大會紀錄，其成績為七十一秒八，[illegible]區婉玲所保的七十二秒二，是一項大會佳績。

而參加亞運選拔的女子二百自由式，[illegible]以二分廿五秒六，[illegible]二分十九秒，仍差些少，其次[illegible]二分廿七秒二，[illegible]都不達標準。

陳娟秀[illegible]好手，她又在蝶式泳中以一分廿九秒五破了百尺蝶式，舊紀錄是一九五九年梁沼冰所締紀錄為一分卅秒五。

男乙二百蝶式，[illegible]成績絕佳，以二分五十五秒二，打破了王洪林的二分五十五秒四舊紀錄，這是一九五六年保持了十年的紀錄了。

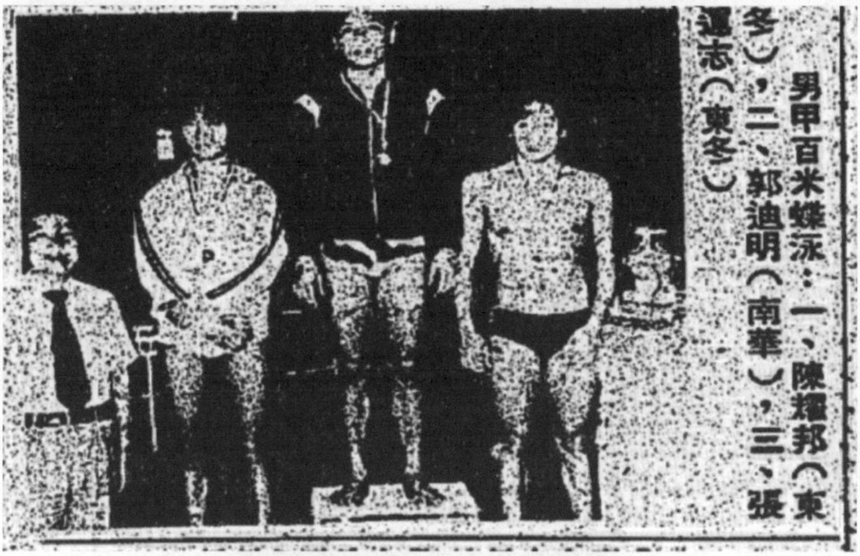
男甲百米蝶泳：一、陳耀邦（東冬），二、郭迪明（南華），三、張運志（東冬）

香港工商日報, 1970-11-09

本港參加亞運泳賽
男女泳將選出
男子：王敏超，曾錦新，曾維新。女子：袁士莉，曾旺卿，盧美娟。

全港佛教學校
廿六日舉行

華人公開舢舨賽
陳耀海黎金好
分獲男女冠軍

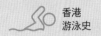

工商晚報, 1976-11-07

渡海泳今晨舉行

男子組莊遜基雲奪標
女子冠軍卡蓮羅拔遜

大公報, 1991-04-12

中國國家游泳隊
下旬來香港集訓

【本報訊】中國國家游泳隊將於四月二十日來港，在沙田香港體育學院進行一個月的集訓，應付七月參加英國上演的世界大學生運動會游泳賽及八月在加拿大舉行的泛太平洋游泳賽。

中國隊過去曾來港進行過集訓，由於彼此之間語言相通，香港人對中國游泳員特別好感，收益很大。

這次中國隊成員包括沈堅強、陳劍虹、莊泳、錢紅、王曉紅等。

據香港體育學院游泳教練陳耀海表示，中國隊來港訓練，不但對中國選手有好處，香港游泳隊員亦得益不少。

華僑日報, 1975-04-28

……大約他們已足夠分，不須賀降班顧慮，故演算及付測。

在季末球賽從大局「會長盃」排球賽週末上演各場比賽戰果正常。

泳壇名將呂禎堅曹旺卿 今在加拿大結婚

本港前泳名將呂禎堅本月廿八日在加拿大多倫多市與香港亞運女泳健曹旺卿舉行結婚典禮，乾坤兩宅定下月十八日在本港大華飯店歡讌雙方親友及泳壇人士。新郎呂禎堅君效力香港游泳隊多年，曾膺全港華人泳錦標賽全場個人冠軍，年前赴加深造，獲理科碩士學位，現任職于[illegible]斯大學研究院，年少有爲。新娘曹旺卿小姐，曾代表本港參加五、六兩屆亞運會，蟬聯本港蛙泳后座多年，前年畢業葛量洪師範學院後，去歲赴加拿大魁北克省麥基爾大學專攻體育，曾代表該區大學泳隊赴美國[illegible]蝶泳，戰績優異，較在港成績更見進步。一對新人，均泳壇人氣，志趣相投，堪稱珠聯璧合佳偶天成。

華僑日報, 1969-08-19

華泳次夕預賽 今晚續在維池舉行

昨宵曹旺卿吳少華破全港

二百個人四式賽分列冠亞

男甲千五捷泳陳耀邦掄元

（特訊）泳聯會第廿二屆全港華人公開泳賽昨天開始假座維多利亞泳池舉行，今天繼續預賽，時間仍然是下午七時正，門券六角，昨預賽入二百餘元，大會耗了不少費用，以八月份場二百元一小時也。

昨天泳聯的開幕儀式，頗見隆重，[illegible]所見的，參加總池一週者有巾幗，南華，海天，方，勵進會，智健會，金銀貿易場，崇運會，東同鄉會等九單位，各會除七[illegible]……

……賽，勵進會之謝[illegible]獲得第三，他廿個塘時，與邵效堅平門，過了廿塘後，邵始放離小謝，展力近陳耀邦，惟未成功，反被「小黑炭」越放越遠，[illegible]的角門，是海天吳小華大戰中曹旺卿，最初[illegible]泳，小謝佔便宜，及用蛙式時，這是曹旺卿首本戲，她就從此奪回昨勝吳小華之局，凡破全港紀錄，吳小華耐力不錯，旺卿則後勁驚人，小華雖敗，但亦與旺卿一樣，同創紀錄。

今天總共十九項目，但八項目是預賽，其中……

華僑日報, 1971-09-18

港澳埠際游泳賽

今午在新花園舉行

香港隊今晨赴澳作賽

港澳游泳埠際賽今日下午六時在澳門新花園游泳池舉行，雙方均有長時間的準備，到時定有劇烈的爭奪。香港代表隊定於今日下午二時半乘搭松山輪赴澳門，及時趕到新花園泳池出賽。雙方大軍名單如次：

香港隊：名譽領隊李曉瑚、湯恩佳、鄺露文、蔡達、羅德員、溫振明、何簽貴、劉金麟，領隊羅瑞廷，司庫黃啟東，教練鄭國榮，管理張仲鏘，秘書古鐵求，隊員王鐵超、陳昭邦、張有強、王志生、李浩文、張善本、蔡永健、許澤光、陳錦海、王海亮、陳國德、杜午珍、曹旺卿、盧少娟、李少璇、戴伊莉、鄺美菲、胡贊明、梁沼翔、葉佩英。

澳門隊：（男子）余業、林富強、胡錦棠、方念森、梁德光、張文寬、陳劍奇、黃世強、曾熾明、蘇中興、盧觀南、梁德泉、古國賢、王樹祥、唐文仲、鄭錦棠、關冠文、劉永恒、李維揚、（女子）徐蓉梅、李富嬋、劉美珊、林美瑤、徐馨慈、黃佑琛、朱杏影、麥秀萍、林美鳳、李雪聰、王加敏、余芬、容永茵、彭淑賢、黃麗珍。

華僑日報, 1974-08-10

百五十七分）

△男子組

一百公尺自由式：一、余傑強（鵬進）一分〇四秒八，二、郭偉民（海天），三、黃家瑞（南聯）。

一百公尺蛙式：一、朱國良（東方）一分廿二秒八，二、梁榮華（南聯），三、陳念成（東方）。

二百公尺個人四式：一、郭迪明（南聯）二分四十秒五（再破其本人在本屆預賽所創二分四十三秒八之大會紀錄），二、李廣之（海天），三、梁德榮（南聯）。

四百公尺自由式：一、郭迪明（南聯）五分卅五秒一，二、鄧浩光（青年會），三、許傑洲（青年會）。

二百公尺蛙式：一、朱國良（東方）三分〇七秒六，二、陳念成（東方），三、張梓港（海天）。

一百公尺背泳：一、梁德榮（南聯）一分十二秒九（再破其本人於本屆預賽所創一分十三秒

鵬進）。

二百公尺個人四式：一、文月明（南聯）二分二十八秒四，二、蘇拔倫（海天），三、何□（海天）。

四百公尺自由式：一、譚燊貞（鵬進）六分三十九秒五，二、文月明（南聯），三、蘇□□（海天）。

二百公尺蛙式：一、李雕慈（海天）三分十六秒正，二、梁錦玲（東方），三、祁小□（南聯）。

一百公尺背泳：一、譚燊貞（鵬進）一分十八秒三，二、祁小□（南聯），三、麥少萍（青年會）。

一百公尺蝴蝶式：一、麥少萍（青年會）一分四十五秒四，二、何瑜（海天），三、文月□（南聯）。

二百公尺四人自由式接力：一、海天會，二分三十二秒正，二、南聯會，三、東方會。

二百公尺四人四式：一、海天會，二分五十二秒五，二、南聯會，三、東方會。

華泳新秀賽

大公報, 1948-05-14

黃婉貞又創新紀錄
百公尺一分二十秒六
男百公尺印尼破全國

香港工商日報, 1983-10-03

泳總甲組游泳錦標賽
李啓淦吳家樂創新猷

葉賀民張蕊萍奪甲組個人總冠軍
司徒詠怡呂榮德百背二百蛙新猷

（特訊）全港公開華人游泳賽昨晚進行了最後一天賽事。

昨晚決賽項目包括男子甲組二百蛙，百米背及四百接力，男子乙組五十蝶，四百捷，二百四式，二百蛙，百米蝶及四百接力，女子甲組五十蝶，百米蛙，百米背，百米蝶，百米蛙及四百接力，女子乙組百米蛙，百米蝶，二百四式，百米背及四百接力等共二十項。

而這晚在個人項目方面出現了兩項新紀錄。

首先，東方冬泳司徒詠怡在女子甲組百米背泳賽事以一分十秒九三創出新猷，其後個合的呂榮德在男子乙組二百蛙項目以兩分四十秒七三刷新了他自己在預賽所創的兩分四一秒四一成績。

司徒詠怡現在就讀於聖士提反女子中學四年級，練習游泳已四年有多，而加入東方冬泳會亦有三年。除了游泳之外，司徒詠怡也喜歡田徑運動。

現年十五歲的司徒詠怡昨晚的成績相當不俗，在奪得女子甲組背泳之前，她已獲得了五十蝶項目的季軍。稍後，在百米蝶要奪她再以一分五十五秒六取得亞軍。

呂榮德現年十五歲，就讀於長沙灣天主教中學，是一位四年級學生。他加入東方冬泳會已有四年之久，先後跟隨過幾位教練馬偉全和梁健祥習泳。

呂榮德平日訓練相當嚴格，每日除練習兩小時外，更進行體能訓練。

昨日，他只比賽了一個項目，但在第一天決賽，他已奪得了百米蛙泳項目的錦標。

接力賽方面亦產生了兩項新猷。

在女子甲組四百米接力項目，成績非常突出。勝出的三隊均告打破舊紀錄：三隊成績分別是東方冬泳會四分廿三秒六一，南天會四分廿六秒一九，撲鯨會四分廿六秒七七。而舊紀錄是八八年南華會的四分三十秒五一。

另外，撲鯨會在男子乙組四百米接力賽以三分五十七秒一〇刷新了八七年南華會所保持的三分五八秒八七成績。

經過了兩晚決賽後，全港團體總成績及個人總成績亦同時產生。

在團體總成績方面，撲鯨會以九十分奪得男子甲組冠軍，南天會以八十五分奪得女子甲組冠軍。此外，南天會及東方冬泳會分別贏取了男女子乙組的殊榮。

至於個人總成績方面，四位奪得男女子甲乙組冠軍的泳手先後是葉賀民（廿八分）、張蕊萍（廿六分）、呂榮德（廿六分）及鄭凱欣（廿八分）。（辰、明）

昨日各項賽事成績如下：

全場個……

男子甲組：

男子乙組：

女子甲組：

女子乙組：

全港華……以勤（由右……敏韶（左）及……軍鄭凱欣、……

華僑日報, 1985-09-10

全港華泳決賽昨雨中舉行
三項大會新猷
女洪詩琪鍾詩敏男尹立新出色
今晚七時三刻續演十七項決賽

（特訊）全港華泳大賽首天決賽，昨晚雖然受大雨影響，仍順利舉行，並締三項大會新猷。今晚七時四十五分繼續在維園泳池舉行最後一晚決賽，歡迎參觀。賽會由香港中華業餘游泳聯會主辦。賽後由華泳聯首長王華生、蘇善祥、陳煜流、蘇鵬飛夫人為四項接力賽頒獎……

女甲四百四式接力：一、東方冬泳，二、南華，三、東昇，成績五分〇三秒四九大會新。永遠名譽會長王華生（左）頒獎。

1975-02-01
國光隊泳將

臺灣國光泳隊訪港

王慶春（左二）；李讚楨（左三）；江文瑛（右一）

華僑日報, 1960-08-26

港澳游泳埠際賽

港選手明日出發

廿七晚在新花園作對抗

（特訊）第二屆港澳華人游泳埠際賽，定於本月二十七日下午在澳門新花園泳場舉行，港選泳隊一行約十餘人，明日下午三時乘搭佛山輪約六時許可抵達澳門，當晚，進行游泳對抗賽。

按該賽創于去年，首屆在港舉行，由港選泳隊得分較最多，獲得首屆冠軍，照賽例規定，今屆乃在澳門演出。消路傳聞兩隊賽事決定改遊，押後擇日補賽云。

管理：黃啟東。總教練：吳幟文。男泳員：溫兆明、吳謙光、王浩林、盧洪超、劉錦波、古啟求、黃勸輝、何漢圻、謝漢森、麥浩源、彭照謙、劉定平、楊以杰、潘振。女泳員：梁沼泳、祁鳳霞、祁鳳媚、黃麗女、崔思詩、趙荷莉、陳倩宜、徐榮天、尹家慢。

籃球錦標決賽

工商晚報, 1958-10-26

狂風駭浪中渡海泳

男女冠軍創新紀錄

溫兆明與祁鳳霞榮獲首名

水箱跌下傷及路人

男甲
100
m自
由式
前3名
譚永成
麥年豐
梁世基

香港工商日報, 1940-10...

一千五百咪
陳震南再創新紀錄
女子二百咪高妙玲居首席

青年會會友週年水運會、昨晚八時繼續假該會泳池舉行決賽、男子一百公尺自由式、曾昌明以六九秒二快着先鞭、女子二百公尺高妙玲以纖巧姿態破浪前進、抵達終點時距同會鳳慈一個塘、以三、三四秒四居首席、男子一千五百公尺自由式、陳震南下水後、奮力前進、尤世坤劉帝炳分頭追趕、但陳震南氣勢如虹、以十一個塘距離尤世坤遙遙彼岸時、成績二一•五一秒四、創本國紀錄(按陳震南兩日內連破三個紀錄)、尤世坤則于五十二塘即超過劉帝炳列次席、其餘各項均有良好成績、

華僑日報, 1965-07-31

青年泳賽

2
1
3

六區街坊會主辦青年泳賽，(右圖)男甲百公尺自由式決賽：(一)譚永成，(二)麥年豐，(三)梁世基，由西區街坊會[illegible]山[illegible]同學[illegible]頒獎後合照。(左圖)女子高級組五十公尺自由式決賽：(一)[illegible]，(二)[illegible]，(三)何明[illegible]，由何[illegible]頒獎後合照。

男冠劉-培；女冠麥少萍

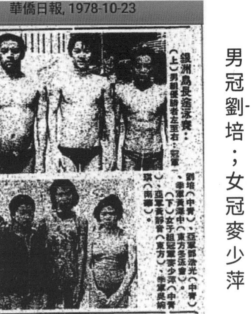

華僑日報, 1978-10-23

銀洲島長途泳賽：（上）男組優勝者左至右：冠軍－劉培（中青）、亞軍鄧滄光（中青）、季軍黃澤中（東方冬泳會）。（下）女子組冠軍麥少萍（中青）、亞軍黃靜音（東方）、季軍吳婉琪（南華）。

華僑日報, 1978-08-07

了全場的注意力，在英、日路透社電）汲毛對分

港泳將克羅克 破亞運仍落選

百米捷泳泗五四秒一九

（法新社艾德蒙頓八月五日電）英聯邦運動會游泳賽次日，香港選手六呎四吋長人馬克．克羅克，在男子一百公尺自由式預賽，第二組，五人泅第四，成績五十四秒一九落選。打破日本名將岩崎邦宏所創之五十四秒五亞運最高紀錄。但較克羅克其本人於一九七六年蒙地可世運預賽，所創之五十四秒一四香港最高紀錄，慢了百份之五秒。

香港工商日報, 1983-07-22

張敏詩百捷破大會

創新紀錄：游聯主辦新秀游泳賽，容綺十六歲的南山會泳員張敏詩，昨晚以一分八秒一六，打破女子一百公尺自由式大會紀錄。（本報記者林炎志攝）

【本報訊】香港中華業餘游泳聯會主辦之第二十屆新秀游泳比賽，今夕七時半在維多利亞公園泳池舉行第二天預賽，比賽項目共九項（男子五項、女子四項），男子五項比賽中，分為十七組進行，女子四項則分為九組，比賽項目如下：㈠女子四百公尺自由式（兩組），㈡男子二百公尺蛙泳（五組），㈢女子二百公尺蛙泳（三組），㈣男子一百公尺背泳（四組），㈤女子一百公尺背泳（兩組），㈥男子一百公尺蝶泳（四組），㈦女子一百公尺蝶泳（兩組），㈧男子四百公尺自由式接力泳（兩組），㈨男子四百公尺四式接力泳（兩組）。

昨晚為新秀游泳賽第一天預賽，有七項賽事在維多利亞泳池舉行，由下午七時半開始，至十時十分始完，賽會根據各項預賽各組泳員完成賽程之時間，而選出每項比賽獲得決賽權之八名泳手，於本月廿八日參加決賽。

昨晚之比賽中，其中以女子一百公尺蛙泳第一組預賽爭持最烈，該組四名進入決賽圈之泳員，東方多孫頤賢完成之時間為一分二三秒二八，南山謝宏瑜為一分三三秒三七，飛魚梁婉君為一分三三秒八一，東昇陳寶麗為一分三三秒八七。

女子一百公尺自由式第一組，第一、二名均打破大會紀錄，首名南山會張敏詩，時間為一分八秒一六，次名蘇天霈倫，時間一分九秒七六，大會舊紀錄為一分十秒二，於一九七九年由九龍華會王文雅所締造。（方圓）

華僑日報, 1991-09-27

港華泳聯選出十四好手 角逐下月初港澳埠際賽

香港華泳聯會，在昨晚舉行之執委會中決定派出一支由七男七女所組成的大隊往澳門，參加下月五日在當地舉行的港澳埠際賽。

是次賽事之名譽總領隊由蘇耆祥會長擔任，總領隊是譚錦俊副主席，男女子領隊分別由副會長蘇勝華夫人及李永彰擔任，而其他副會長及主席皆掛名譽領隊，管理為鄭巢年、梁擘南，教練梁華林、司庫黃錫林、幹事莫慶賢等。

而今屆參賽之男女運動員分別是李啓德（隊長）、譚嘉寶、鄧泰華、李子駿、呂德、林較、張展豪、陳欣飈、譚智昭、司徒怡（隊長）鄭佩欣、張蕊萍、劉惠敏及葉倩。

據澳門方面表示，他們將會邀請亞協主席霍震霆、廣東體委主任魏振南、前廣東隊教練陳偶祥及中國隊教練陳運鵬等作嘉賓。（玉

圖為十三歲的「黑豹」陳躍邦

香港工商日報, 1971-08-23

大埔渡海泳賽 陳耀邦獲冠軍

【本報訊】新界大埔七區體育會，主辦第四屆公開渡海泳比賽，于昨日上午十一時舉行，全程二千二百碼的賽程，共分男女兩組舉行，計有二六三名男女青少年參加，賽後由新界民政署長黎敦義夫婦主持頒獎。優勝名單如下：男子組冠軍陳耀邦，時間為四十二分八秒九；亞軍陳澤恩，四十五分；季軍陳耀宗，四十七分廿二秒（該組共有一三五人參加）。

陳景明
即
黑豹
陳耀邦

TAS E
台北美國學

首屆水球賽閉幕，臺北美國學校高中部校長傑森博士頒發最優秀水球選手自由隊陳景明獎牌。

洪詩琪
首個香港
女泳員
破百米
捷一分
鐘大關

大公報, 1986-09-04

全港公開泳賽
洪詩琪創紀錄

【本報訊】泳總主辦的全港公開游泳錦標賽，昨晚在摩理臣山泳池舉行最後一晚決賽，男女高級組總冠軍觀塘，亞軍東方冬泳，季軍南華；男女少年組總冠軍觀塘、亞軍南華、季軍香港海洋會。

男子組冠軍觀塘、亞軍婦遊、季軍南華。女子組冠軍鄉村俱樂部、亞軍梭魚、季軍東方冬泳。男子少年組冠軍香港海洋會，亞軍觀塘、季軍南華。女子少年組冠軍婦遊、亞軍南華、季軍愉園。

最突出運動員，男子組周余成，五十米蛙泳游三一秒一一，女子組洪詩琪，五十米自由式游二七點九一秒。

昨晚，女子高級組一百米自由式，洪詩琪以五九秒八打破她本人於八月二十四日在國際分齡泳賽保持的一分〇秒二的香港紀錄。

另外，刷新兩項少年組紀錄女子四百米個人四式接力，寶斯以五分五二秒七一刷新賽波士夫保持的六分一九秒四四的大會紀錄，女子五十米背泳，李秀英以三二秒五六刷新她在預賽時保持的三二秒九五的大會紀錄。

天光報, 1936-06-12

陳振興 楊秀瓊 被派出席世運

本月廿六日首途

本港體協會、現已接到全國體協會來函、謂現已正式錄用陳振興、楊秀瓊爲我國出席世界運動會游泳代表、並附有致陳楊兩件各一通、命弍氏在港等候會同我國出席世運代表、於本月廿六日乘船赴歐、而船位亦已由全國體協會代定云、

電車減價後 每日增收七百餘元

（專訪）電車公司、自實行減價後、居民以其收費低廉、多樂乘搭、據調查所得

工商晚報, 1947-10-12

廣州泳團 今日對勵進 昨日敗於港聯

【專訊】廣州泳團征港二戰，一勝一敗，[illegible]

昨日對抗成績

[illegible]

香港工商日報, 1949-05-30

泳季開始活躍
首次中西對抗
東方鬥域多利
短途怪傑徐亨捲土重來

泳季降臨後之首次中西泳隊對抗，已定於六月十八日，在域多利游泳池舉行，由西勁旅域多利會向素享雄師東方隊挑戰。西隊實力之雄厚，早為水迷所悉，而東方之原班主將，頗多因事離港星散，但有新血補上，如張乾文等輩。且悉戰前之短途冠軍徐亨，屆時亦來港爲母隊爭光，故實力非弱。該隊班主胡嘉熙，並謂是次競賽之項目，經已擬定為五項，並有兩個為表演如跳水、水球等，全部項目均屬男子。代表名單，經已選出如下：張武林、徐亨、張乾文、曾河顯、黃志雄、黃景恒、陳偉炳、麥偉洪、梁潔泗、楊啓峯、胡嘉熙、楊文傑、羅侎漸等，張仲勉亦被邀客串出席。現已開始在北角麗池集訓，屆時當有劇爭。茲將競賽與表演項目錄後：㈠五十碼自由式，㈡二百二十碼自由式，㈢一百碼背泳，㈣一百碼胸泳，㈤二百碼四人接力泳，㈥跳水表演，㈦水球表演。

香港工商日報, 1935-05-10

應廈門競強體育會之請
美人魚楊秀瓊將有閩省之行
陳文麟等來港接洽
楊女士允暑假期中成行

我國游泳界聞人美人魚楊秀瓊女士、譽滿全國、最近廈門競強體育會以在廈門胡里山新建之泳場行將竣工、並決于本年七月十四日舉行開幕典禮、且為隆重其事計、特由廈門海軍處長陳文麟及丁玉樹來港接洽、敦請楊秀瓊女士前往主持新建游泳池開幕禮、當經楊女士之父楊柱南答復、謂秀瓊如往則須于暑假期內、方能成行、其辦法一切來回經費均由廈門方面負擔、同時除楊秀瓊前往主持開幕禮外、并邀本港其他游泳健兒前往表演、關於此點亦經由楊柱南請該來港接洽人員另行與港體協會接洽、現記者……十碼、與本港之域多利游泳池相類似、引海水入池、規模宏大、而秀瓊姊妹、則現仍不輟習泳甚見進步云、

華僑日報, 1949-10-12

公開泳賽第二夕決賽
陳震南 梁愛梅 均創新紀錄

〔特訊〕全港公開游泳錦標賽，昨晚六時一刻在域多利泳棚舉行第二夕決賽，成績甚佳，鵬進陳震南，港大梁愛梅創出新紀錄，又鵬進黃玉冰郭錦娥在五十碼胸泳壓倒丹麥世運選手勞西夫人，退也誰能可貴。又悉：今夕無賽事，明晚六時一刻繼續舉行第三夕決賽，又昨夕全部項目，計有十一項，其中五項是該會的會友比賽。茲將昨夕計分賽成績錄下：

第一項：男子八百八十碼自由式：（一）陳震南（鵬進）時間十一分十一秒正（破全港本人紀錄十一分十四秒），（二）張乾文（東方），（三）黃金華（青泳）。

第二項：女子五十碼胸泳：（一）黃玉冰（鵬進）時間三十九秒四，（二）郭錦娥（鵬進），（三）勞西夫人（域）。

第三項：男子一百五十碼個人三式泳：（一）吳年（青泳）時間一分四十八秒二，（二）張成林（東方），（三）張仲毅、（東方）。

第四項：女子二百碼自由式：（一）梁愛梅（港大）時間二分五十七秒四破全港紀錄，（按全港紀錄爲二分五十九秒八，由S晏打臣保持），（二）O伊架（域），（三）T伊架（域）。

第五項：男子一百碼背泳：（一）羅比士（域）時間六十九秒二，（二）羅阿士（域），（三）林滋（域）。

香港工商日報, 1947-07...

籌賑水災泳賽
昨圓滿閉幕
鋼帝炳黃婉貞又創新紀錄
全場冠軍鵬進亞軍妙多利

[illegible]

香港工商日報, 1970-10...

渡海泳賽空前熱鬧
東方陳耀邦得冠軍
M慕勒蟬聯女后座
一陸軍泳員中途突失踪

華僑日報, 1974-03-05

台東大同拜訪華協
今遊邵氏陳璋宴客

球國風雲
四九期出版

工商晚報, 1971-10-17

學校樂隊由香港仔工業學院、聖馬利書院……時由下午三時起沿道……

今晨渡海泳 陳耀邦慕勒 奪男女錦標

【本報訊】第五十九屆全港公開渡海泳賽，於今晨十時在九龍倫路碼頭舉行，賽程一千五百五十碼。由倫路碼頭出發，泅至本港皇后碼頭為決勝點。參加的中西男女健兒共四百十六人。

結果，男子組上屆冠軍陳耀邦，不負衆望，蟬聯冠軍。女子組亦由慕勒奪得冠軍魁首。

男子組：冠軍：陳耀邦（時間：廿三分五十五秒二）。亞軍：A．史提堡（時間：廿四分零一秒五）。季軍：蔡永健（時間：廿五分十二秒三）。

女子組：冠軍：M慕勒（時間：廿八分八秒九）。亞軍：梁佩英。

工商晚報, 1955-06-18

……在六千名大學生中，……正積極……冠軍威名，而又

黃婉生在英國，已穿起碩士袍了，你看她多麼風度！

黃婉生乃黃婉貞妹

工商晚報, 1968-07-28

蘇美蔚、陳錦康表演：中游泳健今午閉幕，屆時將請泳壇芳侶份子蘇美蔚（右）陳錦康蒞臨表演。圖右爲蘇美蔚，左爲陳錦康，蘇陳兩位均擅背泳，且爲渡海長途泳好手。

華僑日報, 1961-08-11

港海女泳傑

祁鳳霞廿一赴澳洲

華員會三泳團十二設宴歡送

（特訊）香港華人業餘游泳聯會副會長、政府華員會理事、中國健身會會長祁潤華之女公子祁鳳霞小姐，爲本港泳壇奇才，自幼在父母督促下習泳，卓有成就，屢創奇績，稱霸游國，造破本港女子最高紀錄，且曾代表本港出席去屆亞運大會，並爲未成行之上次世運會本港代表之入圍人選，歷年效力香港政府華員會游泳團，屢建奇功，爲該會增光不少，與其姪泳能手祁鳳娟妹妹，及其他好手組成之華員女子泳隊，爲本港女泳隊之翹楚，祁小姐不獨精於泳技，且爲瑪利諾女校之高材生，現聞祁小姐於本月廿一日離港赴澳洲深造，壯志遠行，殊堪嘉許，該會游泳團團長李培、林沙平、伍柏志、陳奇、多泳團團長李發、陳永楨、陳芹、孔常賢、林沙平、拯溺團團長黃錦潮、李文彬，及三團同人，特於本月十二日晚上，假該會泳場酒樂部，歡送祁小姐以壯行色，並預賀祁小姐將來偉大成就，聞將由該會常委會主席尤嘉博、宋顯廷，泳場主任蘇悅強、親授紀念品，屆時當有一番熱鬧云。（波）

華僑日報, 1991-12-29

李繼賢 司徒泳儀 最佳男女泳將

體院教練陳耀海獲選最佳教練

由香港業餘游泳總會及游泳教練會選定的一九九一年全年最佳泳手及教練得獎名單，今午在體院正式公布，並由石利洛代表孔振主持頒獎。獲選全年最佳教練的是體院游泳教練陳耀海。

獲選今年最佳男子泳手的是李繼賢及司徒泳儀。李繼賢今年先後在百米及二百米自由泳創新四次香港紀錄，司徒泳儀則以最佳一分八秒廿一打破女子百米背泳香港紀錄。

李繼賢保持二百米香港紀錄爲一分五十四秒七二，百米自由泳個人最佳爲五十二秒〇六。

稱：「我與桑普臘安錦過數次，今次終輪到我打敗他了。」

舒放茲以今次令人信服的勝利來慶祝

賽場 脫

對方發球。但這種改善經已爲時晚了，克拉茲爾第三次破胡必治發球於第九局，並且勝出。（桐）

工商晚報, 1968-07-15

圖片說明：（上）台灣隊首屆游泳錦標賽男子四百公尺混合接力賽亞軍隊前日以四分四十六秒六破全國紀錄（右起林雅正、李寶興、吳百勝、黃憲明）。（下右）女子一百公尺個人四式冠軍……（成績一分廿四秒三破全國紀錄）。（下左）女子一百公尺蝶式冠軍……（成績二分五十四秒三破全國紀錄）。

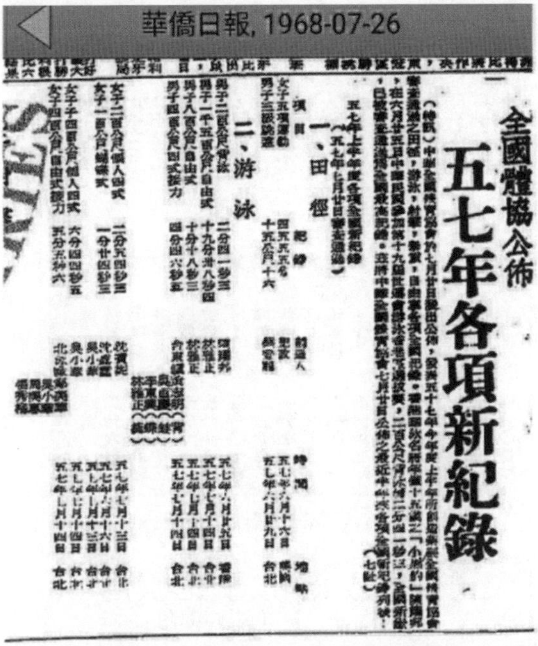
華僑日報, 1968-07-26
全國體協公佈
五七年各項新紀錄
一、田徑
二、游泳

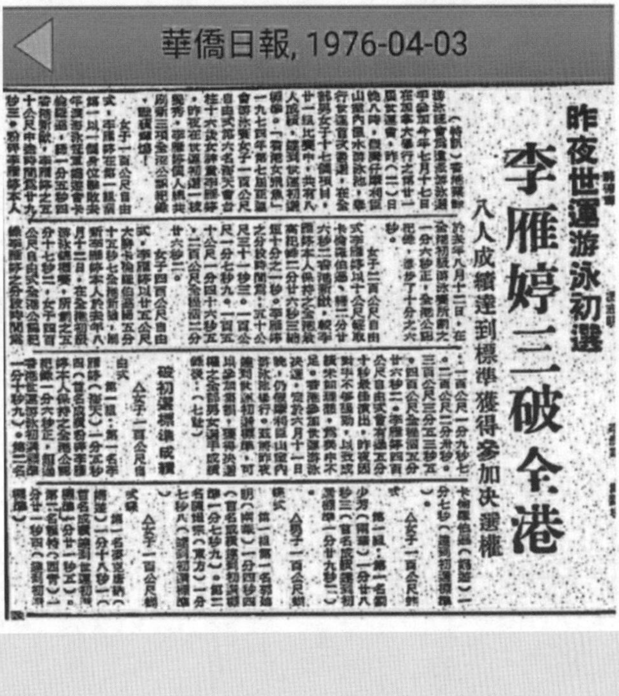
華僑日報, 1976-04-03
昨夜世運游泳初選
李雁婷三破全港
八人成績達到標準 獲得參加決選權

華僑日報, 1984-05-11

港隊在亞洲游泳賽獲獎成績及全港新猷如下：

項目	獎牌	泳手	成績	
男子二百蝶	金	曾憲鈺	二分六秒二八	（新）
女子二百捷	金	吳家樂	二分〇八秒	（新）
女子四百捷	金	吳家樂	四分卅秒五七	（新）
女子百米蛙	銀	周麗儀	一分十七秒六二	（新）
男子百米蝶	銀	曾憲鈺	五七秒一〇	（新）
女子四百接	銀	—	四分〇七秒	（新）
女子二百四式	銅	弗林克	二分廿九秒六三	
女子百米蝶	銅	黃嘉菲	一分七秒〇二	
男子四百四式	銅	伍永漢	四分五一秒九五	（新）
男子百米捷	銅	李啓淦	五四秒二一	
女子四百四式接	銅	—	四分卅七秒四一	（新）
女子二百蛙	—	周麗儀	二分四八秒五四	（新）
男子二百蛙	—	屈金城	二分廿九秒九六	（新）
男子四百接	—	—	三分四〇秒三八	（新）
男子八百接	—	—	八分十秒八四	（新）
男子二百背	—	鍾元	二分廿秒九八	（新）
男子四百四式接	—	—	四分〇三秒八七	（新）

華僑日報, 1968-07-27

學生個人泳決賽
十四項破紀錄

（約訊）學聯會主辦第五屆學生個人游泳大賽，參加百餘人，總共卅二項目，前天預賽淘汰留强，昨夜總持決賽，情況熱鬧，雖然有新紀好手嶄露頭角四青波勁旅萬稚。但仍有實難新，實錦新，杜年玲，實表業的李淑賢等男女好手，共創十四項大會新紀錄。

今年新人頗多，或許是初露法場或經驗所限而失敗，但經過本屆的教訓，明年捲土重來，將會有較佳的成績，例如小將余鑒深，對景歐，曾惠英，杜年玲，杜應玲，實難新實屬有能造之泳將，經要銷青棘苦，力爭上游。明年度賽會使人另眼相看。

昨賽後，[illegible]服務隊員要一口氣，由副主席顯瑋寰假座醉瓊樓設宴，席間互談大賽得失經過，並將決賽成績列下：白浪

（一）男甲百公尺自由式：㊀陳耀南一分十秒二，㊁羅英傑一分十二秒八，㊂廖兆聰一分二十五秒五。

（二）女甲二百公尺蛙式：㊀黃素賢三分四三秒八（大會新紀錄破自己去年三分五七秒紀錄），㊁李淑賢三分五三秒五。

（三）男乙五十公尺：㊀盧展鴻卅八秒二，㊁曾雄新卅八秒九，㊂李瀾坤四十秒五。

（四）女乙五十公尺背泳：㊀許瑩瑩四八秒七（新紀錄破去屆林惠瓊五二秒三紀錄）。

（五）男丙五十公尺蛙式：㊀陳兆鏘四十四秒四，㊁陳家豪四九秒，㊂余鑑良四九秒二。

（六）女丙五十公尺蛙式，曾惠英四五秒四（大會新紀錄破預賽自己四五秒六）。

（七）男甲四百公尺自由式：㊀羅英傑六分廿四秒，㊁陳耀南六分卅秒，㊂陳德清六分卅秒五。

（八）女甲五十公尺蛙泳：㊀杜年玲五十一秒正。

（九）男乙百公尺蛙泳：㊀曾安一分廿六秒五，（大會新破預賽陳錦森一分廿六秒四紀錄），㊁黃偉雄一分廿六秒五，㊂曾雄新一分廿七秒三。

（十）男丙五十公尺自由式，㊀陳家豪卅六秒三，㊁張道健卅六秒五，㊂陳念成卅八秒七。

（十一）男甲二百公尺蛙式，㊀曾錦[illegible]

香港青年乒乓訓練中心球隊
今赴大澳表演 早上乘輪出發

（特訊）香港青年乒乓訓練中心球隊，應大澳體育會主事人李翼中之邀請，全體人員一行十餘衆，定今日上午十時半，由該中心主任梁李權領導乘輪前往大澳，到晚先與該會作一場友誼賽後，另由該中心全體好手作多場示範表演，以娛大澳人士眼福。

該中心是次出發，承接受大澳體育會李翼中熱誠邀請，並作盛大歡迎及招待食宿等，因此盛情難卻，乃有應約前往，另[illegible]

華僑日報, 1981-11-01

國際分齡泳賽，吳慶華（東方冬泳）奪得女童十一至十二歲組二百米蝴蝶式冠軍。

華僑日報, 1978-10-16

星期一　七年公歷一九七八年十月十六日

昨渡海泳大熱門全部掄元
克萊唐克克拉克
榮膺男女冠軍
本報貼中男女孖寶男冠亞連贏位

本報記者陳俊傑特稿

華僑日報, 1978-10-20
全港校際游泳錦標賽紀錄
男子丙組
女子丙組

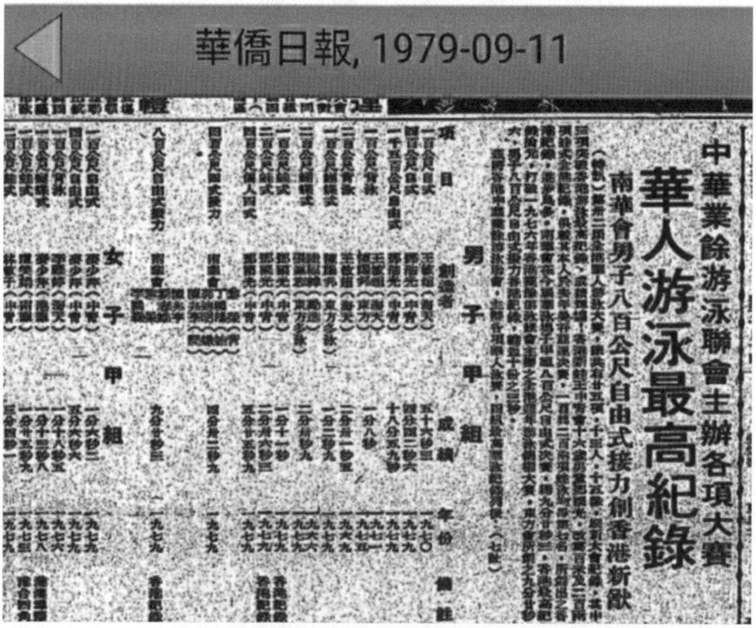
華僑日報, 1979-09-11
中華業餘游泳聯會主辦各項大賽
華人游泳最高紀錄
南華會男子八百公尺自由式接力創香港新猷
項目
創造者
成績
年份
備註
男子甲組
女子甲組

華僑日報, 1989-09-19

一百蛙	呂桀徫	梁志雄	桂沛森	一分十三秒五七
四百接	海天會	愉園會	東方冬泳會	四分卅一秒八零
女子甲組				
四百捷	周嘉慧	司徒詠怡	符梅觀	五分零八十五
二百蛙	張蕊萍	張小薇	周嘉慧	三分零五秒二七
二百四式	曾詠詩	張蕊萍	陳丹鳳	兩分卅九秒四六
四百接	海天會	愉園會	東方冬泳會	五分零五秒九四
女子乙組				
二百捷	鄭凱欣	曾靄靈	曾慧敏	兩分十九秒六九
五十捷	李穎怡	潘角青	曾慧敏	廿九秒零一
二百蛙	陳樹恩	馮智理	許美琪	三分十三秒零六
一百蝶	鄭凱欣	盧兆姿	曾慧敏	一分十四秒二
四百接	東方冬泳會	海天會	銀塘會	五分十四秒

全港華人游泳決賽昨晚佳績紛呈，李穎怡、鄭凱欣、葉賀民（由上至下）分別打破女乙五十捷、女乙二百捷及男甲百米背紀錄

華僑日報, 1985-09-02

夏曆乙丑年七月十八日 第三張第四頁

全港華泳首天成績璀璨
八項大會新猷
王霖羅瑞蓮升旗蘇善祥宣佈揭幕
甲組洪詩琪曾意銘女甲接力出色
男乙百米捷蛙背首次名俱破大會

[illegible]

洪詩琪

[illegible]

曾意銘

[illegible]

女四百四式接

[illegible]

乙組

[illegible]

華泳聯會長蘇善祥宣佈第卅八屆公開全港華泳賽揭幕。

香港泳隊名單
世界大學生運動會

華僑日報, 1985-08-18

世界大學生運動會

香港代表隊名單列後：

團長傅浩堅、副團長吳美莉、領隊張翊、副領隊周冠華、隊醫陳啓明。

女子籃球隊：

名譽領隊洪祖杭、領隊：任少玲、教練黎鳳、國際球證李洛如。隊長：區詠斯、隊員：郭藝卿、陳美美、吳玉美、盧慕洛、陸敏婷，陳潔萍、鍾璐[illegible]、趙佩儀、黃美琦、簡月玲、洪梅芳。

男子排球隊：

領隊吳思儉、教練蔡金棠、國際球證嚴禮義。隊長：鄧寶來、隊員：甄啓民、邱易光、黃振才、陳澤光、林桂雄、劉業强、潘永强、岑金榮、李志光、歐陽振良、林沛翰。

田徑隊：

領隊郭源華、教練鄧俊輝、隊長楊劍、隊員：湯婉嫻、馮秀娟、梁文康、謝華興。

游泳隊：

領隊簡榮基、教練鄒鳳卿、隊長：杜世佳、隊員：王文雅、張子誠、馮勃、李超仁。

網球隊：

名譽領隊及男子教練傅浩堅、領隊吳苡儀、女子教練林徐婉圓。隊長吳颺綱、隊員：孔淑薇、莫婉施、霍佩光、許航、關平耀。

華僑日報, 1985-09-12

香港飛魚王敏超 在美獲碩士學位

香港世運游泳代表「飛魚」王敏超自參加美世運後在美國佛羅列達州立大學攻讀，今年已經學成獲得碩士學位，同時並得游泳、水球教練資格證書，現定於明（十九日）在該大學舉行頒授典禮，海天泳港會長王華生夫婦爲趕及參加該典禮，於昨晨乘中航機直飛美國觀禮，並順到美加，歐洲各地考察參觀。昨往歡送有海天會主席王敏樂，及各巨頭等人士。

「飛魚」王敏超曾代表香港出席三屆世運，此次學成歸來，且在美國受過長時期訓練，對于將來游泳後一輩的指導，定有幫助，在美國其代表參加全美水球賽獲最高射球前三名，返港後仍將爲出色泳壇人物，他將在下月返港。

王敏超

華僑日報, 1985-09-12 全港華泳賽

女甲百米背泳：一、洪鈞琪（業餘會）、二、鄧麗珊、三、符梅，成績一分〇一秒五二大會新，主席羅啓瑞頒獎（上）。男乙二百蛙：一、尹立新（警察）、二、曹賢民、三、周紹天，成績二分四五秒對七。永遠名譽會長王華生頒獎（下）。

華僑日報, 1967-09-03

泳總公開泳賽首夕決賽

男甲四百四式泳 中西健兒今劇鬥 陳娟秀趕返出戰

昨預賽東方乙搶盡鏡頭 西青威廉烈千五決首掄元

[illegible]

華僑日報, 1971-09-10

慕勒四式破全港

王敏超及海天隊刷新大會紀錄

男子組

392

華僑日報, 1981-08-18

新秀泳賽大會紀錄

（特訊）香港中華業餘游泳聯會主辦一九八一年第十八屆業餘年人新秀游泳大賽，僅得兩山會十四歲女子組……刷新兩項女子組蝶式大會紀錄，誠屬珍貴之收穫。茲將歷屆大會最高紀錄列後：（七歐）

男子組

項目	創造者	成績	年份	屆數	備註
一百米自由式	李國燊（南華）	五九秒一	一九七九	十六	預賽
四百米自由式	李國燊（南華）	四分五五秒九	一九七九	十六	預賽
一百米背泳	黎焱（南華）	一分八秒九	一九七九	十六	
一百米蝴蝶式	曾翌銘（官塘）	一分五秒四一	一九八〇	十七	預賽
一百米蛙式	劉志雄（南華） 胡秉良（東方多泳）	一分十五秒五	一九七八 一九七九	十五 十六	預賽
二百米蛙式	樊佐榮（飛魚）	二分四九秒	一九八〇	十七	
二百米個人四式	錢元（海天）	二分卅一秒五〇	一九八〇	十七	
四百米自由式接力	劉志雄 陳兆亨 王熙凡 張志光	四分十二秒一	一九七八	十五	預賽
四百米四式接力	南華會 黎焱（背） 孔志超（蛙） 李國燊（蝶） 李君賢（自）	四分四七秒五	一九七九	十六	

女子組

華僑日報, 1971-08-27

隊，紅十字會拯溺員廿六名。（淡）

華泳賽昨盛大揭幕
昨兩項破大會紀錄
今續入項預賽金銀隊服裝鮮艷奪標

聯泳聯會主辦第廿四屆全港公開游泳大賽，昨日下午六時半，在維多利敦府池舉行盛大揭幕禮，由會長李[illegible]，主席何[illegible]主持。各屬會包括東方，南華，金銀，海天，中青，鵬強，等選手列隊繞場，該會副主席羅瑞強，劉金麟，古敏求，賀[illegible]，張仲強，朱[illegible]，林永，梁約翰，鄭均在席，先由會長李[illegible]致詞，主席何[illegible]主持升旗禮，陳耀邦則代表泳員宣誓，揭幕儀式至此宣佈圓滿結束，首日預賽，即告展開，戰況成績突出。

今晚七時，仍在維多利泳池舉行第二夕預賽，共有八項預賽項目，參加之新秀泳員不少，屆時又必有好成績出現了。今晚預賽秩序如次：[illegible]

華僑日報, 1987-09-22

全港華人游泳賽

男子甲組

百米捷泳	余世雄	盧景文	尹立新，	五六秒五六
二百米蝶	曾意銘	鄧泰華	黃嘉明	二分十七秒六七
百米蛙泳	張子明	關敬華	尹立新	一分十秒三六
百米背泳	葉賀民	梁志和	周向明	一分三秒八五（破）
四百四式	曾意銘	葉賀民	余世雄	四分四八秒五四（破）

男子乙組

百米捷泳	孔憲楷	張卓倫	梁志威	一分五八秒六四
百米背泳	朱磊	邵志雄	陸志雄	一分九秒七三
百米蛙泳	周耘天	王志和	孔憲楷	一分十四秒卌

女子甲組

二百米蛙	周麗儀	周嘉慧		三分三秒八二
二百四式	曾穌詩	周嘉慧	鄧麗盈	二分卌八秒五一

女子乙組

二百捷泳	鄺以君	陳丹鳳	黎穌詩	二分廿秒四五
二百米蛙	黃恩妮	張小薔	張蕊萍	三分五秒六〇
百米蝶泳	鄺以君	陳丹鳳	黎穌詩	一分十四秒十七

華僑日報, 1964-08-10

日昨在富臨舉人埠泳池，[illegible]三項冠軍之[illegible]（左），[illegible]名將，有「美人魚」[illegible]之[illegible]（右）之[illegible]，[illegible]。（本報記者攝）

華僑日報, 1986-08-27

全港華人游泳賽

男子組

	冠軍	亞軍	季軍	成績	備註
男甲百米自由	黃國華（海天）	尹立新（智健）	梁志和（觀塘）	五四秒六三	
男乙百米自由	余世翔（觀塘）	梁志威（觀塘）	楊柏森（愉園）	五八秒四九	
男甲二百蛙	曾念銘（愉園）	鄧泰華（智健）	劉樹標（東多）	二分十秒六四	（破）
男乙百米背	余世雄（觀塘）	杜月榮（南華）	陸宏光（愉園）	一分九秒八	
男甲百米蛙	周金成（東多）	張子明（智健）	區國風（東多）	一分七秒五九	（破）
男乙百米蛙	潘榕（南華）	周振天（愉園）	梁志威（觀塘）	一分十五秒一八	
男甲百米背	梁寶民（勵進）	梁志和（觀塘）	劉添德（東多）	一分三秒九二	（破）
男甲四百個人四式	邱家彬（智健）	周金成（東多）	劉樹標（東多）	五分十二秒卅一	
男乙四百四式接力	愉園會	南華會	東方多泳會	四分卅三秒四六	（破）

女子組

	冠軍	亞軍	季軍	成績	備註
女乙二百自由	袁淑鋼（飛魚）	曾詠詩（海天）	陳丹鳳（東多）	二分廿六秒六二	
女甲二百蛙	周淑儀（南山）	錢詩敏（南華）	唐玉珊（東多）	三分一秒七	
女乙二百蛙	袁淑鋼（飛魚）	馬虹（南華）	張小喬（愉園）	三分十二秒〇四	
女甲二百個人四式	符穎（東多）	周嘉慧（愉園）	周淑儀（南山）	二分卅六秒〇六	

華僑日報, 1973-09-22

全港游泳週年錦標大賽
昨夜圓滿閉幕
總共十五項成績粉碎全港紀錄

東方會
青年會

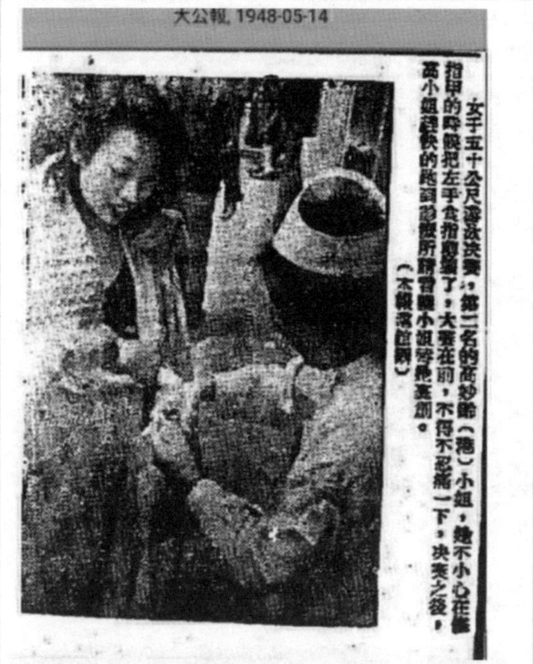
大公報 1948-05-14

女子五十公尺游泳決賽，第二名的高妙齡（港）小姐，她不小心在修指甲的時候把左手食指修破了，大賽在前，不得不忍痛一下，決賽之後，高小姐趕快的跑到診療所請曾醫小姐替她塞創。
（本報滬館攝）

1948 年全運會，高妙齡於賽前剪指甲，不巧傷指

工商晚報 1955-09-03

女蛙泳員
區淑芬
（歐嘉慧）

華僑日報, 1964-07-04

拯總女子部盛會
授旗表演隊赴澳
頒發服務獎狀與畢業銅章
陳楊秀瓊設餐酒會招待嘉賓

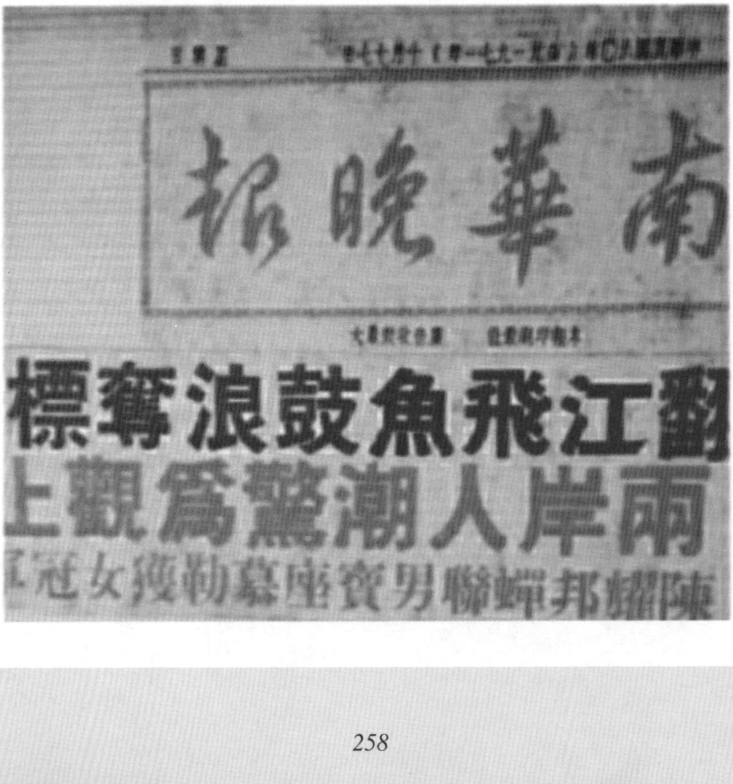
南華晚報

翻江飛魚鼓浪奪標
兩岸人潮驚為觀止
陳耀邦蟬聯男賓座慕勒獲女冠

華僑日報, 1960-10-22
全港中西公開泳閉幕
昨締兩項新紀錄
溫仔百公尺自由式破全港及亞運
祁鳳媚二百公尺胸式泳成績超卓

溫兆明，首個香港泳員破亞運百米捷游泳記錄，58 秒 3

香港工商日報, 1969-05-23
泳總分齡泳賽
定本週末舉行
中青
七喜

華僑日報, 1954-09-06
華人公開泳圓滿閉幕
大會創十項新紀錄
四項成績刷新全港
男女個人冠軍張乾文馮凝姿奪得
團體男女錦標分由幸運中青獲取

香港工商日報, 1963-11-04
全港渡海泳賽
陸經緯與廖建華
分獲男女組冠軍
隊際組南華蟬聯錦標

香港工商日報, 1952-05-17
參加世運游泳代表定七月十一日出發
各項體育總會將在芬蘭會議

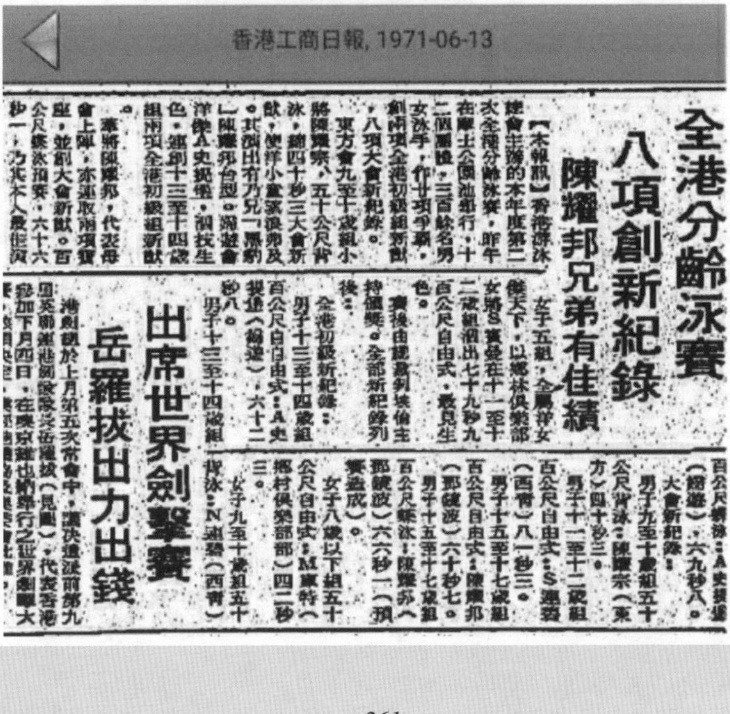
香港工商日報, 1971-06-13
全港分齡泳賽
八項創新紀錄
陳耀邦兄弟有佳績
【本報訊】香港游泳總會主辦的本年度第二次全港分齡泳賽，昨午在摩士公園池舉行，十二個單位，三百餘名男女泳手，作廿項爭霸，創兩項全港初級組新猷，八項大會新紀錄。
出席世界劍擊賽
岳羅拔出力出錢

工商晚報, 1969-10-12

今晨男女公開渡海泳賽
王敏超蟬聯冠軍
洋女破紀錄掄元

三度蟬聯渡海泳男子組冠軍的王敏超

工商晚報, 1970-09-01

公開華泳首天決賽
女甲各項均有劇鬥

梁沼蓮、黃旺卿、蘇宜茜是熱門人物，
男子組陳耀邦、王敏超聲勢最盛。

香港泳壇

決賽項目及泳員

工商晚報, 1968-09-02

孔令馥（藝名謝雪心）

工商晚報, 1968-09-02

陳耀海　　王每超

華僑日報, 1953-09-29

校際泳賽昨晨揭幕
戚烈雲成績驚人
明日舉行乙丙組初賽

一百碼背泳：

五十碼背泳：

五十碼蝴蝶式：

華僑日報, 1975-09-23

第八屆吐露港渡海泳賽
鄒榮煊李雁婷
榮膺男女冠軍
新界政務司鍾逸傑主持頒獎

西貢十公里

華僑日報, 1954-09-06

華人公開泳甲組接力冠軍中青隊，自右至左：郭雁紅、潘笑枝、馮瓊姿、吳雅蓮●（本報記者攝）

華僑日報, 1955-09-16

昨在港公開泳女甲四百四十碼自由式四冑之諾赫冠軍（中）郭雁紅 亞軍（左）陳倩宜季軍（右）【本報覺鴻攝】

香港工商日報, 1939-10-20

體育

昨日全港渡海泳

陳震南獨佔鰲頭

紳童亞軍麥偉明落後第七

女子組李寶聯榮膺首席

工商晚報, 1948-10-24

……地區的不利地位，上午一客車均大撤面色。

渡海五老 參加渡海泳之五老圖，由右至左：㊀李燊（五十五歲）㊁文幹持（五十七歲）㊂袁廷桂（六十一歲）㊃楊任甫（五十六歲）㊄蔣雲階（五十七歲）（林澤棠攝）

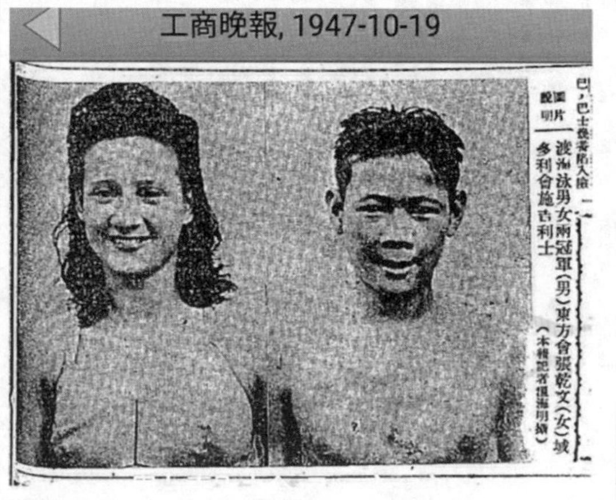
工商晚報, 1947-10-19
圖片說明——渡海泳男女兩冠軍（男）東方會張乾文（女）域多利會施吉利士
（本報記者張海明攝）

香港渡海泳賽張乾文、
施文利士分奪男、女冠軍

1947年
浪花
或音

老幼競技

渡海泳場出冷門，寂寂無名的十五齡童子張乾文竟獨占鰲頭。最後抵達終點的是六十一歲老人蕭廷柱。很湊巧，冠軍是男子組最年輕的，殿軍卻是最年老的。

昨天參加渡海泳的南華會「四老」是五十六歲的楊柱南（美人魚楊秀瓊的爸爸），六十一歲的蕭廷柱，五十七歲的文倖池，五十三歲的李謙。他們的總年歲是二百二十七歲，等于十五個張乾文的年歲。得女子組第三獎的何慕芬，僅十三歲。

保持紀錄

淪陷前的陳錦南一九四一年創全港渡海泳新紀錄，時間是廿二分廿四秒四，昨天張乾文的紀錄是卅分卅八秒一，距南雖因泳錯路綫而屈居次席，想他回憶過去的成績，必覺無限快慰。

新星小史

游泳界發現新彗星，萬人注目。張乾文生長南洋，七歲才返香港。他的哥哥是張威林，也是浪裡白條。小張兩年來努力練習，泳術突飛猛進。最近參加域多利游泳會舉辦的全港童子一百碼自由式比賽竟獲冠軍，成績為六十五秒六。他又曾參加全港男子四百四十碼自由式一次，與陳震南、尤世坤等爭長短，他雖被擠落第四名，可是他有五分四十七秒的成績，難能可貴。他現就讀于梅芳中學初中部，前途未可限量。

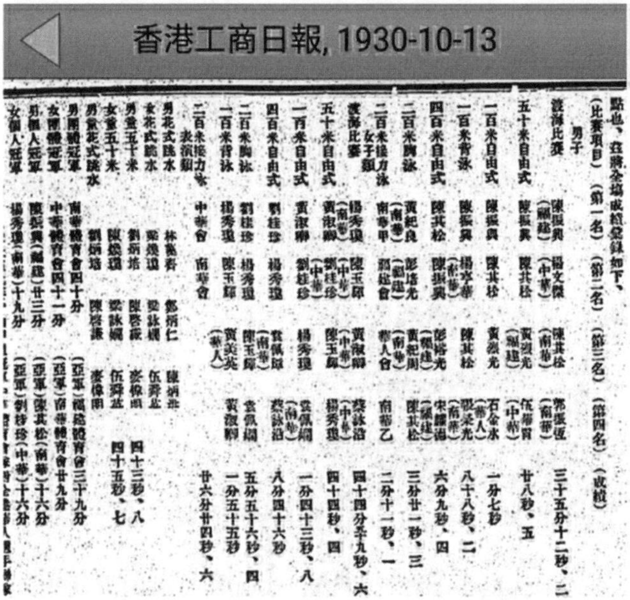

香港工商日報, 1930-10-13

點也、茲將全場成績錄如下、

（比賽項目）（第一名）（第二名）（第三名）（第四名）（成績）

男子

渡海比賽 陳振興（福建） 楊文傑（中華） 陳其松（南華） 郭振恆（南華） 三十五分十二秒、二

五十米自由式 陳振興 陳其松 黃頌光（福建） 伍華貴（中華） 廿八秒、五

一百米自由式 陳振興 陳其松 黃頌光 石金水（華人） 一分七秒

一百米背泳 陳振興 楊亭華（南華） 陳其松 張柔光（南華） 八十八秒、二

四百米自由式 陳其松 陳振興 彭培光（福建） 宋體福（福建） 六分九秒、四

二百米胸泳 黃紀良（南華） 彭培光（福建） 黃紀周（南華） 陳其松 三分廿一秒、三

二百米接力泳 南華甲 福建會 華人會 南華乙 二分十一秒、一

女子組

渡海比賽 楊秀瓊（南華） 陳玉郎（中華） 黃淑卿（中華） 蔡詠沿 四十四分五十九秒、六

五十米自由式 黃淑卿 劉桂珍（中華） 陳玉郎 楊秀瓊 四十四秒、四

一百米自由式 黃淑卿 劉桂珍（中華） 楊秀瓊 袁佩嫻（南華） 一分四十三秒、八

四百米自由式 劉桂珍 楊秀瓊 袁佩嫻（南華） 蔡詠沿 八分四十六秒

二百米胸泳 劉桂珍 楊秀瓊 陳玉郎 袁佩嫻 五分五十六秒、四

一百米背泳 楊秀瓊 陳玉郎 黃美英（華人） 黃淑卿 一分五十五秒

二百米接力泳 中華會 南華會 廿六分廿四秒、六

表演組

男花式跳水 林振寰 鄭炳仁 陳炳燊

女花式跳水 梁煥瓊 梁詠嫻 伍舜芷

男童五十米 劉炳培 陳啓薇 麥焯明 四十三秒、八

女童五十米 陳煥瓊 梁詠嫻 伍舜芷 四十五秒、七

男童花式跳水 劉炳培 陳啓謙 麥偉明

男團體冠軍 南華體育會四十分（亞軍）福建體育會三十九分

女團體冠軍 中華體育會四十一分（亞軍）南華體育會廿九分

男個人冠軍 陳振興（福建）廿三分（亞軍）陳其松（南華）十六分

女個人冠軍 楊秀瓊（南華）十九分（亞軍）劉桂珍（中華）十六分

香港工商日報, 1930-10-06

華人渡海比賽成績

福建陳振興高踞首席

本港體育協進會舉辦全港華人游泳公開比賽、其渡海比賽一項、已於昨日下午舉行、是日二時半、各游員齊集華人游泳會飯堂、乘摩小輪渡海、達出發地後、首由女游泳員入水、約五分鐘男游泳員繼之出、陳振興一路領先、福建陳福星緊隨其後、陳振興破水流直達決勝點、而陳福星則不能把持、後雖趕向前、然終遲一着、祇得第六位置、蓋彼尊順流從南游、較快一步也、但陳振興時間、比第二名相差分三十七秒之多、足見其近來奮練、始能得此好成也、茲將男女名次分列如下、

男子組第一名 陳振興（福建）三十五分十二秒…

第二名 楊文傑（中華） 卅七分四十九秒…

第三名 陳其松（南華） 三十八分十八秒…

第四名 郭振恆（南華）

（五）許長耀、（六）陳福星、（七）楊亭華、（八）李…、（九）石金水、（十）彭培光、（十一）譚智強、（十…黃紀良、（十三）黃紀周、（十四）黃得忠、（十五）…錦、照章祇首四名計分、十五名有獎、故以後到…概不記名、

女子組第一名 楊秀瓊（南華）四十四分五十九秒…

第二名 陳玉郎（中華） 四十六分三秒…

第三名 黃淑卿（中華）

第四名 蔡詠沿（南華）

第五名 楊柔珍（中華）

第六名 袁佩嫻（南華）

陳振興奪冠

香港工商日報, 1935-02-16

體育週刊

王正廷博士

對我國參加世運之重要談話

擬參加足球籃球排球暨田徑賽各項
但田徑成績太低祇欲派一二人參加

游泳選手
男子擬派郭振恒
女子當派楊秀瓊

一九三六年世界運動會、行將舉行於德京柏林、我國為欲揚威於國外、亦不甘示弱、近已作積極之準備、所將來參加之計劃、及目前進行情形如何、未有詳確之報告、關心此事者、渴欲知其究竟、記者昨乘王正廷博士過港之便、特往訪謁、向之詢問、茲將王氏與記者之談話錄誌如下、

香港工商日報, 1930-10-15

元月十日　華人聯合隊　對　陸軍選手隊
元月卅一日　由以上兩塲得勝者舉行決賽（滬）

華人奪得女子渡海冠亞軍

楊秀瓊打破舊紀錄

全港女子公開渡海游泳比賽、于昨廿下午舉行、四時半由該游泳會司理士刁城君點名後、乘小輪渡海、五時正在尖沙咀木碼頭排立預備、號令一下、縱身入水、南華楊秀瓊與亨氏并肩而進、楊女士用蛙式泳、而亨氏則用捷泳、故初時畧讓其先一着、中華陳玉輝南華袁佩琼與西女佐治亦啣尾相隨、然已在後七八十碼以外矣、P亨氏被流、衝向東便、士球路及中華黃淑卿、南華楊秀珍繼後、殊可惜者、中華劉桂珍女士因氣痛復作、是日雖更衣而卒不敢興賽、否則以劉女士近日之進步程度、雖或不能勝楊娘、然亦儘可佔、

1930 年楊秀瓊奪香港渡海泳女子組冠軍

華僑日報, 1965-09-21

泳總決賽第一夜
五破紀錄二項新時間
男乙四百東方吳海成奪標
陸氏姊弟分獲男女子首名

男乙四百捷吳海成冠軍

新秀游泳成績美滿
七項翻新大會
男子百公尺蝶泳大爆冷門
陳念發一掌之微勝蔡永健

陳念發險勝名將蔡永健

1969年

華人游泳錦標賽首夕決賽

敏超百背可創新猷

耀邦四百四式無敵

1968年

泳總世運首次遴選測驗

王敏超亦創本身佳績

陳耀邦蛙泳首次稱王

華僑日報, 1976-09-08
男甲四百公尺四式初賽
陳耀邦破全港
廖靜樺郭迪明聯袂刷新大會紀錄
△男子甲組
一百公尺蝴蝶式
預賽

華僑日報, 1972-10-09
第三屆銀洲島長途泳賽
長洲南華獲男女錦標
蔡永健
沈寶妮 勇奪男女冠軍
醫務副總監祈磊健伉儷主持頒獎
陳炎明主席請泳兒苦練爭取榮耀
吳多泰蔡準榮獲元老組冠亞軍獎
昨日足球戰果
華協會設埠際宴
款待馬華隊

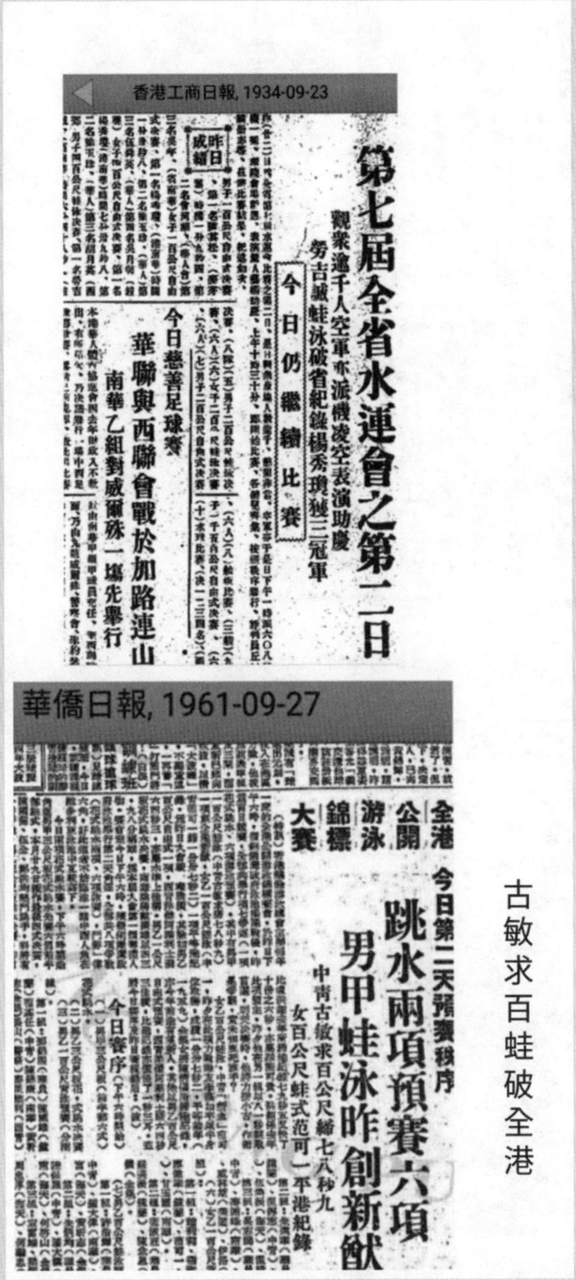
香港工商日報, 1934-09-23

第七屆全省水運會之第二日

觀衆逾千人空軍亦派機凌空表演助慶

勞吉誠蛙泳破省紀錄楊秀瓊獲三冠軍

今日仍繼續比賽

昨日成績

今日慈善足球賽

華聯與西聯會戰於加路連山

南華乙組對威爾孫一塲先舉行

華僑日報, 1961-09-27

全港公開游泳錦標大賽

今日第二天預賽秩序

跳水兩項預賽六項

男甲蛙泳昨創新猷

中青古敏求百公尺縮七八秒九

女百公尺蛙式范可一平港紀錄

今日賽序

古敏求百蛙破全港

古敏求百蛙破全港

大決賽成績俱佳

全港華泳賽

接力則平大會紀錄。

鄧浩光仍爲表現出色的一人，在男子乙組一百公尺自由式，以六十一秒五佳績掄元，力壓劉焯而奪標，同時亦刷新七四年鄧世明（南華

九秒時間掄元得金牌，平海天會於去年所創的大會紀錄。

男子乙組一百公尺蛙式競爭劇烈，鄭崇連及鄧國光兩人，全程力鬥，難分高下，雙方時間均爲七十九秒五，結果由於鄭崇連排第三線，被判第一名，鄧國光排第五線，祇得第二名。

1977 年華泳賽鄭崇連險勝名將鄧國光

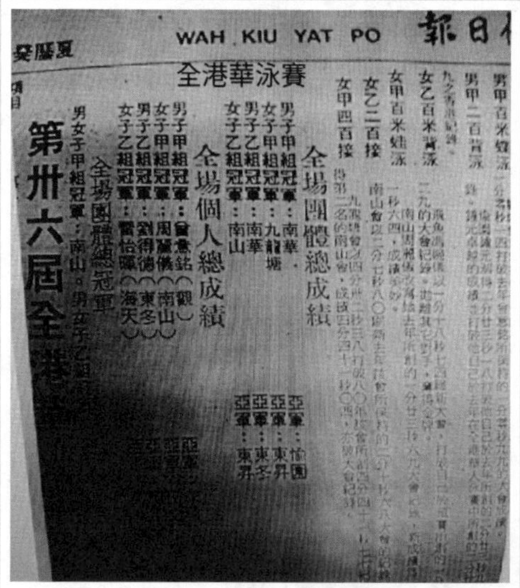

WAH KIU YAT PO

第卅六屆全港

全港華泳賽

男甲百米蝶泳

男甲二百背泳

女乙百米背泳

女甲百米蛙泳

女乙二百接

女甲四百接

全場團體總成績

男子甲組冠軍：南華。亞軍：怡園

女子甲組冠軍：九龍塘 亞軍：東昇

男子乙組冠軍：南華 亞軍：東冬

女子乙組冠軍：南山 亞軍：東昇

全場個人總成績

男子甲組冠軍：曾意銘（觀）

女子甲組冠軍：周麗儀（南山）

男子乙組冠軍：劉得德（東冬）

女子乙組冠軍：雷怡暉（海天）

全場團體總冠軍

男女子甲組冠軍：南山。男女子乙組

各組個人全場冠軍：曾意銘、周麗儀、劉藻德、雷怡暉

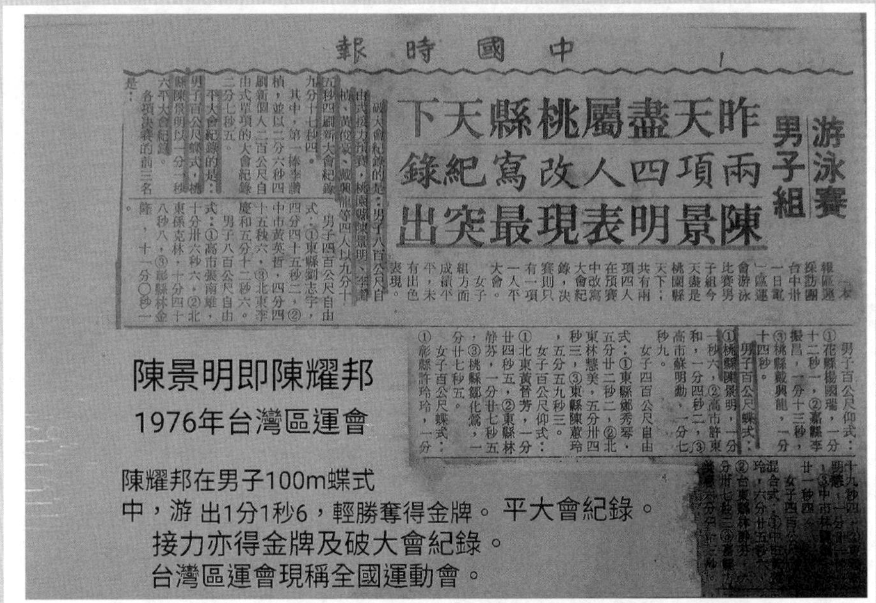

中國時報

游泳賽 男子組

昨天盡屬桃縣天下

兩項四人改寫紀錄

陳景明表現最突出

陳景明即陳耀邦
1976年台灣區運會
陳耀邦在男子100m蝶式
中，游 出1分1秒6，輕勝奪得金牌。 平大會紀錄。
接力亦得金牌及破大會紀錄。
台灣區運會現稱全國運動會。

陳耀邦（陳景明）在臺灣區運會百
米蝶輕取金牌兼平大會記錄

星島日報 1975年9月

華人泳昨首日決賽三項創新績

陳耀邦登飛魚寶座

李雁婷劉少芳出色

今午續在銅灣池舉行廿項爭霸

1976 年華人泳賽
陳耀邦登飛魚寶座

香港工商日報, 1948-05-16

全運會專

男千五公尺自由式決賽 陳震南冠軍

男百公尺仰泳決賽

游泳總結

中國全運會（民國時期）
香港名將陳震南在千五米自由式輕取金牌

教練與運動員
Coach & Athlete

[illegible]

HKSI Head Swimming Coach Chan Yiu-hoi has devoted his life to the full-time coaching of elite athletes since the inception of the Jubilee Sports Centre (former HKSI). Despite the rigours and challenges he has endured for more than 20 years, he still finds his work immensely stimulating and rewarding. Here is Coach Chan's philosophy on coaching.

[illegible]

[illegible]

Starting Out, Setting Targets

Coach Chan started coaching when he took up swimming as a youngster. Now, he has more than 25 years of coaching experience under his belt – great experience, great memories and great lessons for life. According to Coach Chan, he began coaching at the time when sports in Hong Kong were not well-developed. When he was a student and his coach was tied up with other engagements, Chan started to fill in for him, taking care of the younger members of the swimming team. At the university, he was appointed as the leader and assistant coach of the school team, so it was very natural for him to go for a coaching career. After graduating from the University's Sports Faculty, Chan was hired as a sports teacher at a secondary school. His biggest break came with the establishment of the Jubilee Sports Centre in Sha Tin in 1982, which gave Chan an invaluable chance to become a full-time swimming coach at the Centre.

陳耀海
Chan Yiu-hoi

游泳教與樂
My Coaching Philosophy

陳耀海的文章

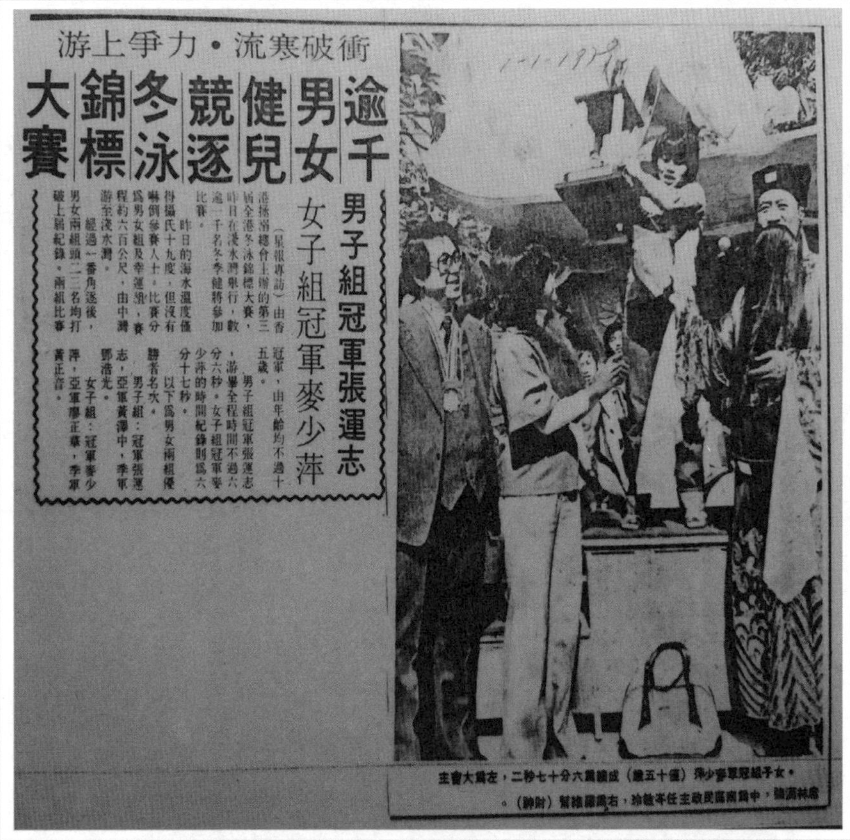

衝破寒流・力爭上游

逾千男女健兒競逐冬泳錦標大賽

男子組冠軍張運志 女子組冠軍麥少萍

（星報專訪）由香港拯溺總會主辦的第三屆全港冬泳錦標大賽，昨日在淺水灣舉行，數逾一千名冬季健將參加比賽。

昨日的海水溫度僅得攝氏十九度，但沒有嚇倒參賽人士。比賽分爲男女組及幸運組，賽程約六百公尺，由中灣游至淺水灣。

經過一番角逐後，男女兩組頭二三名均打破上屆紀錄。兩組比賽冠軍，由年齡均不過十五歲。

男子組冠軍張運志，游畢全程時間不過六分六秒。女子組冠軍麥少萍的時間紀錄則爲六分十七秒。

以下爲男女兩組優勝者名次。

男子組：冠軍張運志，亞軍黃澤中，季軍鄧浩光。

女子組：冠軍麥少萍，亞軍廖正華，季軍黃正音。

女子組冠軍麥少萍（僅十五歲）成績爲六分十七秒二，左爲大會主席林[illegible]，中爲南區民政主任[illegible]，右爲[illegible]（附圖）。

全港冬泳賽　張運志、麥少萍各奪男、女冠軍

Trophy row as Mak swims to a fourth win

2.1.81

南华早報

Mak Siu-ping swept to a fourth consecutive win in the New Year Winter Swimming Race yesterday — but was banned from collecting her trophy.

More than 800 swimmers took a chilly dip in the annual race from Middle Beach to Repulse Bay.

But this year there was a row over the eligibility of Miss Mak.

She won the women's 600-metre race in a time of 6 min 36 sec, but had to use her mother's name (Chan Wai-yung) to enter the race.

The organisers had banned her from the competition for allegedly keeping her championship trophy after she won the race for the third time last year.

According to new race regulations, she had to return the trophies to the organisers this year despite her winning record.

After threats from other teams that they would boycott the ceremony if Miss Mak was allowed to receive her cup, a friend accepted it on her behalf.

Lai Wai and Ng Yuen-kai, both of Eastern Swimming Club, came in second and third.

The men's trophy was won by Cheung Wan-chee, in a time of 5 mins 50.9 secs.

Miss Mak and her trophy.

Nan Shan Swimming Club's Wong Chek-chung came second and Tsang Yee-ming of Kun Tong Swimming Club took third place.

It was tough racing for many swimmers, but especially for little Leung Chi-keung, a six-year-old boy who collapsed after his swim. He recovered after treatment at the beach.

The 800 swimmers came from 50 swimming clubs. The racing was organised by the Hongkong Life Guard Club and a local Chinese newspaper.

麥少萍（亞運代表）

香港工商日報, 1974-07-23

泳總選三位女好手
代表本港參加亞運
盧笑娟許健萍及李雁婷當選

【本報訊】香港業餘游泳總會，昨夕召開執委會議，通過遴派女泳員盧笑娟（南華）許健萍（中青）李雁婷、（海天）三人代表本港參加第七屆亞運游泳賽，同時選出游泳領隊教練曾坤鈺，定八月下旬前往伊朗德黑蘭參加競技。

會議中，游泳技術小組並將兩次選選測驗成績，提出討論，其中有女子二百公尺蛙泳（三分七秒八）和百公尺蛙泳（一分十九秒二）兩項創全港新猷，但該兩項全港新猷，昨未在會中追認。

水球小組報告水球活動，因場地關係，遲遲未能展開本季水球聯賽

三女將當選亞運代表

華僑日報, 1973-08-19

大川表示，邀來各武館，孫好手，在佔領優勢，

第四屆分齡游泳賽
女子二百公尺蛙式
盧笑娟破全港

特訊：香港蛙后盧笑娟，昨（十八）日下午在摩理臣山室內游泳池舉行之第四次分齡游泳賽，女子十五組以上組，二百公尺蛙式決賽，締三分八秒七，全港最高紀錄奪標，刷新其本人保持之香港最高紀錄三分十秒二。

盧笑娟破全港

DAY, NOVEMBER 2, 1970

Easy for our water babies

BY NEIL PERERA

A depleted Hongkong Schools' side yesterday proved their overall superiority when they convincingly trounced their counterparts from Thailand in the International Combined Schools Swimming meeting which concluded at the Kowloon Tsai pool.

陳耀邦

Chan Yiu-bon ... he was Hongkong's outstanding swimmer.

The margin of victory was 50 points—221 to 171. This was 30 points better than when Hongkong won the inaugural contest in Bangkok last year.

It was a superb collective effort by the young local swimmers. But a supremely fit Chan Yiu-bon—by virtue of his splendid record breaking effort in the 200 metres Individual Medley event—is worthy of special mention.

The 16-year-old Tang Keng Po student, the reigning Cross - Harbour champion, smashed Ronnie Wong Man-chiu's existing mark by as much as a staggering yet unbelievable 7.2 seconds.

Chan's record was but only one of four established yesterday. The others were lodged by Thailand's girl star Ginny Brewer in the 200 metres Individual Medley and Sangwal Nil-Orn in the 100 metres breaststroke—both of which will go down as All-Comers' records.

The other two went to Hongkong—a Colony Junior record by the Under 15 Girls and a Senior record by the Under 20 Girls in the 4 x 100 metres Medley Relays.

Two records

However, these two records may not gain official recognition in view of the fact

1970年港泰學生埠際游泳比賽　陳耀邦獲五面個人項目金牌
（破二百公尺個人混合式香港紀錄）

陳耀邦奪五金

體壇專家論盡亞運
亞運論壇
倪漢秋：七十年代籃球名將
天天日報
亞運會
亞運論壇
1986年

人物專訪

東方黑豹陳耀邦

叱咤本港泳壇十年 現正默默扶掖後輩

展飛

縱橫香港泳壇四年，而今回來，依然叱咤風雲的「東方黑豹」——陳耀邦是泳壇的長春樹，實力仍未老。

如果各位對於游泳界稍有涉獵，都應該記得這個黑實發壯、捲髮，常露笑容的游泳好手。陳耀邦游泳最佳的年齡早已逝去，但是，今天如果有人想打敗他，似乎還要費一番功夫斷鍊才成。

今年廿五歲的「黑仔」（陳耀邦的另一個人所常叫的花名），七八歲便開始練習游泳，從不間斷；至十一歲那年，便初露頭角，在全港公開賽小童組中勇奪冠軍。一九六六年，那時他才十二歲，第一次參加渡海泳便得到第十名。十四歲那年，即一九六八年更代表中華民國出席墨西哥的奧運會，與當時香港代表王敏超齊名。

背、蛙、蝶、捷泳皆精的黑豹一直是東方會員。自一九六九年起正式以東方會選手之名參加「拳泳賽」，開始其輝煌的游泳生涯。『時凡有他參加的賽事，別人想奪冠軍，似乎不可能。在以後幾年中他不斷刷新泳賽的新紀錄，至今還有幾項紀錄仍未爲港人打破。以渡海泳爲例，到今天他依然是最快紀錄的保持者。此項賽果創于一九七〇年，時間是十八分二十七秒六，他從香港飛魚選手中奪去了此項紀錄保持。

一九七四年，勇于上進的他，毅然放下了顯著的盛名，負笈台灣師範大學體育系。但他對游泳的熱情不減，每天，仍見他[illegible]個在偌大的泳池中苦練，甚至要求加練，[illegible]及大划手板來作重量訓練。在台期間，仍然囊括了不少泳賽的冠軍。

去年他畢業回港，便執教於[illegible]中學，默默負起扶掖後輩的工作。每天他均抽空去指導一些有潛質的青少年，希望能替香港泳壇培育新血。

對於香港泳壇，他感慨良多。他表示：基于場地、環境、人才訓練方面均不完善，故一直未能追上其他國家的水準。現今一輩的游泳選手，在個人方面已很少出現有特別突出的表現。他們的實力比較平均與普遍化。最後他表示：如果要改進本港的泳壇質素，必須多舉辦分區分齡賽，以鼓勵學生練習游泳，聘請外國資深的教練來任教，及引進先進國家的游泳理論等。

（人物專訪逢二、三、五刊出）

華僑日報, 1972-09-02

一年公曆一九七二年九月二日 星期六

港澳華人埠際泳賽
昨官塘主隊挫客軍
盧笑娟、陳耀邦分別破大會紀錄

（特訊）港澳華人埠際游泳賽，第十一屆賽事，昨夜在觀塘泳池舉行，觀衆甚多，港隊由郭廷文領隊，[illegible]列隊向觀衆行禮，並由港方郭廷文，澳方劉明新交換旗幟留念，[illegible]比賽便告開始，各隊兒以參加國際選手般雄心，務持奮鬥，作十四項角逐。

[illegible]港隊果然實實佔先，旗開得勝，女將盧笑娟，男將陳耀邦且破大會紀錄，澳隊[illegible]年來進步甚微，故祇有小數而敗，港隊以一一〇分比六十四分勝澳隊。

賽後雙方在[illegible]樓聚餐，首由港隊領隊郭廷文致詞，並請大家[illegible]，以便[illegible]社會服務，各會會長王關生，會長梁恩佳，澳隊劉明新等先後致詞，劉[illegible]表示向香港泳隊[illegible]學習，實在[illegible]他們泳術[illegible]進步，[illegible]最後由[illegible]陳漢宗[illegible]一衣帶水，實在應該多多聯絡。

在演辭中[illegible]港游泳會[illegible]，他演說大概未完，但要[illegible]作用，故[illegible]一渡，大會司儀人陳[illegible]便以[illegible]完了，[illegible]另一位[illegible]名，而[illegible]下，接着便是頒獎禮，大會由[illegible]，陳漢宗，[illegible]族，儀式簡單隆重，[illegible]一片[illegible]，[illegible]破紀錄[illegible]錄下：

破紀錄者：

女子一百公尺蛙式盧笑娟（港）一分廿七秒五。

女子式百公尺四人四式接力香港二分卅一秒一。

男子一百公尺蝶式陳耀邦（港）一分〇六秒一。

平紀錄者

男子一百公尺背泳陳耀邦（港）一分十一秒四。

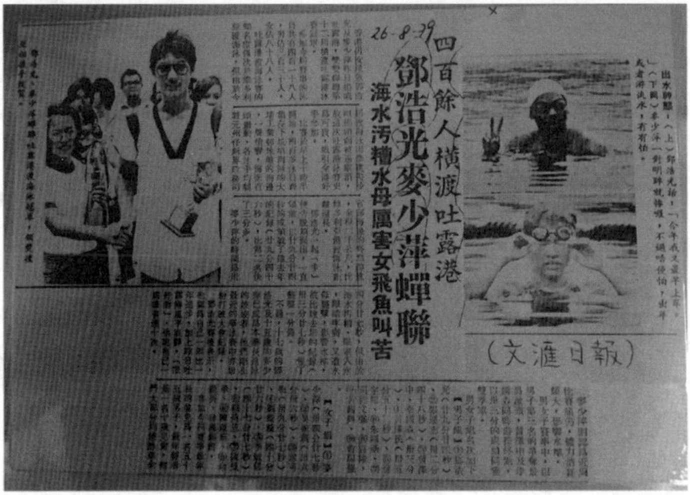

26-8-79

四百餘人橫渡吐露港

鄧浩光麥少萍蟬聯

海水污糟水母厲害女飛魚叫苦

（文滙日報）

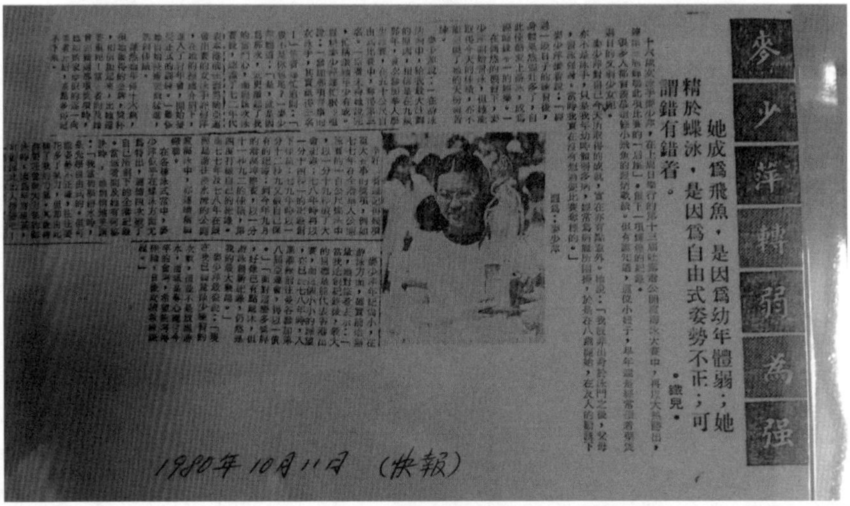

麥少萍轉弱為强

她成爲飛魚，是因爲幼年體弱；她精於蝶泳，是因爲自由式姿勢不正；可謂錯有錯着。

•鐵兒•

1980年10月11日（快報）

4-8-1979

全港公開橫渡淺水灣泳賽

黎榮來麥少萍分膺男女盟主

金宇龍小童組掄元三百人參加

林漢强主席希望賽會每年舉

（華僑日報）

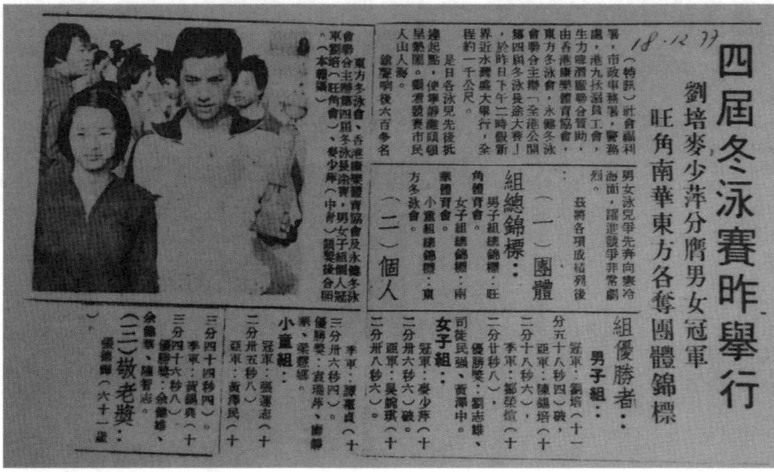

18.12.77

四屆冬泳賽昨舉行

劉培麥少萍分膺男女冠軍

旺角南華東方各奪團體錦標

（特訊）社會福利署，市政事務署，警務處，港九扒艇員工會，生力啤酒聯合贊助，由香港康樂體育協會，東方冬泳會，永健冬泳會聯合主辦「全港公開第四屆冬泳長途大賽」，於昨日下午二時假新界近水灣畔大舉行，全程約一千公尺。

是日各泳兒先後抵達起點，使寧靜灘頭頓呈熱鬧。觀看競賽市民人山人海。

瞬聲響後六百多名男女泳兒爭先奔向寒冷海面，躍進競爭非常劇烈。

茲將各項成績列後：

（一）團體

組總錦標：

男子組總錦標：旺角體育會。

女子組總錦標：南華體育會。

小童組總錦標：東方冬泳會。

（二）個人

組優勝者：

男子組：

冠軍：劉培（十一分五十八秒四）破，

亞軍：陳錫培（十二分十八秒六），

季軍：鄒榮煊（十二分廿秒八），

優勝獎：劉志雄、司徒民强、黃澤中。

女子組：

冠軍：麥少萍（十二分卅六秒六）破。

亞軍：吳婉琪（十二分卅八秒六）。

季軍：譚蕙貞（十三分卅六秒四）。

優勝獎：袁瑞萍、謝靜群、梁慧娜。

小童組：

冠軍：張運志（十二分卅五秒八）

亞軍：黃澤民（十三分四十四秒四）。

季軍：黃錫興（十三分四十六秒八）

優勝獎：余德雄、余偉泰、陳智志。

（三）敬老獎：

張德輝（六十一歲）

東方冬泳會、香港康樂體育協會及永健冬泳會聯合主辦第四屆冬泳長途賽，男女子組個人冠軍劉培（旺角會）、麥少萍（中青）領獎後合照。（本報攝）

華僑日報, 1971-09-20

南華早報機構
香港拯溺總會 主辦渣打銀行支持

國際馬拉松拯溺賽完滿結束

吳惠波馬偉權 男
梁沼蓮盧笑娟 女 刷新紀錄

渣打銀行梅大衛伉儷主持頒獎
南華早報費紹賢致謝各方支持
馬汝擴何表揚泳員刷上屆紀錄
南華體育會勇奪全場總錦標獎

華人公開泳賽閉幕

陳耀邦李雁婷各獲四面金牌

東方囊括甲乙組總錦標

1976 年

帶領港將參加中國泳賽

食豆腐湯險梗死

陳耀海闖過鬼門關

一度嘔血・入院治療無礙

（本報上海專電）有人發誓時說：「食豆腐哽死。」你會笑他發假誓。但有人若飲豆腐湯險些兒窒息而死，你可能以爲是笑話，然而眞有其事，就是發生在香港隊游泳隊教練陳耀海的身上。

這個故事的主角陳耀海平時在飲食方面相當注意，而且有條不紊，豈料卻出意外。

陳耀海帶同泳手米高韋特來上海參加此間舉行的賽事，他抵埗後前往下榻的賓館晚膳，飲用豆腐湯時，突然感到喉嚨痛楚，呼吸困難，最初以爲「哽骨」，但豆腐湯內那有骨頭，且不斷有嘔血的現象出現，令人看到也不其然害怕起來，不知所措。

陳耀海立卽向有關人員求援，但等了一句鐘才召的士送他往醫院診治。經過醫治後，表示喉部受到割損而出血，血液流入胃內，當嘔吐時故有血液在內，並非身體有何不妥。

目前陳耀海已告無恙，昨晨並帶了米高韋特去試水，但表示現時喉部有不適之感，其他已無大礙。

陳耀海在上海飲豆腐湯送醫

林莉執教體院泳隊

香港體育學院游泳部總教練陳耀海（右），得到奧運會金牌泳手林莉協助教練工作，感到欣慰

林莉來港教香港泳隊

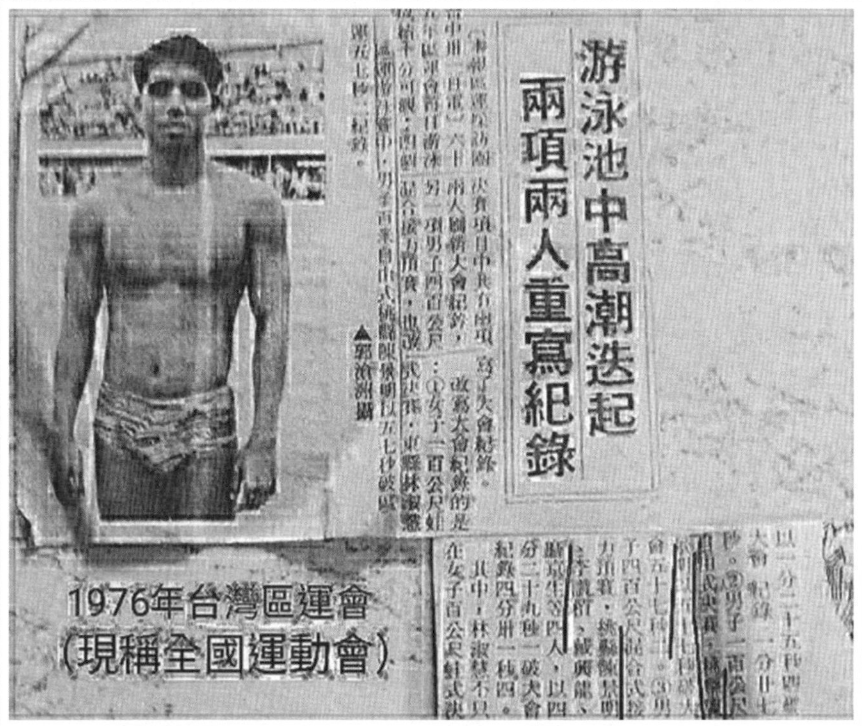
游泳池中高潮迭起
兩項兩人重寫紀錄
1976年台灣區運會
(現稱全國運動會)

陳景明（即陳耀邦）在區運會男子 100 米自由式中，輕奪金牌，時間 57 秒 0，破大會 57 秒 2 紀錄。

男高二百米蛙泳（右至左）冠
風，亞軍陳漢鍇，季軍鄒漢忠

東方冬泳會泳員

Young Post 青年報

Swim star

Swimmer gets through to Olympics

Girl fulfills mother's dream by qualifying for games in Sydney

SPORTLIGHT

No matter what hardships I will have to face, I will try to do my best

Award scheme recognises efforts of Hong Kong's junior athletes

趙善穎奧運游泳代表蛙后

東方日報
A48
中大女飛魚環「游」世界
趙善穎晒標章
東方體育
Oriental Sports
遇心頭好不惜挖荷包
趙善穎小資料
BUSAN 2002
01全運會
00奧運會
98亞運會

趙善穎香港奧運游泳代表蛙后

華僑晚報
體育
華泳大賽今日次夕決賽
陳耀邦王敏超再鬥背泳
昨夕創出四項新紀錄令人滿意

陳耀邦
王敏超

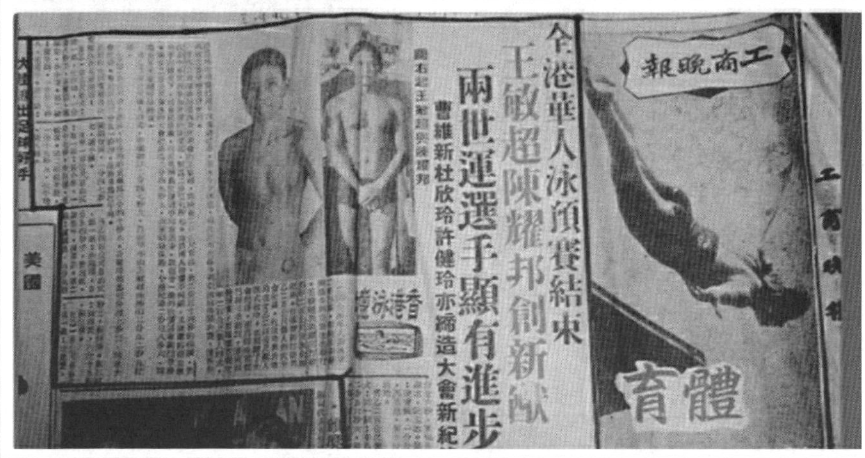
工商晚報
體育
全港華人泳預賽結束
王敏超陳耀邦創新猷
兩世運選手顯有進步
曹維新杜欣玲許健玲亦締造大會新紀
圖右起王敏超與陳耀邦
香港泳壇

華僑日報, 1990-09-24

男女共奪四面金牌

陳劍虹莊泳林莉謝軍全力建功

（法新社北京廿三日電）中國蛙泳選手陳劍虹今晚在亞運男子一百米蛙泳為中國奪得今屆亞運會的第一面游泳金牌，其餘日本泳手分別奪得銀牌和銅牌。

陳劍虹今年只得廿二歲，在預賽時只是第六個最好成績而得入決賽，但在決賽時却能夠力壓羣雄而奪得金牌，時間是一分二秒六，比其本人去年所創的亞洲紀錄一分二秒九四更快，銀牌是日本泳原勝敬一分三秒三七奪得銀牌。

中國女泳手莊泳大出風頭，在女子一百米自由式賽中以五五秒三〇奪得冠軍，為女子泳手中首先奪得冠軍的人物。

女子四百米個人四式泳，林莉勇奪金牌，替中國游泳隊更添獎牌，時間是四分卅九秒八八，這是昨晚亞運會游泳首日的中國泳隊共奪三面金牌。

男子二百米，中國泳手謝軍，更奪第四面金牌，時間是一分五十一秒九〇，在首日亞運會的游泳項目，中國隊泳手獲得四面金牌，可說是威風一時了。同時擊敗了由日本選手保持一分五十二秒三二的亞運紀錄。另一名中國選手王大力則獲得銅牌。

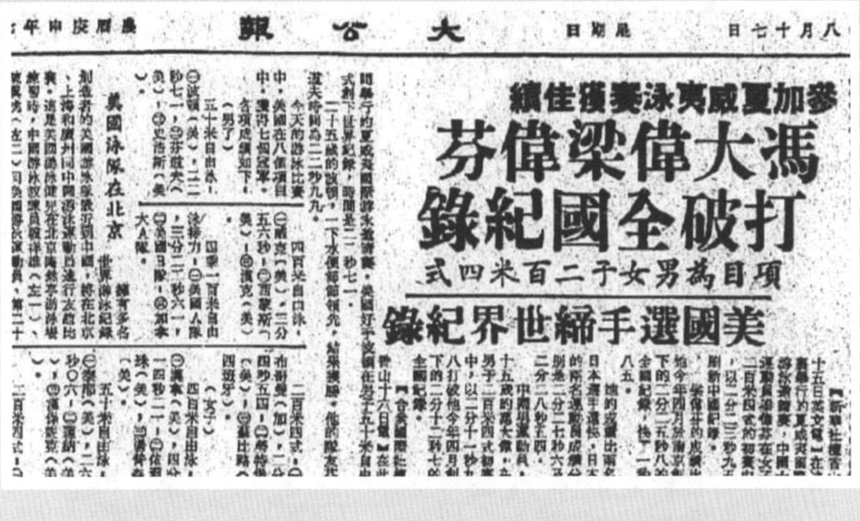

八月十七日 星期日 大公報 農曆庚申年

參加夏威夷泳賽獲佳績

馮大偉梁偉芬 打破全國紀錄

項目爲男女子二百米四式

美國選手締世界紀錄

【新華社檀香山十五日英文電】在此間舉行的夏威夷國際游泳錦標賽，中國[illegible]運動員梁偉芬在女子二百米四式的初賽中，以二分二三秒九五刷新中國紀錄。

梁偉芬的成績比她今年四月於南京創下的二分二五秒八的全國紀錄，快了一秒八五。

她的成績比兩名日本選手還快，日本的兩名運動員成績分別是二分二七秒六五、二分二八秒五四。

中國男運動員，十五歲的馮大偉，在男子二百米四式初賽中，以二分十一秒九八打破他今年四月創下的二分十二秒七的全國紀錄。

【合眾國際社檀香山十六日電】在此間舉行的夏威夷國際游泳邀請賽，美國好手茨頓在男子五十米自由式創下世界紀錄，時間是二二秒七一。

二十五歲的茨頓，一下水便節節領先，結果獲勝。他的隊友普夫時間為二二秒九九。

今天的游泳比賽中，美國在八個項目中，獲得七個冠軍。

各項成績如下：

（男子）

五十米自由泳：㈠茨頓（美），二二秒七一，㈡芬茲夫（美），㈢史治斯（美）。

四百米自由泳：㈠嘉克（美），三分五六秒，㈡西蒙斯（美），㈢漢克（美）。

四乘一百米自由泳接力：㈠美國A隊，三分二三秒六一，㈡美國B隊，㈢加拿大A隊。

二百米四式：㈠[illegible]布爾曼（加），二分四秒五四，㈡希特[illegible]（美），㈢蘇比路（西班牙）。

（女子）

四百米自由泳：㈠漢拿（美），四分一四秒二一，㈡佐[illegible]珠（美），㈢[illegible]（美）。

五十米自由泳：㈠梁那（美），二六秒〇六，㈡渡納（美），㈢[illegible]（美）。

二百米四式：㈠……

美國泳隊在北京

擁有多名世界游泳紀錄創造者的美國游泳隊最近到中國，將在北京、上海和廣州同中國游泳運動員進行友誼比賽。這是美國游泳健兒在北京陶然亭游泳場練習時，中國游泳教練員穆祥雄（左一）、[illegible]（左二）同美國游泳運動員，第二十……

（二）蔡俟發對柏

家順。

被迫宣告取消，因此有……關客車在港賽程，據排……，乃明智而頗合時宜之

華人游泳錦標賽首夕決賽

敏超百背可創新猷
耀邦四百四式無敵

（本報專訊）中華業餘游泳聯會主辦的廿四屆華人游泳錦標賽，經于上週預賽，先後經三項大會新猷（女甲二百個人四式泳，男乙百公尺，四百公尺自由式），各組實力，已見端倪，賽會定今（六）日下午七時起，一連兩天，假銅鑼灣政府池展開最後決賽，本屆大會不收門劵，寄語泳迷宜及早臨場，以免向隅，欣賞每年一度飛胞人魚翻波逐浪，互較泅技高下好戲。

今夕七時，首日決賽，十九項爭霸（男子甲組七項，乙組四項，乙各佔四項）男甲百公尺自由式和百公尺背泳，海天王敏超將蟬聯皇座，背泳有翻新港紀錄可能。東方舍陳耀邦，將在四百個人四式泳一枝獨秀，百公尺蛙泳，張會本獨擅勝場，可蟬聯錦標。千五公尺自由式，東方陳耀海與海天戴伊仁將互爭首席，未知鹿死誰手。二百蝶泳，本屆僅李浩文一人報名，可見蝶泳水準之低落。四百式接力泳，海天奪標呼聲最濃。

女甲四項爭霸，南華梁沼蓮有取勝四百自由式和二百個人四式泳兩面金牌希望，二百蛙泳，盧笑娟曾旺卿兩亞運代表可分佔冠、亞軍兩名，其餘如戴伊莉杜欺玲，葉佩英均有上名希望，四百式接力，南華奪標呼聲最濃，東方，中青，海天將互爭次席。

男乙四項決戰，海天蔡永健可穩勝百公尺自由式，他在預賽已締六三秒三，大會新猷，且看今夕能否再度翻新。百公尺背泳，趙展鴻勝望較高，南華佘永漢可爭一席。百公尺蛙泳，壓丞亮，吳惠波，廖國照，張全達，李英強，五小將實力接近，將有劇爭，未知鹿死誰手。

女乙二百蛙泳，中青廖美華，南華歐陳寶珠實力相埒，將有熱烈爭逐，二百自由式，東方許健明勝朝頗高，五十蝶泳勵進會胡讚明泅技優，奪標呼聲稍高。二百四式聯力泳，中青，東方，南華，實力接近，將有硬戰，但仍以中青贏面稍高。

（寄萍）

王敏超　陳耀邦

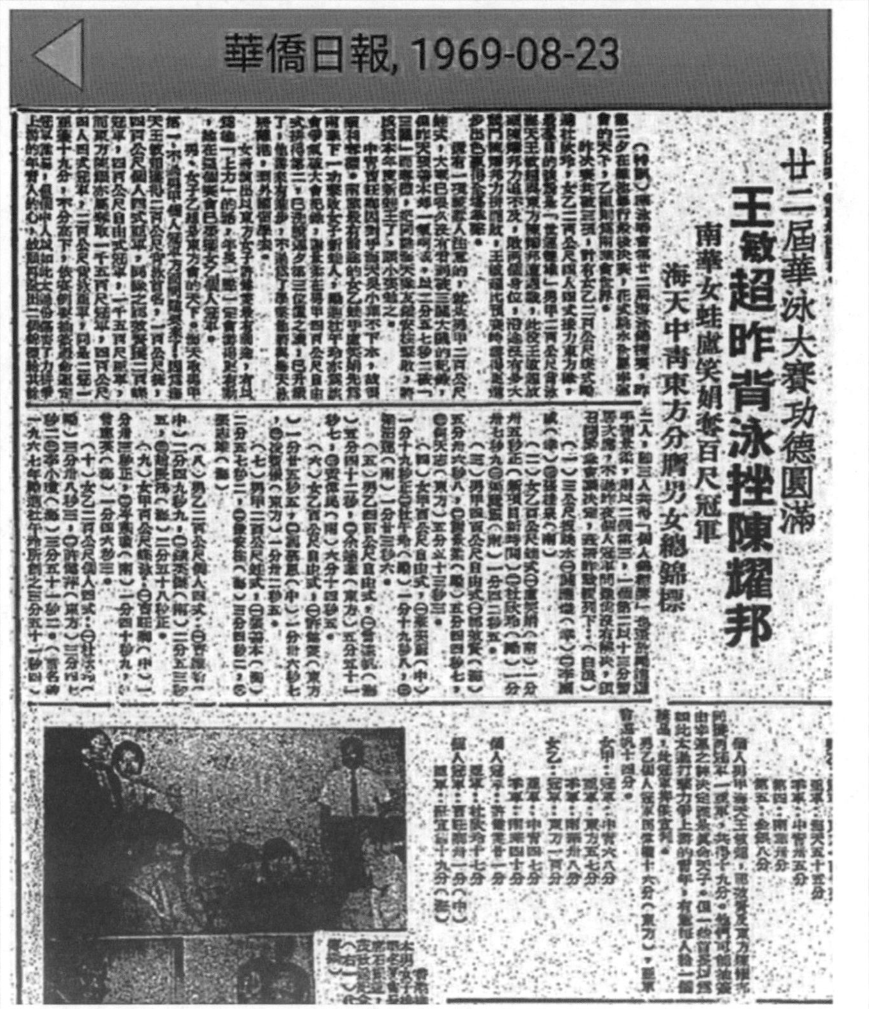

華僑日報, 1969-08-23

廿二屆華泳大賽功德圓滿

王敏超昨背泳挫陳耀邦

南華女蛙盧笑娟奪百尺冠軍

海天中青東方分膺男女總錦標

華泳賽王敏超背泳擊敗陳耀邦

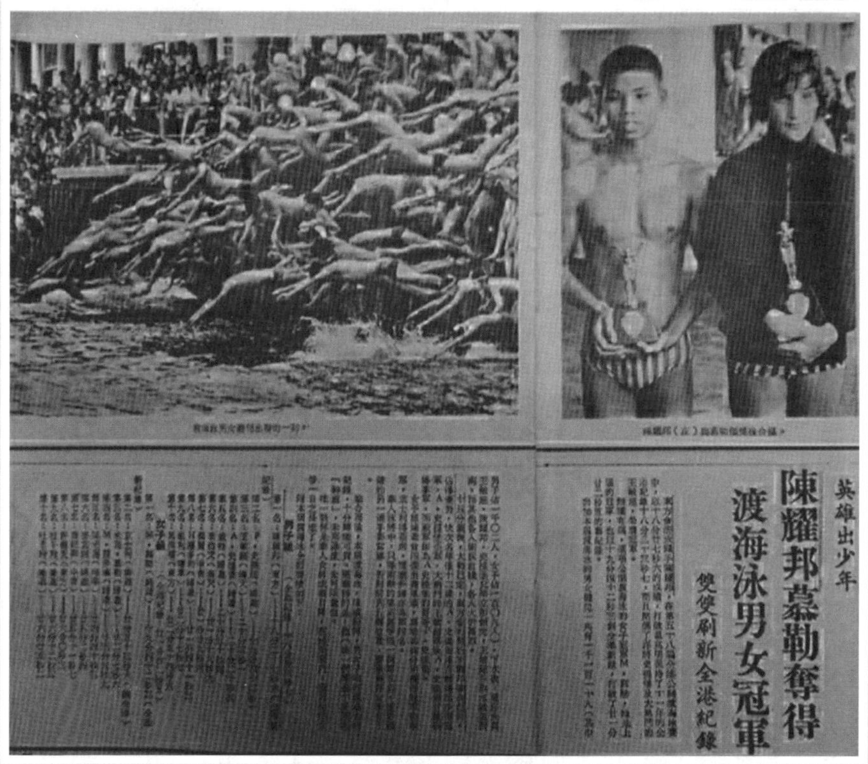

英雄出少年
陳耀邦慕勒奪得
渡海泳男女冠軍
雙雙刷新全港紀錄

香港渡海泳賽
男冠軍：陳耀邦
女冠軍：王敏超

工商晚報, 1969-08-22

華泳昨夕決賽刷新四項紀錄

四百公尺個人四式 陳耀邦擊敗王敏超

女乙五十公尺蝶式，許健玲有良好收穫。

公開全港華人游泳決賽第一晚，昨夕七時在銅鑼灣維多利亞游泳池舉行，昨晚的決賽又破四次大會紀錄，連同兩晚預賽，即先後已創八項新猷。

昨晚決賽破大會紀錄者，計爲男甲及女乙各兩項，男甲一百公尺自由式海天王敏超，以五八秒五，打破由溫兆明所保持的五八秒六大會紀錄，男甲四百公尺個人四式泳，東方陳耀邦，以五分三六秒六，打破由陸經緯所保持的五分三七秒大會紀錄。女乙五十公尺蝴蝶式，東

王敏超展開劇鬥，至第三個「塘」背泳，爭持劇烈，惟賽至二百公尺時，陳耀邦已佔先了一個身位，第五個「塘」展開蛙式的競賽，陳耀邦益見佔先，最後的一百公尺捷泳，「黑豹」愈泳愈快，結果打破了大會紀錄。

各項成績一覽

昨晚決賽各項成績如下：

高台跳水：（一）關

男乙一百公尺自由式

盾足球賽

陳耀邦四百四式擊敗王敏超

香港工商日報, 1968-09-23

渡海泳賽浪花飛濺

男子冠軍王敏超 時間廿一分卅一秒六

女子冠軍曹旺卿 時間廿八分卅一秒二

1968 年香港渡海泳賽

男冠軍：王敏超　女冠軍：曹旺卿

華僑日報, 1985-04-14

游泳名將王敏超 榮膺保良局主席

本港水國好手王敏超，六八及七二年曾代表香港出席奧林匹克運會，八三膺選十大傑出青年，畢業美國佛羅里達州理工學院工商管理碩士，且獲英國職業水底工程學院文憑，王氏不特學貫中西，允文允武，此次榮膺，深慶得人。

游泳名將王敏超

香港工商日報, 1970-06-11

入一球，又將星島扳成一

陳世寬飛騎頭

泳總參加聯運遴選賽

一百公尺自由式 王敏超破港紀錄

成績爲五十七秒一

【本報訊】香港游泳總會，昨夕在港府泳池舉行本港參加第九屆英聯邦運動會游泳遴選賽。參加泳員十人（男子七人，女子三人），短途名泳將王敏超百公尺自由式泅五七秒一，創全港新猷，並泅破五七秒四遴選標準，爲昨日遴選賽會唯一合格泳手。

四海保齡球場與源和酒行際保齡分聯賽昨日舉行上週的個單個獎錢由洪紅頒獎與胡子傑時

。其餘較佳成績泳手有京士剌百公尺自由式（七三秒），蘇宜茜百公尺蝶泳（八五秒八）較遠水準，但未達遴選標準。聞泳總召開會議後，再決定正式遴派泳手云。昨日較佳遴選成績錄後：

王敏超：百公尺自由式，五七秒一（全港新紀錄，並破五七秒四遴選標準）。百公尺背泳，七一秒二（遴選標準六七秒正）。

京士剌：百公尺自由式，七三秒正（遴選標準七十秒正）百公尺蝶泳八七秒正（遴選標準七五秒）。

蘇宜茜：百公尺蝶泳八五秒八（遴選標準七五秒正）。

南華游泳部訓練班招生

香港工商日報, 1970-10...

渡海泳賽空前熱鬧
東方陳耀邦得冠軍
M慕勒蟬聯女后座
一陸軍泳員中途突失踪

（男子組成績）

㈠陳耀邦（東方）十八分廿七秒六（全港新紀錄）
㈡P．史提凡（婦遊）十九分四二秒一
㈢王敏超（海天）廿分三秒一
㈣A．史提連（婦遊）廿分廿秒五
㈤威特（婦遊）廿分五十秒四
㈥李神文（海天）廿一分十九秒六
㈦傑賢（中青）廿一分廿九秒六
㈧H．墨多拉（婦遊）廿一分四一秒三
㈨祖利（陸軍）廿二分十七秒七
㈩馬偉楨（東方）廿二分五四秒六

（女子組成績）

㈠M．慕勒（婦遊）十九分四二秒三（全港紀錄）
㈡京士莉（婦遊）廿分五三秒六（破全港）
㈢米高慕勒（婦遊）廿二分七秒六
㈣M．墨多娜（婦遊）廿三分五秒九
㈤梁紹巡（南華）廿四分四十秒三
㈥蔡當娜（婦遊）廿五分二秒四
㈦曾旺卿（中青）廿五分十一秒七
㈧許健雯（東方）廿六分〇秒三
㈨杜午玲（鳳凰會）廿六分十二秒五
㈩杜恩玲（勵進會）廿六分廿五秒二

陳Sir論游泳

2019年8月16日下午11:04・

——2019年世界杯泳賽（新加坡站）——女子100m背泳影片

歐鎧淳（第3線）在決賽游1分00秒22，得銅牌，破香港紀錄1分0秒38，得奧運入場券（A標：1分0秒25）（個人項目）

——環地中海系列泳賽 canet en roussillon ——第一天

. 何詩蓓共得1金1銅

甲.冠軍：

（1）200米自由式　何詩蓓　1分56秒91

乙.季軍：

（1）50米自由式　何詩蓓　24秒92

華僑日報, 1986-08-27

卅九屆全港華人游泳大賽
四項大會新猷

二百蝶式曾意銘二分十秒六四
百米蛙泳屈金城一分七秒五九
百米背泳葉賀民一分三秒九二
四百四式接力四分卅三秒四六

（特訊）中華業餘游泳聯會主辦第三十九屆全港華人游泳比賽，昨晚假維園泳池舉行首晚決賽。全部共有十四項賽事，由於各泳會實力接近，加上爭奪積分要緊，故賽事進行十分激烈

菲利浦莫理斯亞洲集團
作爲主要贊助人。港隊

華僑日報, 1991-10-26

校際游泳賽第一組成績

男子甲組

項目	第一名	第二名	第三名	第四名	第五名	第六名	成績
二百蛙泳	呂榮德	梁志雄	徐匡慈	李志堅	黃達成	蘇俊仁	二分三八秒七五
五十背泳	蔡偉臣	朱磊	吳銘傑	林蛟	阮大偉	麥加山	二九秒三三
個人四式	張向艮	麥當勞	胡劍豪	梁嘉偉	劉家倫	尹子威	二分二五秒〇九
百米蛙泳	呂榮德	梁志雄	徐臣慈	李志堅	仇勁津	黃達成	一分十二秒〇九
百米自由	胡達昌	張向艮	必治奧	李志偉	鄭子溮	潘偉東	五五秒二九
百米背泳	蔡偉臣	朱磊	吳銘傑	林蛟	黃渝翔	麥加山	一分〇二秒〇八
五十蝶泳	胡劍豪	潘偉東	傑立	劉文倫	梁嘉偉	韋浩志	二八秒九五
二百自由	麥當勞	必治奧	胡達昌	李志偉	尹子威	黃渝翔	二分十秒四〇
四式接力	男拔萃	聖約瑟	宮瑪利諾	港島	國際	佐治五校	二分〇秒二二
二百接力	皇仁	聖約瑟	男拔萃	宮瑪利諾	喇沙	港島	一分四五秒九三
男子乙組							
二百蛙泳	李子駿	黃瑞曦	述活	何漢榮	江健豪	鄭以勤	三分四〇秒三五
五十自由	敝果	陳浩德	孫國健	林國樑	葉點心	方鎮江	二五秒八二七
五十背泳	[illegible]	[illegible]	[illegible]	[illegible]	[illegible]	[illegible]	[illegible]

華僑日報, 1991-10-26

校際泳賽喜見新人輩出
十五項創大會新猷
聖若瑟拔萃列前茅
蔡偉臣百米背泳一分二秒〇八
女子伍劭斌彭穎瑤各締兩新績

校際泳賽經多日激烈角逐，已於昨日閉幕，在最後一日的第一組決賽中，實力强勁的聖若瑟男隊與拔萃女隊雙雙衛冕成功。

男子組聖若瑟書院與拔萃曾有激烈爭持，結果前者以三百六八分力壓男拔萃三百四七分。女子組拔萃一枝獨秀，在未受任何威脅下

另接力賽，二百接拔萃二分〇三秒八一，二百混合接力拔萃甲、乙、丙組皆創新猷。國際學校甲組混合接力亦告打破大會紀錄。

男子組個人新紀錄僅產生一項，港隊泳手蔡偉臣助母校拔萃奪取男甲百米背泳錦標，並以一分二秒〇八締新。

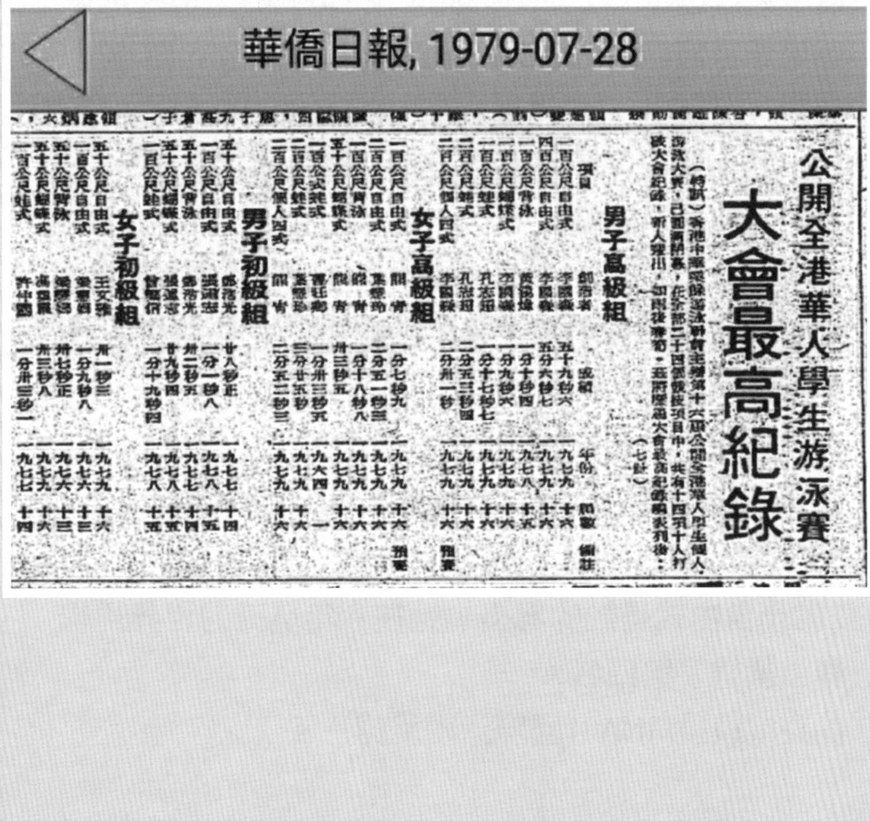

華僑日報, 1979-07-28

公開全港華人學生游泳賽

大會最高紀錄

（特訊）香港中華業餘游泳聯會主辦第十六屆公開全港華人學生個人游泳大賽，已圓滿結束，在全部二十四個競技項目中，共有十四項十人打破大會紀錄，新人輩出，如[illegible]後[illegible]前，茲附歷屆大會最高紀錄表列後：（七鈺）

男子高級組

項目	創紀錄者	成績	年份	屆數	備註
一百公尺自由式	李國森?	五十九秒六	一九七九	十六	
四百公尺自由式	李國森	五分六秒七	一九七九	十六	
一百公尺背泳	[illegible]	一分十秒四	一九七八	十五	
一百公尺蝴蝶式	[illegible]	一分九秒六	一九七九	十六	
一百公尺蛙式	孔[illegible]	一分十七秒七	一九七九	十六	
二百公尺蛙式	孔[illegible]	二分五三秒四	一九七九	十六	
二百公尺個人四式	李國森	二分卅一秒	一九七九	十六	預賽

女子高級組

項目	創紀錄者	成績	年份	屆數	備註
一百公尺自由式	關[illegible]青	一分七秒九	一九七九	十六	預賽
二百公尺自由式	[illegible]	二分五一秒三	一九七九	十六	
一百公尺背泳	關[illegible]青	一分十八秒八	一九七九	十六	
五十公尺蝴蝶式	關[illegible]青	卅三秒五	一九七九	十六	
一百公尺蛙式	[illegible]	一分卅三秒五?	一九六四	一	
二百公尺蛙式	[illegible]	三分廿五秒	一九七九	十六	
二百公尺個人四式	關[illegible]青	二分五二秒三	一九七九	十六	

男子初級組

項目	創紀錄者	成績	年份	屆數
五十公尺自由式	[illegible]洛光	廿八秒正	一九七七	十四
一百公尺自由式	張[illegible]	一分一秒八	一九七八	十五
五十公尺背泳	[illegible]洛光	卅二秒五	一九七七	十四
五十公尺蝴蝶式	張[illegible]	廿九秒四	一九七八	十五
一百公尺蛙式	[illegible]	一分十九秒四	一九七八	十五

女子初級組

項目	創紀錄者	成績	年份	屆數
五十公尺自由式	王文[illegible]	卅一秒三	一九七九	十六
一百公尺自由式	[illegible]	一分九秒八	一九七六	十三
五十公尺背泳	[illegible]	卅七秒正	一九七六	十三
五十公尺蝴蝶式	[illegible]	卅三秒八	一九七九	十六
一百公尺蛙式	許中[illegible]	一分卅三秒一	一九七七	十四

陳Sir論游泳

2019年11月17日上午9:01 •

香港泳星何詩蓓（Siobhan Haughey）破兩項亞洲紀錄——

香港泳星何詩蓓（Siobhan Haughey）在ISL游泳比賽中 （短池） （馬里蘭大學、University of Maryland）破了兩項香港紀錄（暫未被香港承認） 。兩項亞洲紀錄。

在代表D.C. Trident的比賽中，Haughey以29.88秒在50蛙泳比賽中獲得第三名。破亞洲紀錄。(為2010年中國泳手趙瑾所創之29.9秒。)

並以1分51.99秒贏得了200m自由泳，此項成績破了亞洲紀錄（原紀錄為日本天皇泳星池江璃花子於2018年1月所創的1分52秒64。FINA紀錄)

200m自由式是她的專長，她在今年夏天的世界錦標賽上獲得了第四名。

此賽成績獲FINA（國際泳聯承認） 。

陳Sir 論游泳

——前香港泳總會長沙利士仙逝——

前香港泳總會長沙利士（Arnaldo de Oliveira Sales）仙逝，享年一百歲（1920年1月13日~ 2020年3月6日）

沙利士，大紫荊勳章（GBM），CBE，JP（太平紳士）。葡萄牙裔香港人，出生於中國廣州租界，8歲移居香港。

早期為域多利遊樂會（VICTORIA RECREATION CLUB；VRC）游泳部負責人，後為該會主席。

沙利士熱愛游泳運動，由於是洋人，和殖民地時英國洋人官員關係良好，對推展香港游泳運動大有幫助。

1952年香港首次派隊參加奧運（芬蘭、赫爾辛基），其是推手之一。是年奥運代表，衹有四人，全是游泳員（張乾文、郭錦娥、蒙迪路、絲依架）。是次政府衹資助少量金錢，路途遙遠，其它運動單位雖有心前往，卻望錢興歎，惟游泳總會及其它有心人努力籌措，在艱苦下終能成行。

沙利士曾為香港業餘游泳總會會長多年。曾長期擔任市政局主席、期間大力鼓吹及興建公眾游泳池。

後期為港協暨奧委會主席（至1999年）。

陳Sir論游泳新增了9張相片。

2019年8月31日下午12:17・

——1960年全港公開泳賽——賽果

. 溫兆明100米自由式破亞運紀錄（及全港紀錄），游58秒1。（破1958年亞運日本古賀學所創之亞運紀錄58秒3）

1.溫兆明為香港歷來泳員首個破亞運游泳紀錄。

2.溫兆明為香港1956年奧運游泳代表，1958年中華隊（台灣）亞運游泳代表（是屆沒出賽，因傳有人向大會投訴，說溫兆明双重國籍代表）。

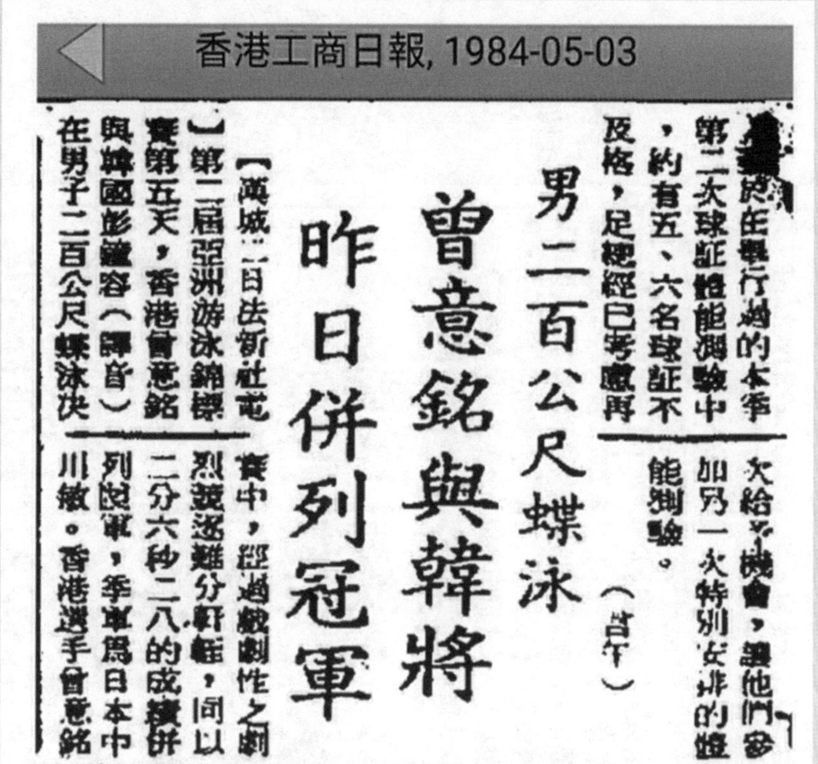

香港工商日報, 1984-05-03

[illegible]於在舉行過的本季第二次球証體能測驗中，約有五、六名球証不及格，足總經已考慮再次給予機會，讓他們參加另一次特別安排的體能測驗。

（[illegible]）

男二百公尺蝶泳

曾意銘與韓將

昨日併列冠軍

【漢城二日法新社電】第二屆亞洲游泳錦標賽第五天，香港曾意銘與韓國彭鐘容（譯音）在男子二百公尺蝶泳決賽中，經過戲劇性之劇烈競逐難分軒輊，同以二分六秒二八的成績併列冠軍，季軍爲日本中川敏。香港選手曾意銘與韓將同獲金牌，日本泳手得銅牌。

女子四百公尺四人四式接力泳，日本隊以四分廿八秒四二得金牌，韓國隊以四分三十秒七一獲銀牌，香港隊以四分三十七秒四一得銅牌。

香港女泳將許特，則在二百公尺個人四式泳幾得銅牌。

港燈爭取再升班

正物色甲組球員

亞洲游泳賽曾意銘二百蝶得冠軍

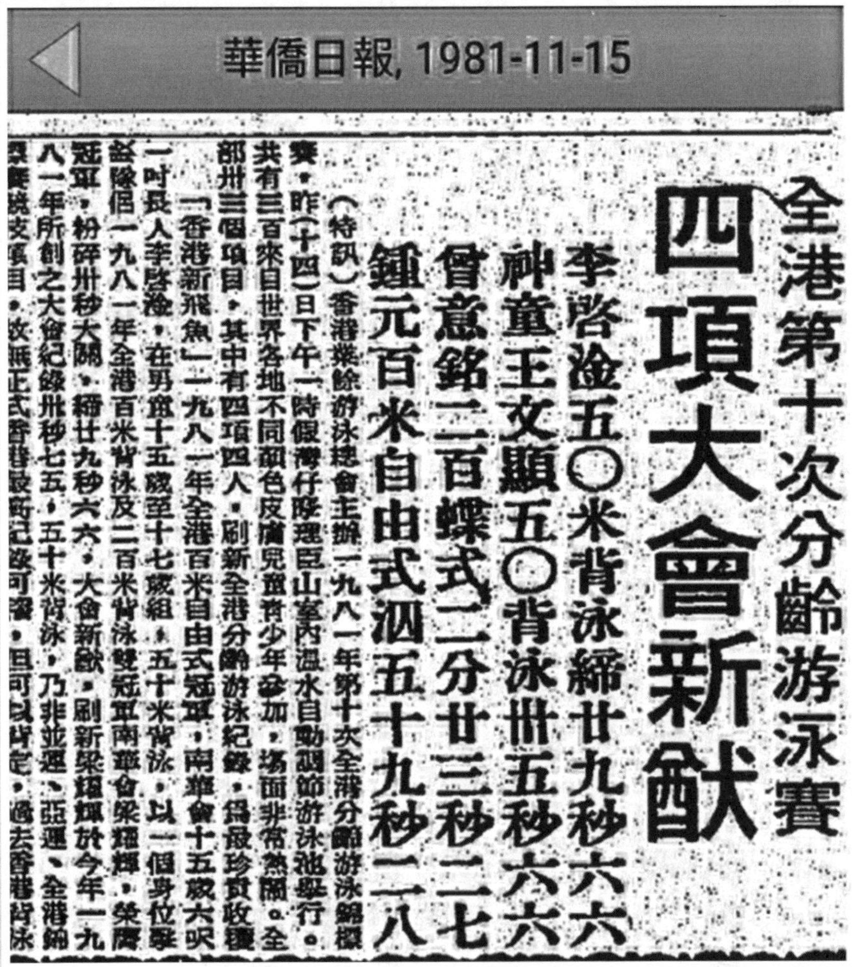

華僑日報, 1981-11-15

全港第十次分齡游泳賽

四項大會新猷

李啓淦五〇米背泳締廿九秒六六

神童王文顯五〇背泳卅五秒六六

曾意銘二百蝶式二分廿三秒二七

鍾元百米自由式泗五十九秒一八

（特訊）香港業餘游泳總會主辦一九八一年第十次全港分齡游泳錦標賽，昨（十四）日下午一時假灣仔摩理臣山室內溫水自動調節游泳池舉行。共有三百來自世界各地不同顏色皮膚兒童青少年參加，場面非常熱鬧。全部卅三個項目，其中有四項四人，刷新全港分齡游泳紀錄，得最珍貴收穫。「香港新飛魚」一九八一年全港百米自由式冠軍，南華會十五歲六呎一吋長人李啓淦，在男童十五歲至十七歲組，五十米背泳，以一個身位擊敗隊侶一九八一年全港百米背泳及二百米背泳雙冠軍南華會梁耀輝，榮膺冠軍，粉碎卅秒大關，締廿九秒六六，大會新猷，刷新梁耀輝於今年一九八一年所創之大會紀錄卅秒七五，五十米背泳，乃非奧運、亞運、全港錦標賽競技項目，故無正式香港最高紀錄可資，但可以肯定，過去香港背泳

大公報, 1958-08-20

女百公尺蛙泳決賽 柳玉森破全國紀錄

四百公尺混合式戴麗華創新績

【新華社旅大十八日電】三年前才正式學習游泳的十六歲的柳玉森（上海），今天在一級、健將級女子一百公尺蛙泳決賽中，以一分二十七秒六的成績，打破了蔡崇玲所保持的一分二十八秒七的全國紀錄。柳玉森是參加一級、健將級游泳跳水比賽中年紀最小的游泳選手之一。

今天同時在旅大市游泳池舉行的二十八個城市學生游泳跳水錦標賽中，莫宗超、洪宗和、岑煜基、岑錫儉等四名少年游泳選手，同時打破了去年少年男子一百公尺蛙泳一百二十三秒的紀錄，第一名莫宗超的成績是一分二十八秒八。

【中國新聞社旅大十八日電】上海市著名選手戴麗華昨天在女子四百公尺個人混合式游泳決賽中，以六分二十一秒的成績刷新了她自己去年創造的六分三十七秒六的全國紀錄。這是她今年以來第三次刷新這項全國紀錄。

王強立、符大進、
戴麗華已移居香港多年

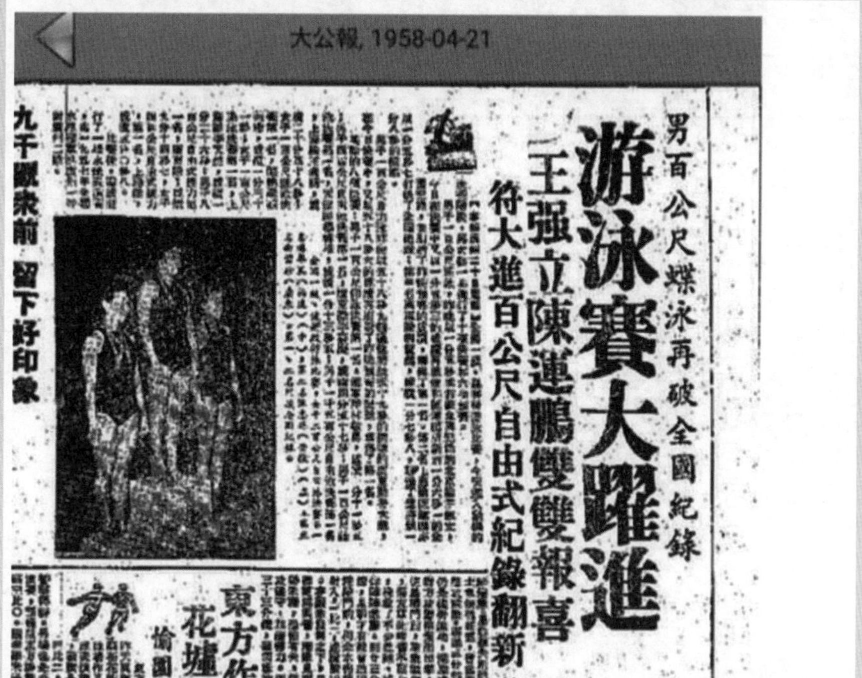

大公報, 1958-04-21

男百公尺蝶泳再破全國紀錄

游泳賽大躍進

王強立陳蓮鵬雙雙報喜

符大進百公尺自由式紀錄翻新

九千觀衆前 留下好印象

華僑日報, 1980-07-18

公開全港華人學生游泳大賽

今晚繼續舉行預賽

昨首夕預賽吳慶華符梅曾意銘成績佳

（特訊）香港中華業餘游泳聯會主辦，一九八〇年第十七屆公開全港華人學生個人游泳大賽，今（十八）日晚七時四十五分，繼續假銅鑼灣維多利亞公園游泳池，舉行次夕預賽，全部共八個預賽項目，分廿七組角逐。決賽定七月廿四日星期四晚七時三刻，仍假維多利亞泳池爭霸。

昨（十七）日晚全港華人學生泳賽在維多利亞游泳池揭開戰幔，舉行首夕預賽，全部共十個項目，有三項成績，小學生比中學生泅得快，為較佳演出。

女子初級組五十公尺背泳預賽銅鑼灣聖保祿小學十歲女神童吳慶華，在第二組預賽泅第一，成績卅八秒八，為三組預賽之冠。吳慶華是廣東東莞人，今秋升讀小學六年級。

女子初級組五十公尺蝴蝶式預賽，大角咀天主教小學五年級學生十一歲女童符梅，在第二組預賽泅第一，成績卅五秒五，為兩組預賽之冠。符梅原籍是福建人，印尼華僑後裔，父親是「亞洲最快飛魚」符大進。

男子初級組五十公尺蝴蝶式預賽，馬頭涌官立下午小學五年級，十三歲學生曾意銘，在第一組預賽泅第一，成績卅秒三，為三組預賽之冠。曾意銘是廣東潮州人，一九七八年來港。

茲將今日次夕預賽秩序，及昨夜首夕預賽獲得決賽權選手成績錄後：（七趾）

今晚預賽秩序

一、男子高級組一百公尺蝴蝶式。
二、男子初級組五十公尺自由式。
三、男子高級組二百公尺蛙式。
四、女子初級組一百公尺自由式。
五、男子高級組一百公尺背泳。

華僑日報
全球矚目
萬眾企待
即日（星期三）
作全世界隆重首映
球王妙技
The King In Action
陳炎明
羅德貞

球王妙技
監制人：羅德貞（昔日香港蛙后）
出品人：陳炎明（羅德貞丈夫）
大收旺場

08-05
華僑日報
1969年8月5日
一九六八年
港台游泳五傑
一九六八年港台游泳男子五傑表
◎男子一百公尺自由式
◎男子二百公尺自由式
◎男子四百公尺自由式
◎男子一千五百公尺自由式
◎男子一百公尺背泳
◎男子二百公尺背泳
◎男子一百公尺蛙式

港臺游泳五傑（1968 年底止）
香港有：王敏超、陳耀邦有項目排首位

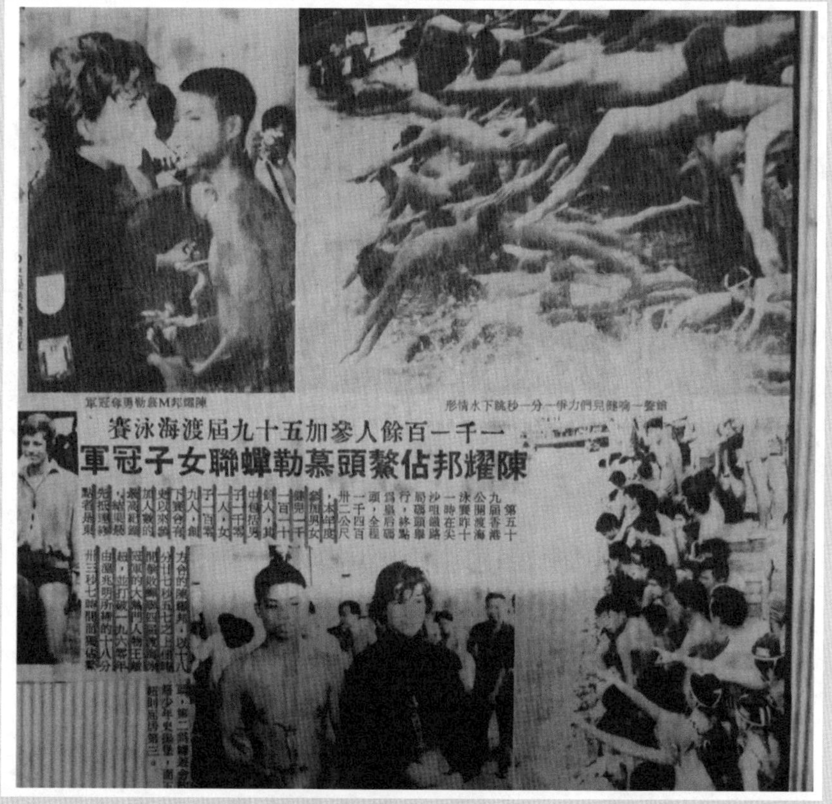
一千一百餘人參加五十九屆渡海泳賽

陳耀邦佔鰲頭慕勒蟬聯女子冠軍

陳耀邦M慕勒男女冠軍

鎗聲一响健兒們力爭一分一秒跳下水情形

1970 年香港渡海泳賽
男冠軍：陳耀邦；女冠軍：M.慕勒

港泰學生泳賽
香港首日領先
今天最後决鬥仍在九龍仔舉行

（時訊）第二屆港泰學生埠際游泳對抗大賽，昨（卅一）日下午二時在九龍仔泳池大揭幕，第一天比賽全部項目共廿個，香港贏得十四面金牌，泰僑奪得六個金牌，首日團體總分香港以壹二四分比九十二分，領先泰國卅二分。昨天共有兩項成績粉碎全港甲組紀錄，一項平香港最高紀錄，九項刷新大會紀錄，成績輝煌美不勝收。泰選手不習慣天寒水冷氣候以致演出大失水準，今（一）日下午二時卅十分繼續在九龍仔舉行最後一日比賽，全部總共十六個項目，由於泰國選手非常怕冷，成績大打折扣，香港可穩取第二屆泰港學生埠際對抗賽團體冠軍錦標。

昨日泰國選手總分雖然大大落後，但粉碎兩項全港紀錄，及一項平香港紀錄，全部均為泰國選手的傑作。男子甲組二百公尺蛙式，泰國高手生鸞寧安締二分五一秒九大會新獻領取金牌，並粉碎香港新蛙王張善本在今年全港週年大賽所創之二分五二秒二全港紀錄。男子甲組四百尺自由式接力，泰國隊締四分十五秒八大會新獻，既取冠軍並粉碎香港海天隊在今年全港週年大賽所創之四分十八秒五全港紀錄。女子甲組二百公尺蛙式泰國高手布營爾締三分十秒九大會新獻，平香港蛙后曹旺卿所保持之最高香港紀錄。布營爾在泰國最高紀錄是三分一秒正，因天氣影响，退步了九秒九。從港泰學生對抗賽首日看出，泰國男女蛙式是最佳看家本領，香港蛙將落後甚遠。茲將昨天首日全部優勝成績錄後：（七趾）

（男子甲組）
（廿歲以下）

四百公尺自由式：①陳耀邦（港）四分五九秒四，②P．波鐩邪森門（泰）五分正，③薩官瓦他邪（泰）五分二秒九五（前三名成績俱粉碎首屆大會紀錄五分三秒七，首名締大會新獻）。

二百公尺蛙式：①生鸞寧安（泰）二分五一秒九，②曹錦新（港）二分五九秒，③曹維新（港）三分〇秒七。（首名成績粉碎香港蛙王張善本所創之二分五二秒二，香港泳總公認之香港最高紀錄。首次名雙破首屆大會紀錄二分五九秒四，首名締大會新獻）

一百公尺背泳：①陳耀邦（港）一分九秒八，②沈哈帖廸（泰）一分十二秒五，③伯里（泰）一分十二秒七。

一百公尺蝴蝶式：①陳耀邦（港）一分七秒一，②賞內（泰）一分十二秒八。③推他雲（泰）一分十五秒一。

四百公尺自由式接力：①泰國隊（P波議邪森門．S波議邪森門，薩官凡他邪，戴利）四分十五秒八。②香港隊四分廿七秒八（首名成績粉碎海天隊今年在全港週年大賽所創之四分十八秒五香港泳總公認全港甲組紀錄，並刷新首屆大會紀錄四分十六秒二，締大會新獻

女子甲組
（廿歲以上）

四百公尺自由式：①布營爾（泰）五分卅七秒。②[illegible]（泰）五分五三秒二。③李迪亞（港）六分〇秒五。

二百公尺蛙式：①布營爾（泰）三分十秒九②盧笑娟（港）三分十七秒九。③碧蘊（港）三分[illegible]秒三。（首名成績平香港[illegible]旺卿所保持之香港最高紀錄[illegible]名雙破首屆大會紀錄[illegible]首名成績大會新獻）。

一百公尺背泳：①[illegible]一分廿六秒②布營爾（[illegible]）一分廿六秒五③蘇宜西（港）[illegible]

一百公尺蝴蝶式：[illegible]）一分廿三秒二。②克[illegible]一分卅秒七。③蘇宜西[illegible]卅五秒七。

四百公尺自由式接力：[illegible]隊（李迪亞、唐文英、[illegible]特）五分七秒八。②泰國[illegible]秒四。

男子乙組
（十五歲以下）

四百公尺自由式：①A．[illegible]（港）五分十六秒。②畢[illegible]（港）五分廿五秒四③塞克馬共（泰）五分廿五秒五。（首名成績破首屆大會紀錄五分廿秒七，締大會新獻）。

二百公尺蛙式：①M．[illegible]（泰）三分八秒七，②P．史[illegible]（港）三分十秒五③曼尼克（泰）三分十八秒四。

一百公尺背泳：①A．史提[illegible]

1970 年秋港泰學生泳賽

華僑日報, 1990-09-24

港泳將洪詩琪

打破香港紀錄

百米自由式第五名

（本報專訊）聞名香港泳壇的女飛魚洪詩琪今晚在本屆亞運女子百米自由泳決賽中勇奪第五名，並以五十九秒八〇的成績再次打破香港紀錄。另一名香港好手芒克．安妮．馬麗亦在女子四百米混合泳中位居第七。

香港泳壇宿將符大進表示，洪詩琪今年備戰亞運訓練成績不是太好，均在一分鐘外。此次預賽游出五十九秒七四，決賽又再次突破一分大關，且破香港紀錄，已甚爲難得。不過，今晚決賽，洪詩琪前半程用力太猛，若能很好調配自己的體力，可能會游得更好。

1990 年亞運女子 100 米捷泳洪詩琪得第五名

大公報, 1990-09-26

昨日游泳項目成績

女子游泳四乘一〇〇米自由泳接力：

第一名	中國	三分四六秒三九
第二名	南朝鮮	三分五六秒八一
第三名	印尼	三分五九秒五四
第四名	泰國	四分〇五秒一四
第五名	香港	四分〇六秒五三
第六名	新加坡	四分〇七秒八五

男子一〇〇米自由泳：

第一名	沈堅強	中國	五〇秒六一
第二名	謝軍	中國	五一秒〇二
第三名	理查德．貝拉	印度尼西亞	五一秒七九
第四名	韋米高	香港	五二秒一四
第五名	藤原勝教	日本	五二秒三四

男子 100 米捷泳，韋米高得第四名

香港工商日報, 1959-10-19
香港渡海泳賽
1959年
祁鳳霞
何漢炘
圖片說明
工商晚報, 1962-08-27
圖片說明：參加耶加達運動會的港選手，
在宿舍中玩撲克，聊爲消閒。圖中由左至右
：水球選手許俊耀
何漢炘

何漢炘兩屆香港亞運游泳代表

1959 年香港渡海泳賽

女冠軍：祁鳳霞

男冠軍：何漢炘

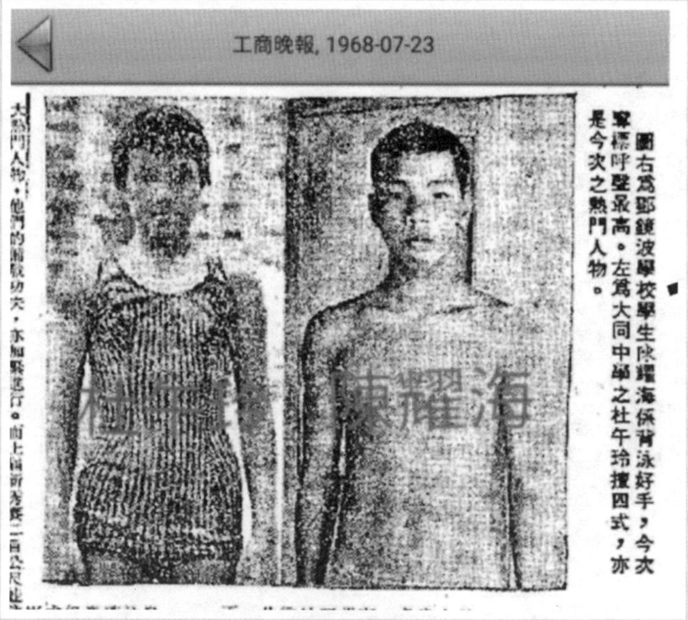
工商晚報, 1968-07-23

圖右為鄧鏡波學校學生陳耀海係背泳好手，今次奪標呼聲最高。左為大同中學之杜午玲擅四式，亦是今次之熱門人物。

杜午玲
陳耀海

華人學生泳賽陳耀海
杜午玲賽前大熱

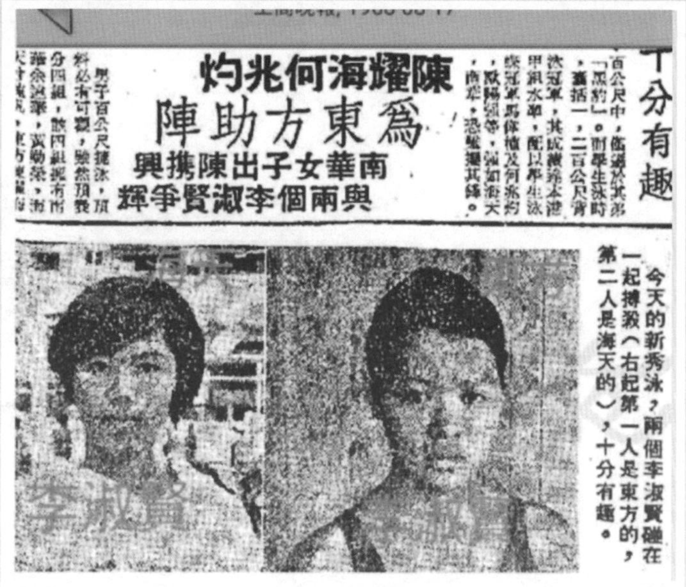
陳耀海何兆灼
為東方助陣
南華女子出陳携興
與兩個李淑賢爭輝

十分有趣

今天的新秀泳，兩個李淑賢碰在一起搏殺（右起第一人是東方的，第二人是海天的），十分有趣。

新秀泳賽　兩個李淑賢

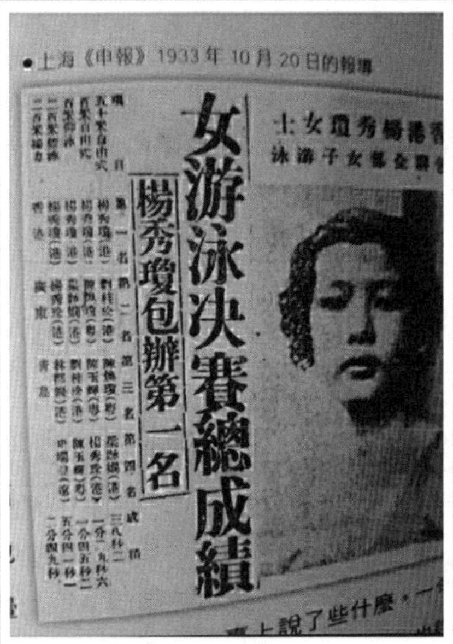

上海《申報》1933年10月20日的報導

香港楊秀瓊女士
獲全部女子游泳

女游泳決賽總成績

楊秀瓊包辦第一名

項目	第一名	第二名	第三名	第四名	成績
五十米自由式	楊秀瓊(港)	劉桂珍(港)	陳煥瓊(粵)	梁詠嫻(港)	三九秒二
百米自由式	楊秀瓊(港)	陳煥瓊(粵)	陳玉輝(粵)	楊秀珍(港)	一分二九秒六
百米仰泳	楊秀瓊(港)	梁詠嫻(港)	劉桂珍(港)	陳玉輝(粵)	一分四五秒二
二百米俯泳	楊秀瓊(港)	楊秀珍(港)	林[illegible](港)	申[illegible](滬)	五分四一秒一
二百米接力	香港	廣東	青島		二分四九秒

楊秀瓊中國全運會（民國時期）奪多面游泳金牌（1933 年）

1954年香港亞運游泳及水球隊合照
Cathay Pacific Airw
The HONG KONG
Swimming and Water Polo Teams
for the

1954 年香港亞運游泳及水球隊合照

香港蛙王戚烈雲第一個中華人民共和國之游泳紀錄，應是 1954 年 6 月 1 日國際兒童節游泳賽，在男子 100 米蛙式游 1 分 17 秒 2。

香港背王黃潭勝第一個中華人民共和國之游泳紀錄，也應是該日，男子 100 米背泳游 1 分 18 秒 2。

香港美人魚黃婉貞（名西醫黃錫滔女兒，知名家族）之女子 50 米自由式（35 秒 9）紀錄，則為梁樹妹所破。

, 1954-06-04

（總分）七一

穗市游泳比賽中

「蛙王」戚烈雲

創全國紀錄

百公尺蛙泳成績七七秒二

（總分）四

【本報廣州三日專訊】中南區體育工作大隊、廣州游泳隊和廣州業餘集訓隊隊員在越秀人民游泳場舉行慶祝「六一」國際兒童節的游泳比賽中，打破了多項一九五二年全國游泳比賽的最高紀錄。

女子五十公尺自由式：首名梁樹妹，成績卅五秒二；次名沈賢蕙，成績卅六秒五。一九五二年全國游泳賽成績是卅七秒六。（編者按：首名成績破黃婉貞於一九四八年在上海所創的卅五秒九的全國紀錄）

男子一百公尺俯泳甲（蛙式）：首名戚烈雲，成績一分十七秒二，一九五二年全國游泳賽成績是一分十九秒三。（編者按：戚烈雲的成績破李人在一九五三年於莫斯科創造的一分十七秒四的全國紀錄；又香港此項最高紀錄為一分十七秒八，亦為戚君所創）

男子一百公尺俯泳乙（蝴蝶式）：首名陳國衡，成績一分廿秒，一九五二年全國游泳賽的成績為一分廿一秒八。

男子一百公尺仰泳：首名黃潭勝，成績一分十八秒二，一九五二年全國游泳賽最高成績是一分廿一秒六。

十多年前，香港游泳教練會有個游向北京計劃，不妨回味：

【為使本港泳手在二〇〇八年奧運會中取得突破的成績，香港游泳教練會及贊助商將投資六百萬至八百萬港元，由下月起至〇八年八月期間舉辦一項名為「游向北京」的培訓計畫，並破天荒設立獎金制度。

被選中的泳手在長達七年的備戰計畫中，除每月可獲二千元資助外，每次刷新香港紀錄可獲三千元，若達標入選二〇〇四雅典奧運、二〇〇六多哈亞運及二〇〇八北京奧運，可分別獲得五萬、七萬五千及十萬元。而在北京取得金牌獎金卅萬元，銀牌及銅牌分獲廿萬及十五萬元。】

「游向北京」獎金分布表（港元）

訓練津貼	：	每月2千元	
打破香港紀錄	：	每次3千元	
入圍世界大賽	：	04年奧運	5萬元
		06年亞運	7萬5千元
		08年奧運	10萬元
08年奧運獎牌獎金	：	金牌	30萬元
		銀牌	20萬元
		銅牌	15萬元

第十章

游泳資訊、文件

2017最佳運動員獎項
SWIMMER OF THE YEAR 2017
TO Kenneth King Him
杜敬謙
HAUGHEY Siobhan Bernadette
何詩蓓
BEST IMPROVEMENT AWARD
CHEUK Ming Ho
卓銘浩
MOK Kai Tik Marcus
莫啟迪
CHAN Kin Lok
陳健樂
HO Nam Wai
何南慧

2017最佳教練獎項

COACH OF THE YEAR

CHEN Qin 陳勤

HARRY WRIGHT 教練紀念獎

YAN Ying 颜瓔

AGE GROUP COACH OF THE YEAR

CHEN Yan Yan 陳燕燕

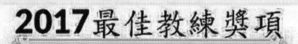

YU Ho Chi 余浩志

MOST PROMISING SWIMMER

WONG Benson
黃培燊

KAN Cheuk Tung Natalie
簡卓彤

體育精神獎

IP Rainbow
葉穎寶

WONG Yee Ching
黃懿澄

HONG KONG SWIMMING COACHES ASSOCIATION

President 會長	Coach CHAN Yiu Hoi	陳耀海教練
Vice President 副會長	Coach NG Yuk Kong	吳旭光教練
	Coach Chen Jian Hong	陳劍虹教練
Hon. Secretary 義務秘書	Coach LEE Chi Kwong	李志廣教練
Hon. Treasury 義務司庫	Coach CHEUNG Kwok Yu	張國瑜教練
Executive Committee Members 執行委員會	Coach CHUI Wai Chun	崔瑋俊教練
	Coach LEUNG Wing Wah	梁榮華教練
	Coach SETO Man Keung	司徒民強教練
	Coach TSANG Yi Ming	曾意銘教練
	Coach YU Ho Chi	余浩志教練
	Coach ZHANG Di Yong	張狄勇教練
Director of Education 教練進修主委	Mr. YEUNG Kam Tat	楊錦達先生
Director of Information 資訊部主委	Mr. Alvin TAM	譚家寶先生
Accountant 核數師	YCA Partners CPA Limited	越峰會計師事務所有限公司

Sponsored by: TYR

2019年美國公開泳賽

香港何詩蓓在女子200m自由式中得亞軍

TOYOTA
U.S. OPEN

2019 Toyota U.S. Open Championships

Atlanta, GA

December 4 - 7, 2019

Event 113 6 DEC 2019 - 07:53 Women's 200m Freestyle

Results

Event Number 13

	Record	Splits			Name	NAT Code	Location	
WR	1:52.98	27.34	55.60	1:24.38	PELLEGRINI Federica	ITA	Rome (ITA)	29 JU
AR	1:53.61	27.18	55.38	1:24.35	SCHMITT Allison	USA	London (GBR)	31 JU
US	1:54.40	27.01	55.61	1:24.89	SCHMITT Allison	USA	Omaha, NE (USA)	28 JU
CR	1:57.41	27.77	57.75	1:27.45	MANUEL Simone	USA	Atlanta, GA (USA)	6 DE
WJ	1:54.81				RUCK Taylor	USA	Gold Coast (AUS)	5 AF

Final B

Rank	Lane	Name	NAT Code	R.T.	50m	100m	150m	Time
1	3	LEDECKY Katie	NCAP	0.67	(1) 27.32	(1) 56.47 29.15	(1) 1:26.31 29.84	1:56.24 29.93
2	4	COMERFORD Mallory	CARD	0.67	(3) 27.81	(2) 57.86 30.05	(2) 1:28.61 30.75	1:59.10 30.49
3	1	DRABOT Katie	UN-PC	0.74	(8) 28.36	(8) 58.95 30.59	(5) 1:29.06 30.11	1:59.17 30.11
4	6	DELOOF Catie	TE-NC	0.65	(5) 28.11	(4) 58.10 29.99	(3) 1:28.75 30.65	1:59.40 30.65
5	5	SMITH Regan	RIPT	0.71	(2) 27.65	(3) 57.95 30.30	(4) 1:28.88 30.93	1:59.67 30.79
6	2	RASMUS Claire	AGS	0.65	(7) 28.21	(5) 58.50 30.29	(6) 1:29.32 30.82	1:59.78 30.46
7	8	KRAUS Alena	UOFL	0.71	(6) 28.20	(7) 58.69 30.49	(8) 1:30.01 31.32	2:00.74 30.73
8	7	STEPANEK Chloe	LIAC	0.69	(4) 28.10	(6) 58.60 30.50	(7) 1:29.87 31.27	2:00.76 30.89

Final A

Rank	Lane	Name	NAT Code	R.T.	50m	100m	150m	Time
1	5	SCHMITT Allison	SUN	0.75	(4) 27.89	(1) 57.07 29.18	(1) 1:26.54 29.47	1:56.47 29.93
2	3	HAUGHEY Siobhan	HKG	0.75	(5) 27.90	(6) 57.84 29.94	(3) 1:27.53 29.69	1:57.14 29.61
3	4	MANUEL Simone	ALTO	0.80	(2) 27.84	(4) 57.72 29.88	(2) 1:27.47 29.75	1:57.21 29.74
4	7	BROWN Erika	TENN	0.71	(3) 27.85	(2) 57.47 29.62	(4) 1:27.82 30.35	1:57.68 29.86
5	6	MADDEN Paige	UN-VA	0.74	(6) 28.07	(5) 57.77 29.70	(5) 1:27.83 30.06	1:58.09 30.26
6	2	SMITH Leah	FORD	0.73	(8) 28.27	(7) 58.55 30.28	(7) 1:28.99 30.44	1:59.27 30.28
7	1	COX Madisyn	TXLA	0.68	(1) 27.77	(3) 57.68 29.91	(6) 1:28.03 30.35	1:59.35 31.32
8	8	DELOOF Gabby	TE-NC	0.72	(7) 28.26	(8) 58.80 30.54	(8) 1:29.61 30.81	2:00.71 31.10

SWIMMING CHAMPIONSHIP

Year	Name of Competition	Championship
2013-2014	HK Age Group Short Course Swimming Championship	Age 10 & under Girl's Overall High Point Swimmer
2014-2015	HK Age Group Long Course Swimming Championship	Age 10 & under Girl's Overall High Point Swimmer
2015-2016	HK Age Group Long Course Swimming Championship	Age 11 & 12 Girl's Overall High Point Swimmer
2015-2016	HK Age Group Short Course Swimming Championship	Age 11 & 12 Girl's Overall High Point Swimmer
2016-2017	HK Age Group Long Course Swimming Championship	Age 11 & 12 Girl's Overall High Point Swimmer
2017-2018	HK Age Group Long Course Swimming Championship	Age 13 & 14 Girl's Overall High Point Swimmer
2017-2018	HK Age Group Short Course Swimming Championship	Age 13 & 14 Girl's Overall High Point Swimmer
2018-2019	HK Age Group Long Course Swimming Championship	Age 13 & 14 Girl's Overall High Point Swimmer

CURRENT SWIMMING RECORDS

Date	Name of Competition	Event	Record	Time
Nov 15-17, 2018	Fina Swimming World Cup - Singapore	50m Breast	HK SC Junior Record	31.82
Nov 15-17, 2018	Fina Swimming World Cup - Singapore	200m Breast	HK SC Junior Record	2:28.79
Sep 1, 2019	HK D1 SC Swimming Competition	4X200m Freestyle Relay	HK SC Junior Record	8:24.30
Nov 15-17, 2018	Fina Swimming World Cup - Singapore	50m Breast	HK AG SC Records Girls'13-14 Years	31.82
Nov 15-17, 2018	Fina Swimming World Cup - Singapore	200m Breast	HK AG SC Records Girls'13-14 Years	2:28.79
Aug 19-24, 2018	18th Asian Games, Jakarta-Palembang	400m IM	HK AG LC Records Girls' 13-14 Years	4:55.42
2018-2019	HKSSF Interschool Swimming Competition	200m IM	Girls B Grade(under16)	2:21.39

林凱喬創有的分齡紀錄

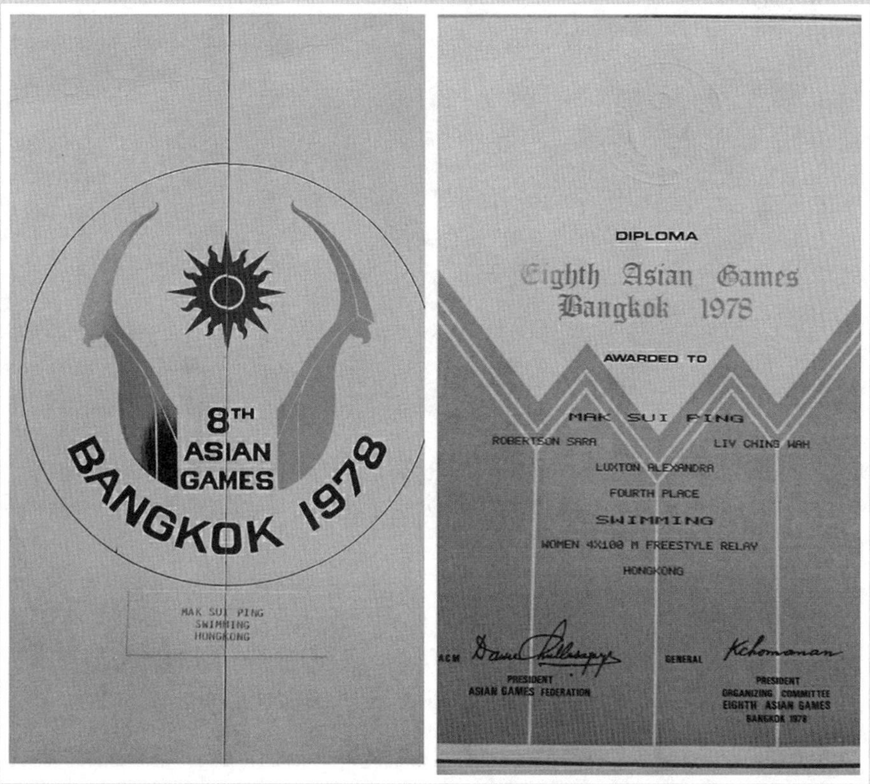
8TH
ASIAN
GAMES
BANGKOK 1978
MAK SUI PING
SWIMMING
HONGKONG
DIPLOMA
Eighth Asian Games
Bangkok 1978
AWARDED TO
MAK SUI PING
ROBERTSON SARA
LIV CHING WAH
LUXTON ALEXANDRA
FOURTH PLACE
SWIMMING
WOMEN 4X100 M FREESTYLE RELAY
HONGKONG
PRESIDENT
ASIAN GAMES FEDERATION
GENERAL
PRESIDENT
ORGANIZING COMMITTEE
EIGHTH ASIAN GAMES
BANGKOK 1978

香港亞運游泳代表
麥少萍
亞運女子 4×100 米自由式接力第四名證書

今日华人CLUB

2019年4月27日香港退役運動員互助會成立大會在香港九龍沙田馬會會所4樓隆重舉行。

出席大會的有永遠榮譽會長十三位：王祖耀醫生、彭沖先生、蔡建中先生、黃品立醫生、黃錫林先生、麥志權先生、熊兆麟醫生、黃秀惠醫生、梁啟輝先生、戚家漢先生、戚烈雲先生、楊慶新先生、趙鵬先生。名譽主席十八位：陳耀海先生、陳劍虹先生、黃潭勝先生、溫兆明先生、陳耀邦先生、高惠邦先生、楊潔女士、戴麗華女士、符大進先生、王強立先生、梁秀瓊女士、梁偉芬女士、王穎女士、宋雲壓女士、孫家琦女士、王遠遠女士、汪建華女士、王小麗女士以及幾十位體育界相關人士。

2019 年 4 月

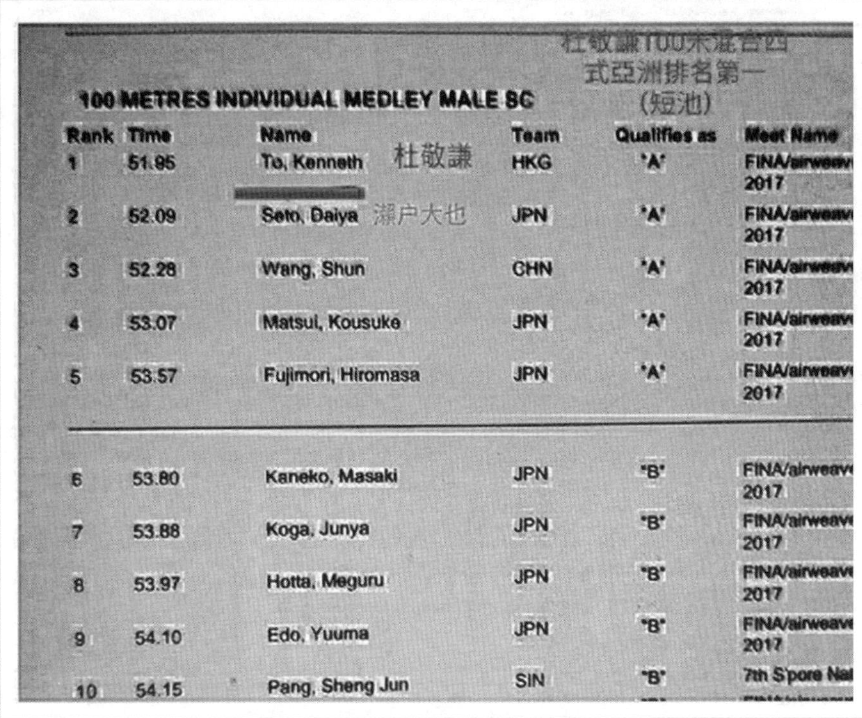

杜敬謙100米混合四式亞洲排名第一（短池）

100 METRES INDIVIDUAL MEDLEY MALE SC

Rank	Time	Name	Team	Qualifies as	Meet Name
1	51.85	To, Kenneth 杜敬謙	HKG	"A"	FINA/airweav 2017
2	52.09	Seto, Daiya 瀬户大也	JPN	"A"	FINA/airweav 2017
3	52.28	Wang, Shun	CHN	"A"	FINA/airweav 2017
4	53.07	Matsui, Kousuke	JPN	"A"	FINA/airweav 2017
5	53.57	Fujimori, Hiromasa	JPN	"A"	FINA/airweav 2017
6	53.80	Kaneko, Masaki	JPN	"B"	FINA/airweav 2017
7	53.88	Koga, Junya	JPN	"B"	FINA/airweav 2017
8	53.97	Hotta, Meguru	JPN	"B"	FINA/airweav 2017
9	54.10	Edo, Yuuma	JPN	"B"	FINA/airweav 2017
10	54.15	Pang, Sheng Jun	SIN	"B"	7th S'pore Nat

2017 年亞洲排名
杜敬謙在男子 100 米個人四式中，
亞洲排名第一。

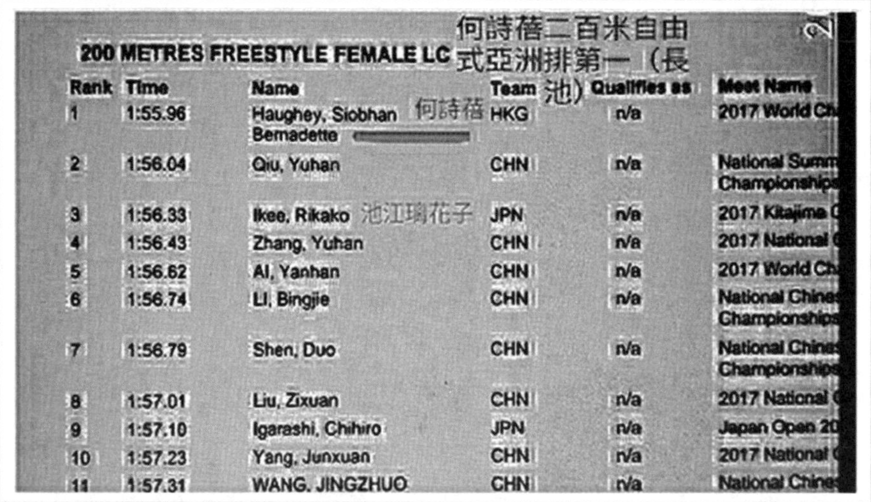
何詩蓓二百米自由式亞洲排第一（長池）
何詩蓓
池江璃花子

200 METRES FREESTYLE FEMALE LC

Rank	Time	Name	Team	Qualifies as	Meet Name
1	1:55.96	Haughey, Siobhan Bernadette	HKG	n/a	2017 World Ch
2	1:56.04	Qiu, Yuhan	CHN	n/a	National Summ Championships
3	1:56.33	Ikee, Rikako	JPN	n/a	2017 Kitajima C
4	1:56.43	Zhang, Yuhan	CHN	n/a	2017 National C
5	1:56.62	AI, Yanhan	CHN	n/a	2017 World Ch
6	1:56.74	LI, Bingjie	CHN	n/a	National Chines Championships
7	1:56.79	Shen, Duo	CHN	n/a	National Chines Championships
8	1:57.01	Liu, Zixuan	CHN	n/a	2017 National C
9	1:57.10	Igarashi, Chihiro	JPN	n/a	Japan Open 20
10	1:57.23	Yang, Junxuan	CHN	n/a	2017 National C
11	1:57.31	WANG, JINGZHUO	CHN	n/a	National Chines

2017 年亞洲排名
何詩蓓在女子 200 米自由式中，
亞洲排名第一

HONG KONG COACHING COMMITTEE
COACHING EXCELLENCE AWARDS
Presented to
Lo King-man
at the
2016 Jockey Club Hong Kong Coaching Awards
Adam Koo
Chairman (2015-2017)

盧京文優秀教練獎
2016 年

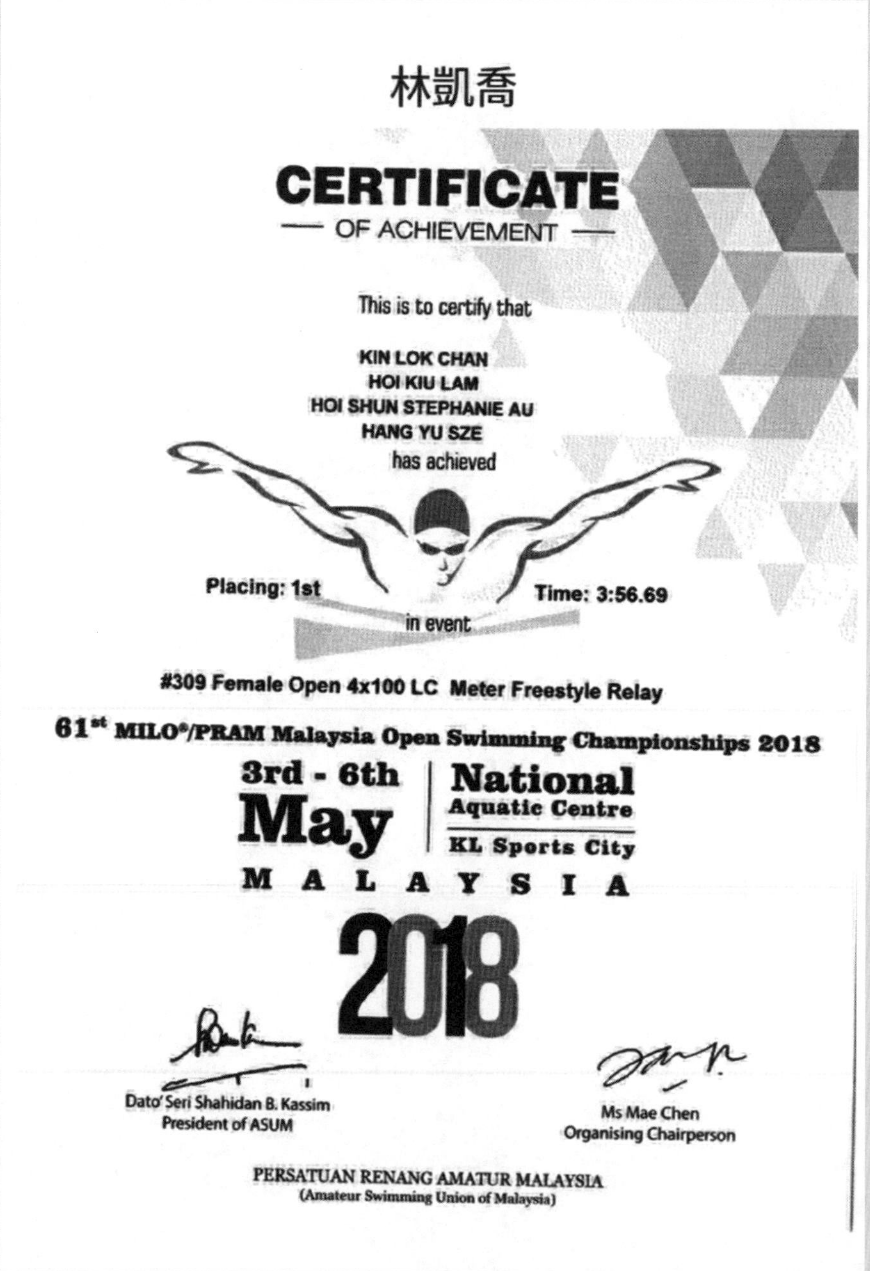

林凱喬

CERTIFICATE

— OF ACHIEVEMENT —

This is to certify that

KIN LOK CHAN
HOI KIU LAM
HOI SHUN STEPHANIE AU
HANG YU SZE

has achieved

Placing: 1st

Time: 3:56.69

in event

#309 Female Open 4x100 LC Meter Freestyle Relay

61st MILO®/PRAM Malaysia Open Swimming Championships 2018

3rd - 6th May

National Aquatic Centre

KL Sports City

MALAYSIA

2018

Dato' Seri Shahidan B. Kassim
President of ASUM

Ms Mae Chen
Organising Chairperson

PERSATUAN RENANG AMATUR MALAYSIA
(Amateur Swimming Union of Malaysia)

2018 年馬來西亞公開泳賽 女四百公尺個人四式冠軍

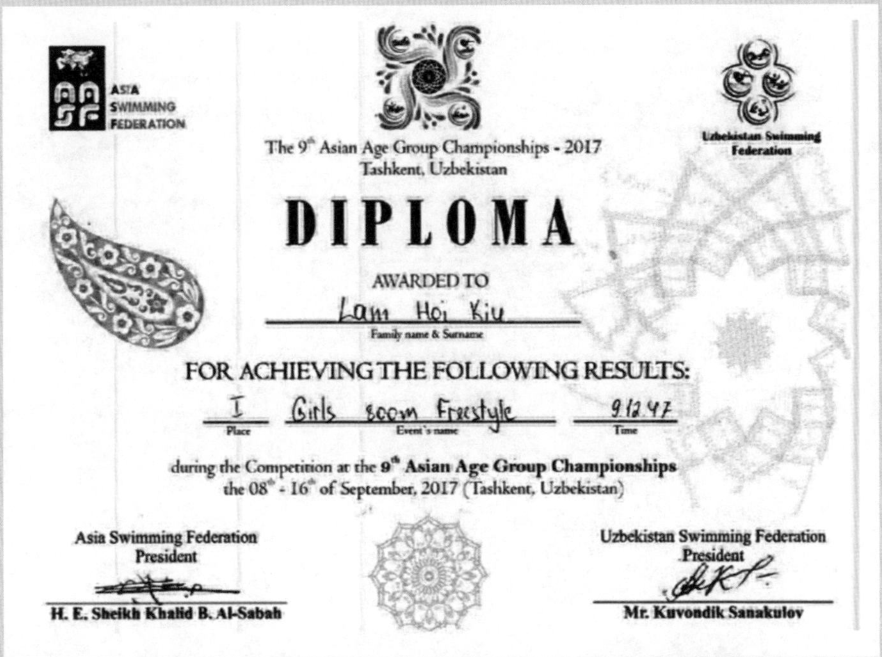
ASIA SWIMMING FEDERATION

Uzbekistan Swimming Federation

The 9th Asian Age Group Championships - 2017
Tashkent, Uzbekistan

DIPLOMA

AWARDED TO

Lam Hoi Kiu
Family name & Surname

FOR ACHIEVING THE FOLLOWING RESULTS:

Place	Event's name	Time
I	Girls 800m Freestyle	9.12.47

during the Competition at the 9th Asian Age Group Championships
the 08th - 16th of September, 2017 (Tashkent, Uzbekistan)

Asia Swimming Federation
President
H. E. Sheikh Khalid B. Al-Sabah

Uzbekistan Swimming Federation
President
Mr. Kuvondik Sanakulov

林凱喬
2017 年
第 9 屆亞洲分齡泳賽
女子 800 米自由式冠軍

2017
Champion
下午4:39

陳錦波
2017 獲得香港業餘游泳總會頒發男子傑出運動員獎

香港中華業餘游泳聯會
Hong Kong Chinese Amateur Swimming Association

2018 周年頒獎得獎名單

2018 周年(長池)游泳錦標賽

團體成績:

	冠軍	亞軍	季軍
男甲	觀塘	愉園	屯門 & 志佩
男乙	南華	志佩	海天
女甲	南華	志佩	觀塘
女乙	志佩	南華	愉園
全場	南華	志佩	愉園

個人獎項:

全能大獎 - 朱琩欣 (南華)

優異泳員 - 梁煦曈 (志佩)

2018 周年(短池)游泳錦標賽 - 團體成績

	冠軍	亞軍	季軍
男甲	海藝	泳天	愉園
男乙	南華	志佩	泳天
女甲	南華	志佩	觀塘
女乙	南華	志佩	泳天
全場	南華	志佩	泳天

個人獎項:

全能大獎 - 黃雪晴 (愉園)

優異泳員 - 馬穎琛 (劍魚), 陳俊碩 (泳天)

2018 屬會新秀游泳比賽 - 個人獎項

優秀泳員

鄭淦丰 (巨流), 莫凱汶 (太平洋), 張凱琳 - (白豚),

蘇博文 (海天), 沈嘉穎 (大埔), 何承燁 (志佩)

香港女飛魚何詩蓓在2019年美國公開泳賽被列為首號種子。

2019 US Open Top Seeds:

Women's 800 Free: Katie Ledecky, 8:10.70
Men's 800 Free: Bobby Finke, 7:47.58
Women's 400 Free: Katie Ledecky, 3:59.28
Men's 400 Free: Zane Grothe, 3:45.78
Women's 200 IM: Melanie Margalis, 2:08.91
Men's 200 IM: Chase Kalisz, 1:56.78
Women's 50 Free: Simone Manuel, 24.05
Men's 50 Free: Bruno Fratus, 21.31
Women's 400 IM: Emma Weyant, 4:35.47
Men's 400 IM: Jay Litherland, 4:09.22
Women's 100 Fly: Kelsi Dahlia, 57.06
Men's 100 Fly: Caeleb Dressel, 49.50
Women's 200 Free: Siobhan Haughey, 1:54.98
Men's 200 Free: Fernando Scheffer, 1:45.51
Women's 100 Breast: Lilly King, 1:04.93
Men's 100 Breast: Andrew Wilson, 58.93
Women's 100 Back: Regan Smith, 57.57
Men's 100 Back: Matt Grevers, 52.75
Women's 1500 Free: Katie Ledecky, 15:45.59
Men's 1500 Free: Bobby Finke, 14:51.15

香港中華業餘游泳聯會
Hong Kong Chinese Amateur Swimming Association

2017 周年(長池)游泳錦標賽個人獎項

優異泳員獎：鍾卓熹

2017 周年(短池)游泳錦標賽個人獎項

全能大獎：林凱喬（海天）

優異泳員獎：

梁煦曈（志佩）、陳思行（南華）、劉睿軒（智健冬泳會）

2017 屆會新秀游泳比賽個人獎項

優秀泳員獎：

梁思行（志佩）、孫子騫（志佩）、陳天燁（志佩）

鄧國浩（白豚）、潘泓澄（泳天）、莫思騏（泳天）

甘善彤（泳天）、馮雪瑩（泳天）

香港中華業餘游泳聯會 香港業餘游泳總會

合辦

2015 周年(長池)游泳團體錦標賽

~團體獎項~

組別/獎項	冠軍	亞軍	季軍
男子甲組	南華 (114)	太平洋(84)	海獅 (77)
男子乙組	太平洋(140)	志佩(119.5)	白豚 (67)
女子甲組	愉園 (66)	南華 (59) 巨流 (59)	大力 (58)
女子乙組	志佩 (98)	大力 (69)	泳天 (68)
團體全場	太平洋(308)	志佩(281.5)	南華(257.5)

~大會新紀錄~

女乙 200米自由泳	駱凱文	泳天	2:12.17 (舊 2:12.68)
女甲 50米自由泳	曾祉喬	海天	0:27.31 (舊 0:27.42)
男乙 400米自由泳	黃明康	海天	4:14.83 (舊 4:18.85)
女甲 50米背泳	郭祖瑤	大埔	0:31.07 (舊 0:31.26)
男乙 200米自由泳	黃明康	海天	1:59.04 (舊 2:01.57)
女甲 100米背泳	司徒可雯	巨流	1:07.64 (舊 1:07.79)
男乙 100米蝶泳	陳柏軒	白豚	0:59.98 (舊 1:00.25)
男甲 50米自由泳	楊博軒	海獅	0:24.27 (舊 0:24.47)
男甲 200米個人混合泳	冼展霆	南華	2:12.75 (舊 2:12.85)
男甲 50米背泳	鍾卓熹	南華	0:27.45 (舊 0:27.70)

HONG KONG SWIMMING COACHES ASSOCIATION LIMITED
香港游泳教練會有限公司

2018 年度周年頒獎禮：教練/運動員獲獎名單

教練

最佳教練		ZHANG Di Yong	張狄勇
Harry WRIGHT 教練紀念獎		YAN Ying	顏 瑩
最佳分齡教練獎		CHEN Yan Yan	陳燕燕
		YU Ho Chi	余浩志

運動員

2018 最佳泳員	(男)	TO Kenneth King Him	杜敬謙
	(女)	AU Hoi Shun Stephanie	歐鎧淳
		CHENG Camille Lily Mei	鄭莉梅
最進步泳員獎	(男)	CHEUK Ming Ho	卓銘浩
	(女)	YEUNG Jamie Zhen Mei	楊珍美
最佳新秀獎	(男)	LIM Nicholas Owen	林昭光
	(女)	LAM Hoi Kiu	林凱喬
體育精神獎		LUK Wing Kin	陸永健

榮譽貢獻獎	SZE Hang Yu	施幸余

香港游泳發展史

溫兆明 著　　2014年

六屆渡海泳冠軍 溫兆明
1950年至1978年
香港游泳發展史
溫兆明編寫
陳湘記 出版

游泳技術（書籍）

陳耀邦著　　1982年

游泳技術
陳耀邦 著

游泳人 游泳緣

（小書本）

戴麗華著 2017年

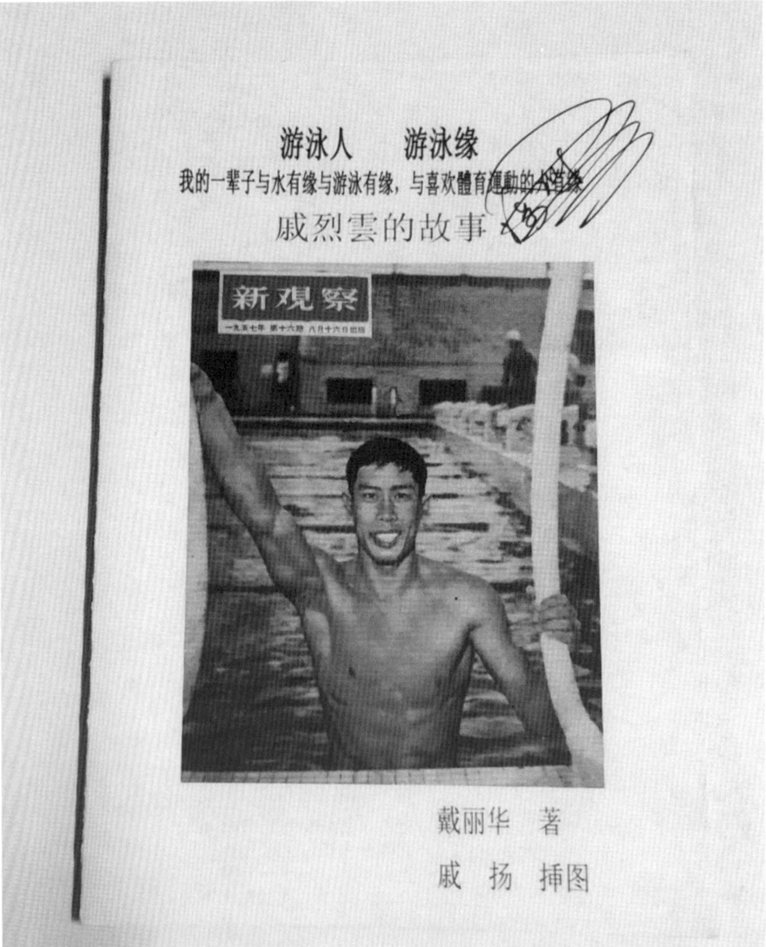

游泳人　游泳缘

我的一辈子与水有缘与游泳有缘，与喜欢體育運動的人有缘

戚烈雲的故事

新观察

一九五七年 第十六期 八月十六日出版

戴丽华 著

戚 扬 插图

香港泳總刊物

1970年

The Hong Kong Amateur
Swimming Association
Official Handbook 1970
20th year of publication
HONG KONG AMATEUR SWIMMING ASSOCIATION

香江游泳史
閒暇、海濱與海浴
潘淑華 黃永豪 著

細味香江系列
游子安 張瑞威 主編
閒暇、海濱與海浴
香江游泳史
潘淑華 黃永豪 著

尋找美人魚楊秀瓊

書籍

潘惠蓮著　　　　2019年

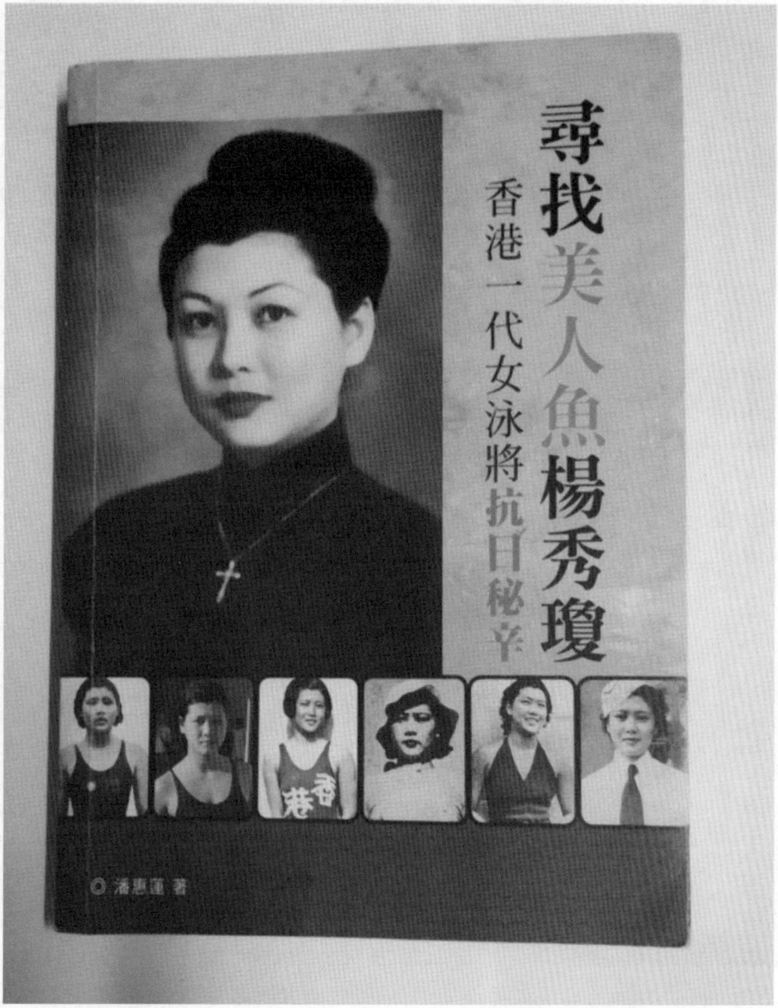
尋找美人魚楊秀瓊
香港一代女泳將抗日秘辛
潘惠蓮 著

東方體育會游泳團特刊
鄧德根題
E. A. A. SWIMMING GROUP
1968

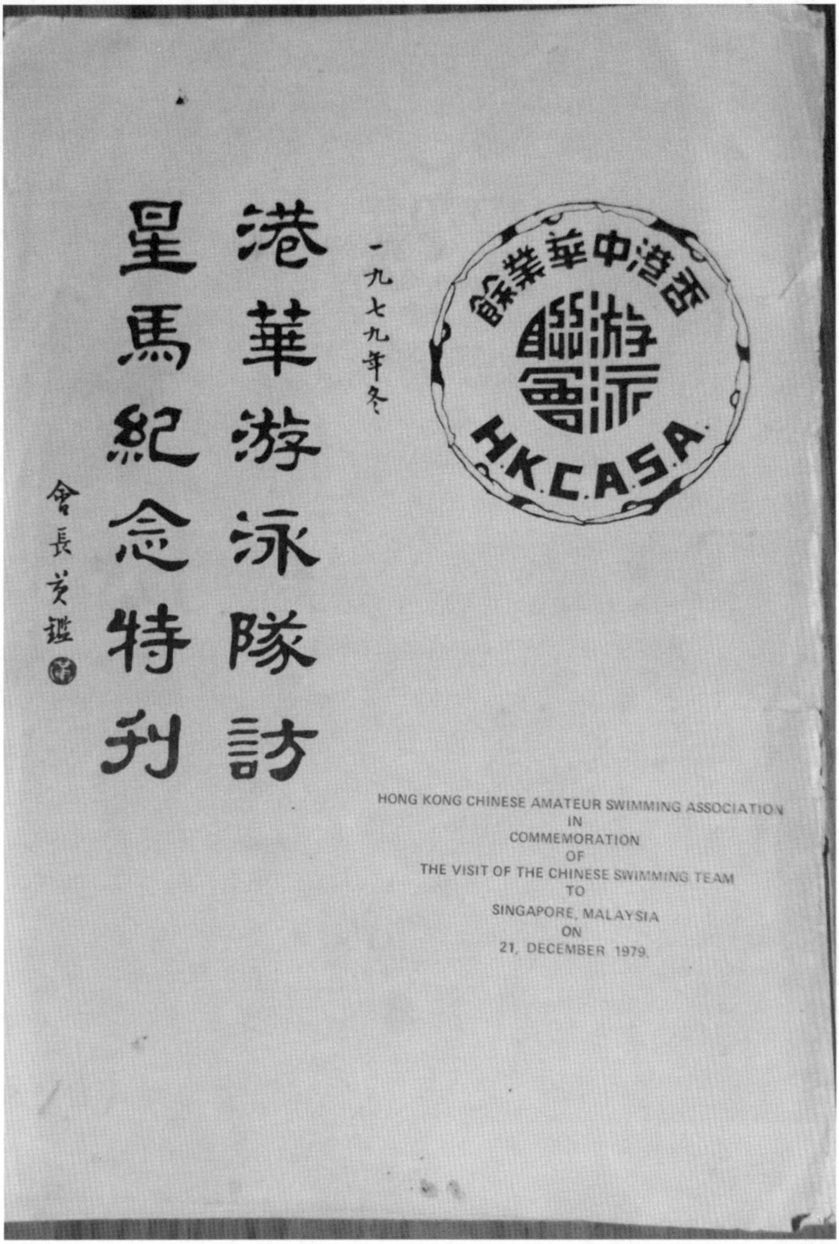
港華游泳隊訪
星馬紀念特刊
一九七九年冬
香港中華業餘游泳聯會
H.K.C.A.S.A.
HONG KONG CHINESE AMATEUR SWIMMING ASSOCIATION
IN
COMMEMORATION
OF
THE VISIT OF THE CHINESE SWIMMING TEAM
TO
SINGAPORE, MALAYSIA
ON
21, DECEMBER 1979.

1970年

香港女子游泳紀錄

1970 Swimming Records

50 m. Fresh Water Course

Event	Standard Time	Established by	Club	Record	Year
Women's					
100 m. Freestyle	—	Julia Kingsley	LRC	1.08.6	1970
200 m. Freestyle	—	Maureen Mueller	LRC	2.32.8	1970 *new event*
400 m. Freestyle	—	Julia Kingsley	LRC	5.25.0	1970
800 m. Freestyle	—	Maureen Mueller	LRC	11.14.6	1970 *new event*
100 m. Breast Stroke	—	Tso Wong Hing	CYMCA	1.27.5	1970
200 m. Breast Stroke	—	Lo Siu Kuen	CYMCA	3.10.8	1970
100 m. Back Stroke	—	Ki Fung Har	CCSA	1.20.8	1959
200 m. Back Stroke	—	Julia Kingsley	LRC	3.01.9	1970 *new event*
100 m. Butterfly	—	Julia Kingsley	LRC	1.20.5	1970
200 m. Butterfly	—	Eustacia Su	EYMCA	3.32.0	1970 *new event*
200 m. Indiv. Medley	—	Maureen Mueller	LRC	2.57.4	1970
400 m. Indiv. Medley	—	Michelle Mueller	LRC	6.31.7	1970
4 x 100 m. Freestyle Relay	—	Deidre Dey, Philippa Rainbird, Eustacia Su, Wendy Liddiard	EYMCA	5.44.9	1970
4 x 100 m. Medley Relay	—	Maureen Mueller, Julia Kingsley, Maria Lertora, Michelle Mueller	LRC	4.56.8	1970
Harbour Race	—	Maureen Mueller	LRC	19.42.3	1970

1970年

香港男子游泳紀錄

52

1970 Swimming Records

50 m. Fresh Water Course

Event	Standard Time	Established by	Club	Record	Year
Men's					
100 m. Freestyle	—	Wong Man Chiu	Hoi Tin	56.4	1970
200 m. Freestyle	—	Wong Man Chiu	Hoi Tin	2.09.5	1970 *new event*
400 m. Freestyle	—	Robert Loh	LTSS	4.50.0	1964
1500 m. Freestyle	—	Robert Loh	LTSS	19.57.9	1966
100 m. Breast Stroke	—	Peter Chang	EYMCA	1.16.9	1970
200 m. Breast Stroke	2.52.0	Chung On Chu	Hoi Tin	2.53.5*	1966
100 m. Back Stroke	—	Wong Man Chiu	Hoi Tin	1.08.2	1970
200 m. Back Stroke	—	Wong Man Chiu	Hoi Tin	2.35.8	1970
100 m. Butterfly	—	Robert Loh	LTSS	1.05.1	1966
200 m. Butterfly	—	Robert Loh	LTSS	2.30.9	1966
200 m. Indiv. Medley	—	Chan Yiu Bond	EAA	2.37.2	1970 *new event*
400 m. Indiv. Medley	—	Wong Man Chiu	Hoi Tin	5.33.0	1969
4 x 100 m. Medley Relay	—	Yung Shing Lam, Chiu Chor Kong Andrew Loh, Robert Loh	LTSS	4.42.0	1966
4 x 100 m. Free Style Relay	—	Tsang Yuen Fan, Ki Hau Yin Wong Man Chiu, Cheung To Chun	Hoi Tin	4.18.5	1970 *new event*
4 x 200 m. Free Style Relay	—	Andrew Loh, Robert Loh James Cowden, Tony Loh	LTSS	9.32.9	1966
Harbour Race	—	Chan Yiu Bond	EAA	18.27.6	1970

*Standard Time not yet bettered

1970年

男子分齡紀錄

Hong Kong Amateur Swimming Association Age-Group Swimming Records

Boys	Stroke	Distance	Time	Name	Club	Year
13 & 14 Years	Butterfly	50 m.	32.3	H. Whittet	LRC	1970
	Breast	100 m.	1.26.1	R. Chang	EYMCA	1970
	Free	100 m.	1.05.8	A. Steynberg	LRC	1970
	Back	100 m.	1.15.3	A. Steynberg	LRC	1970
	Butterfly	100 m.	1.19.1	A. Steynberg	LRC	1970
	Breast	200 m.	3.10.9	H. Whittet	LRC	1970
	Free	200 m.	2.25.7	A. Steynberg	LRC	1970
	Back	200 m.	2.41.2	A. Steynberg	LRC	1970
	Medley	200 m.	2.46.4	H. Whittet	LRC	1970
	Free	400 m.	5.00.5	A. Steynberg	LRC	1970
15, 16 & 17 Years	Breast	100 m.	1.19.8	P. Chang	EYMCA	1970
	Free	100 m.	1.01.1	CHAN Yiu-bond	EAA	1970
	Back	100 m.	1.11.4	CHAN Yiu-bond	EAA	1970
	Butterfly	100 m.	1.10.6	CHAN Yiu-bond	EAA	1970
	Breast	200 m.	2.55.4	P. Chang	EYMCA	1970
	Back	200 m.	2.54.6	F. Beau	EYMCA	1970
	Free	200 m.	2.23.7	CHAN Yiu-bond	EAA	1970
	Medley	200 m.	2.48.9	CHO Wai-sun	CYMCA	1970
	Free	400 m.	5.50.7	CHO Wai-sun	CYMCA	1969
	Medley	400 m.	5.50.7	CHO Wai-sun	CYMCA	1969
18, 19 & 20 Years	Breast	100 m.	1.21.0	CHO Kam-sun	CYMCA	1970
	Free	100 m.	1.04.2	LEI Ho-man	HT	1970
	Back	100 m.	1.08.9	WONG Man-chiu, R.	HT	1970
	Butterfly	100 m.	1.11.4	LEI Ho-man	HT	1970
	Breast	200 m.	2.58.8	MA Wai-kuen	EAA	1970
	Back	200 m.	2.42.9	CHAN Yiu-hoi	EAA	1970
	Free	200 m.	2.32.9	Ian Dey	EYMCA	1970
	Medley	200 m.	2.45.1	Ian Dey	EYMCA	1970
	Free	400 m.	5.43.0	Ian Dey	EYMCA	1970

1954年

香港女子游泳紀錄

COLONY RECORDS — WOMEN'S

EVENT		RECORD	RECORD HOLDER	CLUB	YEAR
50 yards Free Style		29.6"	S. Anderson	V.R.C.	1948
100 " " "		1' 05.4"	C. Eager	V.R.C.	1952
220 " " "		2' 39.6"	C. Eager	V.R.C.	1952
440 " " "		5' 33.8"	C. Eager	V.R.C.	1952
50 yards Back Stroke		35.4"	L. Rose	V.R.C.	1948
100 " " "		1' 16.6"	L. Rose	V.R.C.	1948
220 " " "	•	3' 18.4"	Kwok Ngan Hung	C.Y.M.C.A.	1953
50 yards Breast Stroke		37.8"	Kwok Kam Ngor	C.Y.M.C.A.	1952
100 " " "		1' 22.4"	L. Rose	V.R.C.	1948
			Kwok Kam Ngor	C.Y.M.C.A.	1951
200 " " "		2' 53.6"	Kwok Kam Ngor	C.Y.M.C.A.	17.6.52
220 " " "	•	3' 20.3"	Kwok Kam Ngor	C.Y.M.C.A.	1953
100 yards Butterfly Stroke	•	1' 37.3"	Kwok Kam Ngor	C.Y.M.C.A.	1953
150 yards Individual Medley		2' 08.2"	Wong Yuk Bing	C.Y.M.C.A.	1951
200 " " "	•	3' 16.5"	Chan Ching Mui	Fortuna	1953
3 x 50 yards Medley Relay		1' 45.0"	L. Rose (Back) H. Anderson (Breast) S. Anderson (Crawl)	V.R.C.	1948
4 x 50 yards Medlay Relay	•	2' 26.4"	Chan Sin Yee (Back) Wong Yuk Bing (Breast) Chan Ching Mui (Butterfly) Tsui Shiu Ling (Crawl)	Fortuna	1953
4 x 50 yards Free Style Relay		2' 08.8"	L. Rose H. Anderson S. Anderson C. Eager	V.R.C.	1948
4 x 100 yards Free Style Relay		4' 53.8"	V. Giles E. Stokes S. Hewson E. Grant	E.Y.M.C.A.	1953
Harbour Race (Old Course)		28' 12.0"	Leong Oi Mui	H.K.U.	1949
Harbour Race (New Course)	•	28' 11.4"	C. Eager	V.R.C.	1953

• *indicates event introduced in 1953.*

— 51 —

1954年

香港男子游泳紀錄

COLONY RECORD — MEN'S

EVENT	RECORD	RECORD HOLDER	CLUB	YEAR
100 yards Free Style	52.6"	Cheung Kin Man	Fortuna	1953
220 ,, ,, ,,	2' 13.9"	Cheung Kin Man	Fortuna	1953
440 ,, ,, ,,	4' 55.2"	Cheung Kin Man	Fortuna	1953
880 ,, ,, ,,	10' 26.5"	Cheung Kin Man	Fortuna	1953
100 yards Back Stroke	1' 03.2"	Cheung Kin Man	Fortuna	1952 *(Heats)*
150 ,, ,, ,,	1' 42.6"	Cheung Kin Man	Fortuna	1952 *(Heats)*
220 ,, ,, ,, *	2' 38.8"	Cheung Kin Man	Fortuna	1953
100 yards Breast Stroke	1' 08.0"	Ng Nin	Fortuna	1951
100 ,, ,, ,, (Orthodox)	1' 08.5"	Tsigg Rit Wan	C.Y.M.C.A.	1953 *(Heats)*
200 ,, ,, ,,	2' 31.4"	Tsigg Rit Wan	C.Y.M.C.A.	1952 *(Heats)*
220 ,, ,, ,, (Orthodox) *	2' 48.9"	Tsigg Rit Wan	C.Y.M.C.A.	1953 *(Heats)*
220 yards Butterfly Stroke *	3' 10.2"	Pang Chiu Sui	South China A.A.	1953
150 yards Individual Medley	1' 45.2"	Ng Nin	Chung Sing	1951
200 ,, ,, ,, *	2' 33.4"	Wong Tam Shing	South China A.A.	1953
3 x 100 yards Medley Relay	3' 14.4"	Cheung Kin Man (Back) Cheung Chung Yiu (Breast) William Teo (Crawl)	Fortuna	1950
4 x 100 yards Medley Relay *	4' 21.4"	Wong Tam Shing (Back) So Chi Lai (Breast) Pang Chiu Sui (Butterfly) Wan Shiu Ming (Crawl)	South China A.A.	1953
4 x 100 yards Free Style Relay	3' 48.2"	Cheung Kin Man Ng Nin Henry H. Hsu William Teo	Fortuna	1952
4 x 200 yards Free Style Relay	9' 06.2"	Choi Lee Hang Wong Kam Wah Wong Kwai Chi Lau Kam Hung	C.Y.M.C.A.	1951
Harbour Race (Old Course)	22' 22.4"	Chan Chun Nam	Lai Tsun	1940
Harbour Race (New Course) *	23' 18.0"	Cheung Kin Man	Fortuna	1953

** indicates event introduced in 1953.*

1954年

香港泳總執行委員

OFFICERS

H. W. Winglee, Esq.
Hon. Secretary

E. A. da Roza, Esq.
Hon. Treasurer

S. H. Wong, Esq.
Asst. Hon. Secretary

EXECUTIVE COMMITTEE

C. K. Woo, Esq.

Ng Chi Man, Esq.

L. M. Roza Pereira,Esq.

Major J. A. I. Baldwin
R.A.S.C.

K. F. Chan, Esq.

S. C. Wong, Esq.

Leung Wai Sang, Esq.

— 9 —

1968年
香港泳總執行委員

K.C. Thornton, Esq.
Hon. Treasurer
Colin S. Day, Esq.
Hon. Secretary
John Lang, Esq.
Asst. Hon. Secretary
Ronald H. Wong Esq.
Asst. Hon. Secretary
EXECUTIVE COMMITTEE
W. S. Squire, Esq.
Miss Betty Mair
S. H. Wong, Esq.
C. K. Woo, Esq.
Chan Kam Fui, Esq.
Kwok Chun Hang, Esq.
So Kwok Wing Esq.

——50公尺自由式歷屆奧運男、女冠軍游泳成績——
陳B.Sir 編制
50公尺自由式

	男子	女子
1988年	22秒14	25秒49
1992年	21秒91	24秒79
1996年	22秒13	24秒87
2000年	21秒98	24秒32
2004年	21秒93	24秒58
2008年	21秒3	24秒06
2012年	21秒34	24秒05
2016年	21秒4	24秒07

——100、200公尺自由式歷屆奧運男、女冠軍游泳成績——

Y.B.Chan 編制

	100公尺自由式		200公尺自由式	
	男子	女子	男子	女子
1896年.	1分22秒2.			
1900年	沒舉辦〃〃			2分25秒2
1904年.	1分02秒8. (英碼)		2分44秒2（220碼）	
1908年.	1分5秒6		沒舉辦〃〃	
1912年.	1分3秒4.	1分22秒2		
1920年.	1分1秒4.	1分13秒6		
1924年.	59秒0	1分12秒4		
1928年.	58秒6.	1分11秒		
1932年.	58秒2.	1分06秒8		
1936年.	57秒6.	1分5秒9		
1948年	57秒3.	1分6秒3		
1952年.	57秒4.	1分6秒8		
1956年.	55秒4.	1分02秒		
1960年.	55秒2.	1分01秒2		
1964年.	53秒4.	59秒5	〃 〃	〃
1968年.	52秒2.	1分0秒	1分55秒2	2分10秒5
1972年.	51秒22.	58秒59	1分52秒78	2分03秒56
1976年.	49秒99.	55秒65	1分50秒29	1分59秒26
1980年.	50秒40.	54秒79	1分49秒81	1分58秒33
1984年.	49秒8.	55秒92	1分47秒44	1分59秒23
1988年.	48秒63.	54秒93	1分47秒25	1分57秒65
1992年.	49秒02.	54秒64	1分46秒7	1分57秒9
1996年.	48秒74.	54秒50	1分47秒63	1分58秒16
2000年.	48秒30	53秒83	1分45秒35	1分58秒24
2004年.	48秒17.	53秒84	1分44秒71	1分58秒03
2008年.	47秒21.	53秒12	1分42秒96	1分54秒82
2012年.	47秒52.	53秒00	1分46秒24	1分53秒61
2016年.	47秒58.	52秒70	1分44.65	1分53秒73

—— 100、200公尺蝶式歷屆奧運男、女冠軍游泳成績 ——

Y.B.Chan 編制

	100公尺蝴蝶式		200公尺蝴蝶式	
	男子.	女子	男子	女子
1956年.		1分11秒	2分19秒3	沒舉辦〃〃
1960年.		1分9秒5	2分12秒8	
1964年.	〃	1分4秒7	2分06秒6	〃 〃
1968年.	55秒9	1分5秒5	2分08秒7	2分24秒7
1972年.	54秒27	1分3秒34	2分00秒7	2分15秒57
1976年.	54秒35	1分0秒13	1分59秒23	2分11秒41
1980年.	54秒92	1分0秒42	1分59秒76	2分10秒44
1984年.	53秒08	59秒26	1分57秒04	2分06秒9
1988年.	53秒	59秒	1分56秒94	2分09秒51
1992年.	53秒32	58秒62	1分56秒26	2分08秒67
1996年.	52秒27	59秒13	1分56秒51	2分07秒76
2000年.	52秒	56秒61	1分55秒35	2分05秒88
2004年.	不設此項〃〃		1分54秒04	2分06秒05
2008年.	50秒58	56秒73	1分52秒03	2分04秒18
2012年.	51秒21	55秒	1分52秒96	2分04秒16
2016年	50秒39	55秒48	1分53秒36	2分04秒85

── 100、200公尺仰式歷屆奧運男、女冠軍游泳成績 ──

Y.B.Chan 編制

	100公尺仰式(背泳)		200公尺仰式	
	男子.	女子	男子	女子
1900年	沒舉辦〃〃		2分47秒	沒舉辦〃〃
1904年.	1分16秒8. 英碼		沒舉辦〃〃	
1908年.	1分24秒6			
1912年.	1分21秒2			
1916年	一次世界大戰〃〃			
1920年.	1分15秒2			
1924年.	1分13秒2.	1分23秒2		
1928年.	1分08秒2.	1分22秒		
1932年.	1分8秒6.	1分19秒4		
1936年.	1分5秒9.	1分18秒9		
1940年	二次世界大戰〃〃			
1944年	〃	〃		
1948年.	1分6秒4.	1分14秒4		
1952年.	1分5秒4.	1分14秒3		
1956年.	1分2秒2.	1分12秒9		
1960年.	1分1秒9.	1分9秒3	〃 〃	
1964年.	沒舉辦	1分7秒7	2分10秒3	沒舉辦〃〃
1968年.	58秒7.	1分6秒2	2分09秒6	2分24秒8
1972年.	56秒56.	1分5秒78	2分02秒82	2分19秒19
1976年.	55秒49.	1分1秒83	1分59秒19	2分13秒43
1980年.	56秒53.	1分0秒86	2分01秒93	2分11秒77
1984年.	55秒79.	1分2秒55	2分00秒23	2分12秒38
1988年.	55秒05.	1分0秒89	1分59秒37	2分09秒29
1992年.	53秒98.	1分0秒68	1分58秒47	2分07秒06
1996年.	54秒10.	1分1秒19	1分58秒54	2分07秒83
2000年.	53秒72.	1分0秒21	1分56秒76	2分08秒16
2004年.	54秒06.	1分0秒37	1分54秒95	2分09秒19
2008年.	52秒54.	58秒96	1分53秒94	2分05秒24
2012年.	52秒16.	58秒33	1分53秒41	2分04秒06
2016年.	51秒97.	58秒45	1分53秒62	2分05秒99

——100、200公尺蛙式歷屆奥運男、女冠軍游泳成績——

Y.B.Chan 編制

	100公尺蛙式		200公尺蛙式	
	男子.	女子	男子	女子
1908年			3分09秒2	
1912年			3分01秒8	
1920年			3分04秒4	
1924年			2分56秒6	3分33秒2
1928年			2分48秒8	3分12秒6
1932年			2分45秒4	3分06秒3
1936年			.2分41秒5	3分03秒6
1948年			2分39秒3	2分57秒2
1952年			2分34秒4	2分51秒7
1956年			2分34秒7	2分53秒1
1960年			2分37秒4	2分49秒5
1964年			2分27秒8	2分46秒4
1968年.	1分7秒7.	1分15秒8	2分28秒7	2分44秒4
1972年.	1分4秒94	1分13秒58	2分21秒55	2分41秒71
1976年.	1分3秒11	1分11秒16	2分15秒11	2分33秒35
1980年.	1分3秒34	1分10秒22	2分15秒85	2分29秒54
1984年.	1分1秒65.	1分9秒87	2分13秒34	2分30秒38
1988年.	1分02秒04	1分7秒95	2分13秒52	2分26秒71
1992年.	1分1秒50	1分8秒	2分10秒16	2分26秒65
1996年.	1分0秒65	1分7秒73	2分12秒57	2分25秒41
2000年.	1分0秒46.	1分7秒05	2分10秒87	2分24秒35
2004年	1分0秒08	1分06秒64	2分09秒44	2分23秒37
2008年.	58秒91	1分5秒17	2分07秒64	2分20秒22
2012年.	58秒46	1分5秒47	2分07秒28	2分19秒59
2016年.	57秒13.	1分4秒93	2分07秒64	2分20秒3

—200、400公尺、個人混合式歷屆奧運男、女冠軍游泳成績 —
Y.B.Chan 編制

	400公尺		200公尺	
	男子	女子	男子	女子
1964年	4分45秒4	5分18秒7		
1968年	4分48秒4	5分08秒5		
1972年	4分31秒98	5分02秒97		
1976年	4分23秒68	4分42秒77		
1980年	4分22秒89	4分36秒29		
1984年	4分17秒41	4分39秒24	2分01秒42	2分12秒64
1988年	4分14秒75	4分37秒76	2分00秒17	2分12秒59
1992年	4分14秒23	4分36秒54	2分00秒76	2分11秒65
1996年	4分14秒90	4分39秒18	1分59秒91	2分03秒93
2000年	4分11秒76	4分33秒59	1分58秒98	2分10秒68
2004年	4分08秒26	4分34秒83	1分57秒14	2分11秒14
2008年	4分03秒84	4分29秒45	1分54秒23	2分08秒45
2012年	4分05秒18	4分28秒43	1分54秒27	2分07秒57
2016年	4分06秒05	4分26秒36	1分54秒66	2分06秒58

—— 男子1500公尺、女子800自由式歷屆奧運冠軍游泳成績 ——

Y.B.Chan 編制

	1500公尺 男子		800公尺 女子
1896年	18分22秒2	(1200公尺)	沒舉辦
1900年	13分40秒2	(1000公尺)	〃 〃
1904年	27分18秒2	(1英哩)	
1906年	28分28秒	(1英哩)	
1908年	22分48秒4		
1912年	22分00秒		
1920年	23分23秒2		
1924年	20分06秒6		
1928年	19分51秒8		
1932年	19分12秒4		
1936年	19分13秒7		
1948年	19分18秒5		
1952年	18分30秒3		
1956年	17分58秒9		
1960年	17分19秒6		
1964年	17分01秒7		
1968年	16分38秒9		
1972年	15分52秒58		
1976年	15分02秒4		
1980年	14分58秒27		
1984年	15分05秒20		
1988年	15分00秒4		沒舉辦
1992年	14分43秒48		8分25秒52
1996年	14分56秒4		8分27秒89
2000年	14分48秒33		8分19秒67
2004年	14分43秒14		8分24秒54
2008年	14分40秒84		8分14秒10
2012年	14分31秒02		8分14秒63
2016年	14分35秒7		8分04秒79

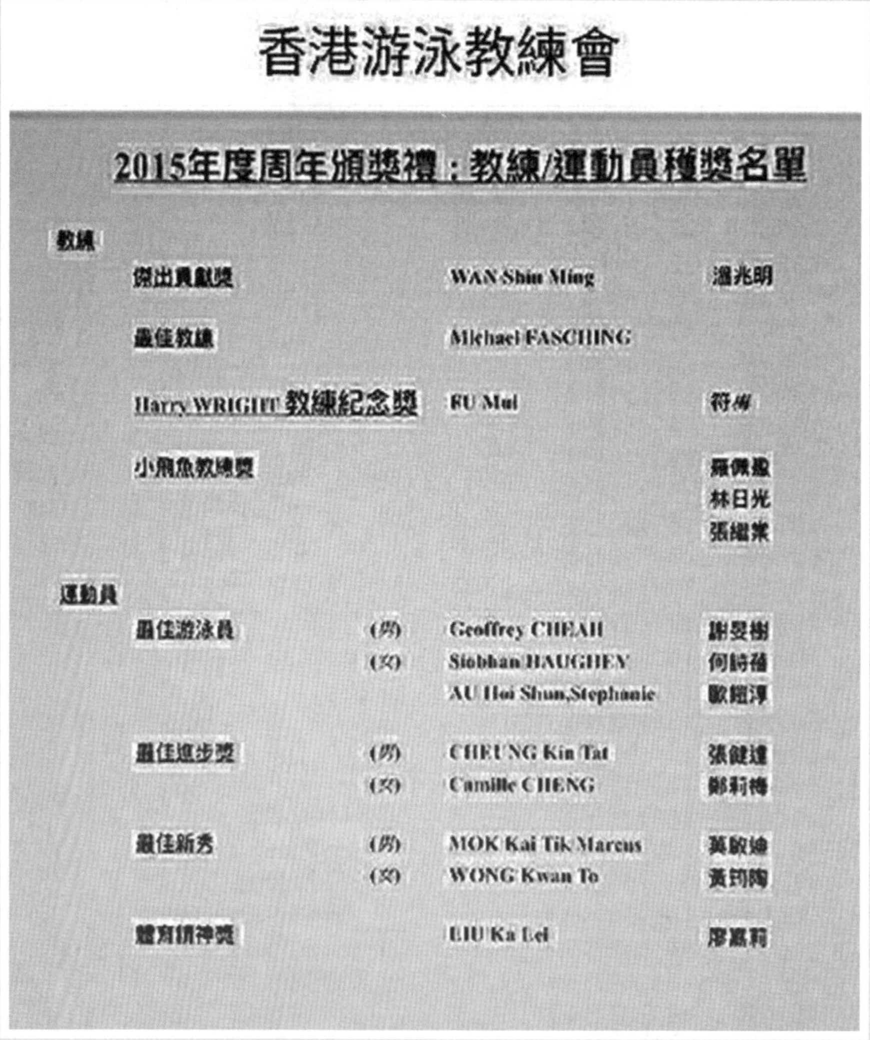
香港游泳教練會
2015年度周年頒獎禮：教練/運動員獲獎名單
教練
傑出貢獻獎 WAN Shiu Ming 溫兆明
最佳教練 Michael FASCHING
Harry WRIGHT 教練紀念獎 FU Mui 符梅
小飛魚教練獎 羅佩淑
林日光
張繼棠
運動員
最佳游泳員 (男) Geoffrey CHEAH 謝旻樹
(女) Siobhan HAUGHEY 何詩蓓
AU Hoi Shun,Stephanie 歐鎧淳
最佳進步獎 (男) CHEUNG Kin Tat 張健達
(女) Camille CHENG 鄭莉梅
最佳新秀 (男) MOK Kai Tik Marcus 莫啟迪
(女) WONG Kwan To 黃鈞陶
體育精神獎 LIU Ka Lei 廖嘉莉

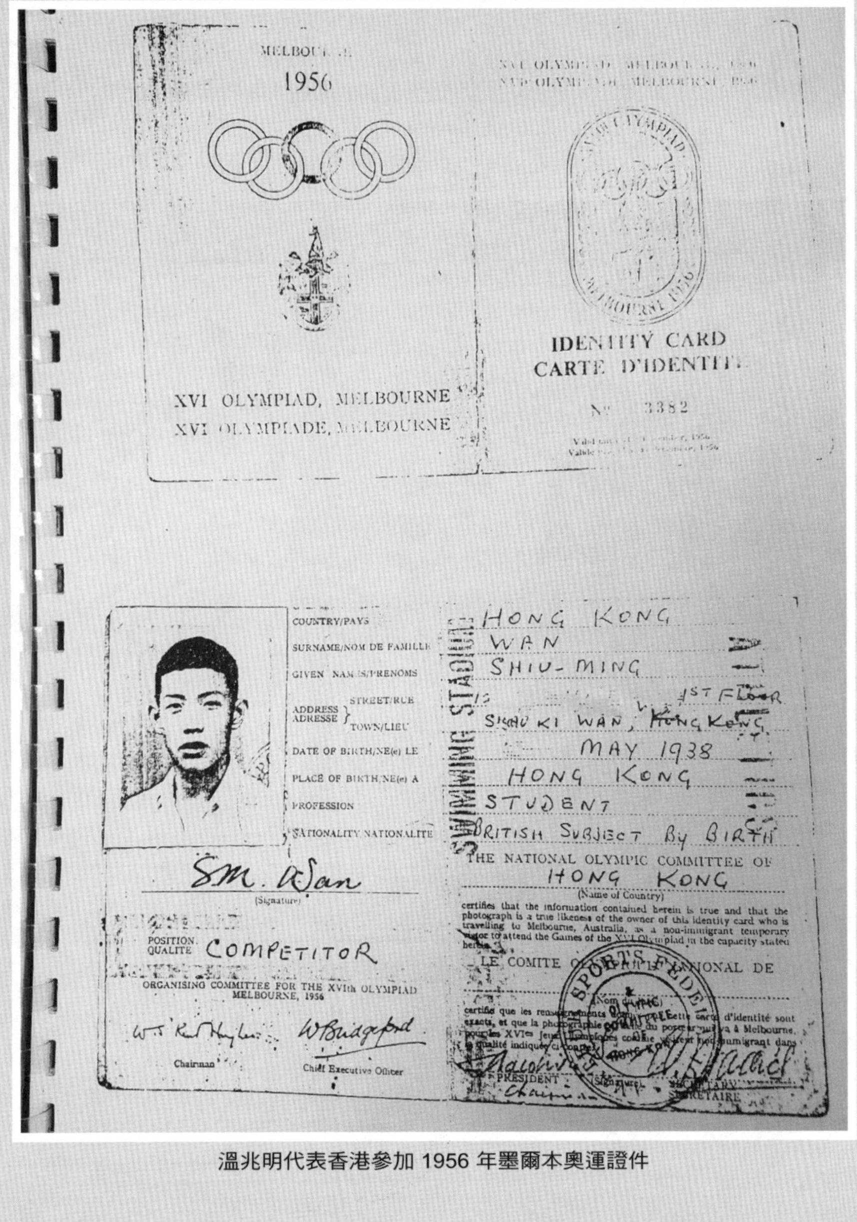

MELBOURNE
1956

XVI OLYMPIAD, MELBOURNE
XVI OLYMPIADE, MELBOURNE

XVI OLYMPIAD MELBOURNE 1956
XVI OLYMPIADE MELBOURNE 1956

XVI OLYMPIAD MELBOURNE 1956

IDENTITY CARD
CARTE D'IDENTITE

No. 3382

COUNTRY/PAYS: HONG KONG
SURNAME/NOM DE FAMILLE: WAN
GIVEN NAMES/PRENOMS: SHIU-MING
ADDRESS/ADRESSE STREET/RUE: 1ST FLOOR
TOWN/LIEU: SHAU KI WAN, HONG KONG
DATE OF BIRTH/NE(e) LE: MAY 1938
PLACE OF BIRTH/NE(e) A: HONG KONG
PROFESSION: STUDENT
NATIONALITY/NATIONALITE: BRITISH SUBJECT BY BIRTH

SWIMMING STADIUM

S.M. Wan
(Signature)

POSITION. QUALITE: COMPETITOR

ORGANISING COMMITTEE FOR THE XVIth OLYMPIAD
MELBOURNE, 1956

Chairman — Chief Executive Officer

THE NATIONAL OLYMPIC COMMITTEE OF HONG KONG
(Name of Country)
certifies that the information contained herein is true and that the photograph is a true likeness of the owner of this identity card who is travelling to Melbourne, Australia, as a non-immigrant temporary visitor to attend the Games of the XVI Olympiad in the capacity stated herein.

LE COMITE OLYMPIQUE NATIONAL DE
(Nom du pays)
certifie que les renseignements contenus dans cette carte d'identité sont exacts, et que la photographie est celle du porteur qui va à Melbourne, pour les XVIes Jeux Olympiques comme visiteur non-immigrant dans la qualité indiquée ci-contre.

PRESIDENT — (Signature) — SECRETARY
SECRETAIRE

溫兆明代表香港參加 1956 年墨爾本奧運證件

傑出貢獻獎

溫兆明先生熱愛游泳終身服務香港游泳運動並作育英才貢獻良多德行俱佳堪為我輩典範經本會執行委員會一致決議特頒予傑出貢獻獎以示感謝並發給本証書以予証明

香港游泳教練會會長 陳耀海

二零一六年一月九日

溫兆明獲香港游泳教練會頒發「傑出貢獻獎」(2015 年度)

HONGKONG FLYING FISH ATHLETIC ASSOCIATION

香港飛魚體育會

聘書

茲經本會執行委員會
會議一致通過聘任
温兆明先生
爲本會第四屆
主席

香港飛魚體育會
執行委員會

會長

一九八四年一月廿七日

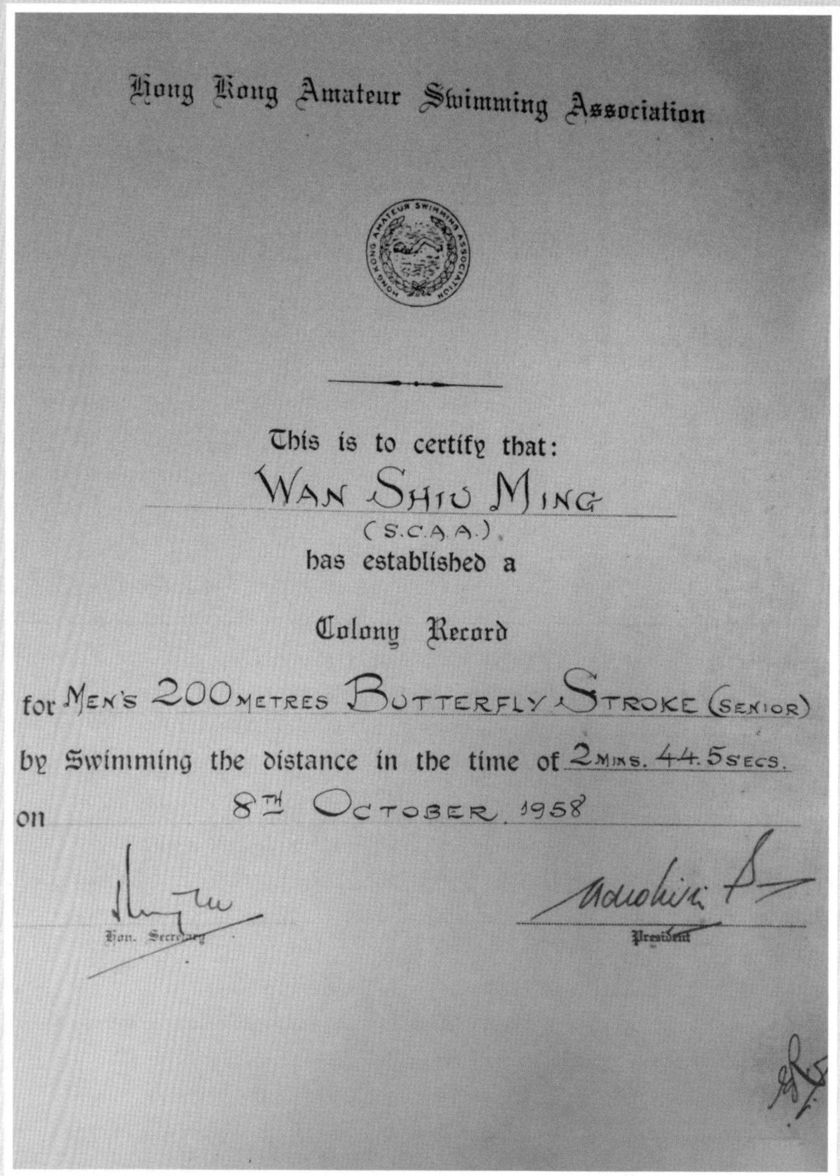

Hong Kong Amateur Swimming Association

This is to certify that:

WAN SHIU MING

(S.C.A.A.)

has established a

Colony Record

for MEN'S 200 METRES BUTTERFLY STROKE (SENIOR)

by Swimming the distance in the time of 2 MINS. 44.5 SECS.

on 8TH OCTOBER. 1958

Hon. Secretary

President

1958 年，溫兆明破男甲 200 米蝶式全港紀錄証書

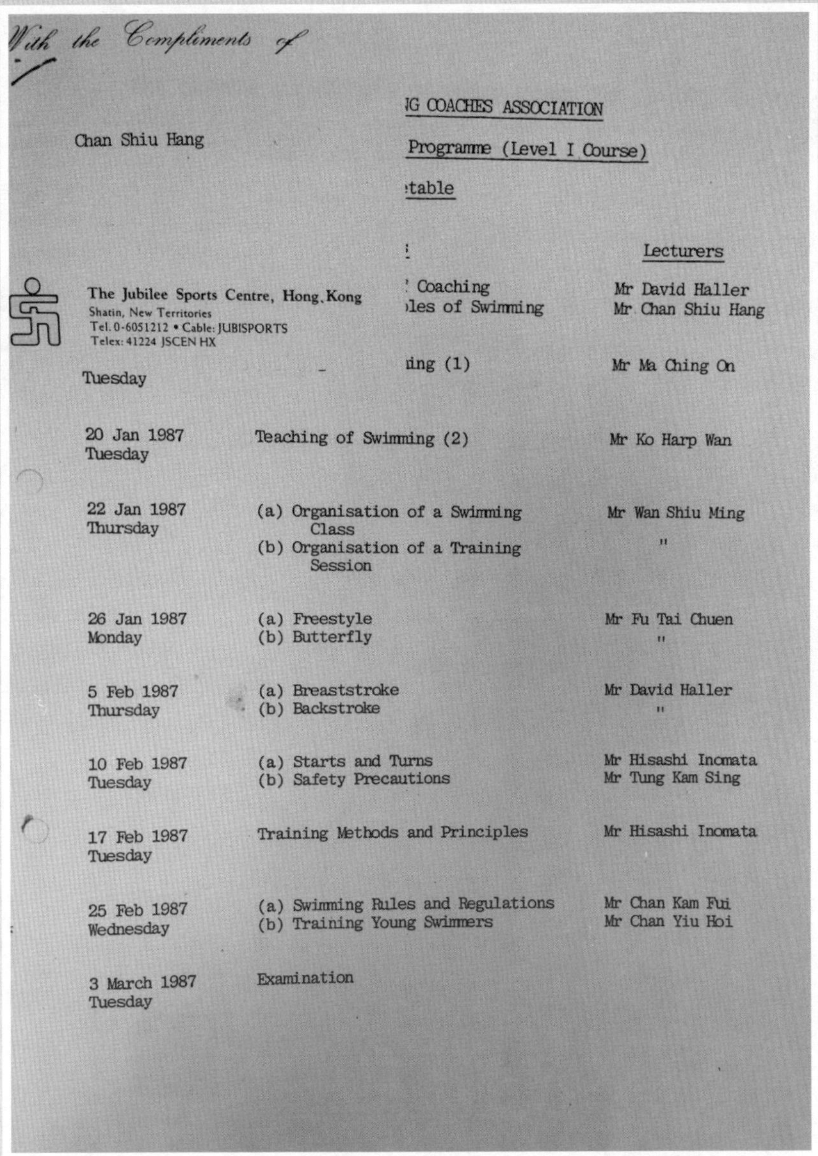

With the Compliments of

Chan Shiu Hang

The Jubilee Sports Centre, Hong Kong
Shatin, New Territories
Tel. 0-6051212 • Cable: JUBISPORTS
Telex: 41224 JSCEN HX

IG COACHES ASSOCIATION

Programme (Level I Course)

:table

		Lecturers
	: Coaching les of Swimming	Mr David Haller Mr Chan Shiu Hang
Tuesday	ing (1)	Mr Ma Ching On
20 Jan 1987 Tuesday	Teaching of Swimming (2)	Mr Ko Harp Wan
22 Jan 1987 Thursday	(a) Organisation of a Swimming Class (b) Organisation of a Training Session	Mr Wan Shiu Ming "
26 Jan 1987 Monday	(a) Freestyle (b) Butterfly	Mr Fu Tai Chuen "
5 Feb 1987 Thursday	(a) Breaststroke (b) Backstroke	Mr David Haller "
10 Feb 1987 Tuesday	(a) Starts and Turns (b) Safety Precautions	Mr Hisashi Inomata Mr Tung Kam Sing
17 Feb 1987 Tuesday	Training Methods and Principles	Mr Hisashi Inomata
25 Feb 1987 Wednesday	(a) Swimming Rules and Regulations (b) Training Young Swimmers	Mr Chan Kam Fui Mr Chan Yiu Hoi
3 March 1987 Tuesday	Examination	

授課講師：David Haller、陳兆亨、馬靜安、高俠雲、溫兆明、符大進、Hisashi Inomata、佟金城、陳錦奎、陳耀海。

第十一章

一些游泳相片

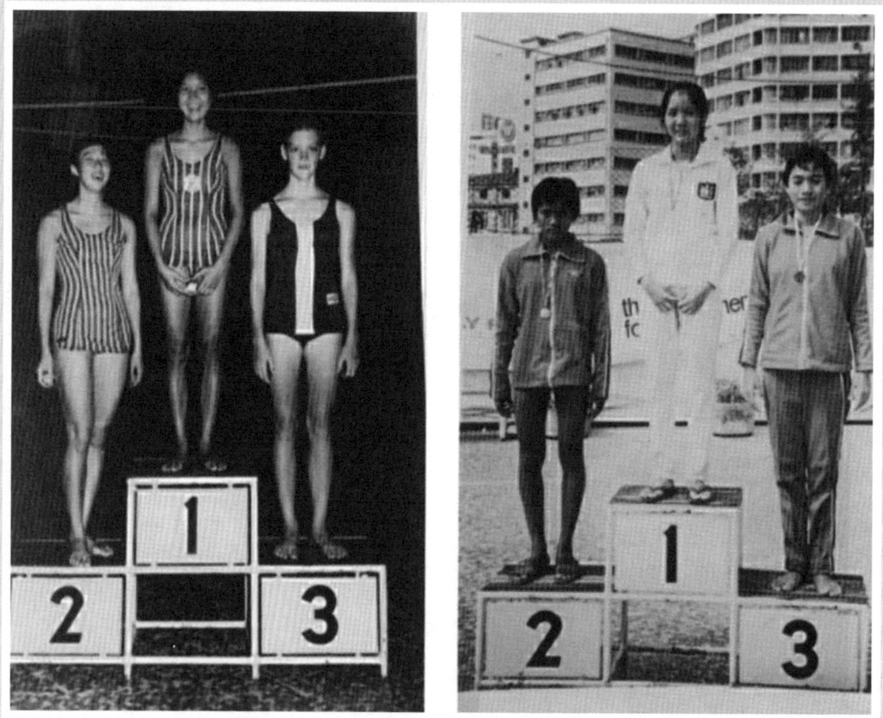
2
1
3
2
1
3

盧笑娟得第一名，成為香港蛙后

上右一：吳婉琪，第三名　下：吳慶華，第一名

左起：趙展鴻、盧笑娟、陳耀邦

陳耀邦
温兆明

上左起：陳耀海、李志廣、陳耀邦、陳念發
下左起：李繼賢、李啟淦、陳耀邦、符大進

中：尹立新、右：陳耀邦

陳耀海
吳錦泉
陳震南
游泳真理
佳句

前排左起：吳錦泉、陳震南
後排左起：陳耀海、許健雯

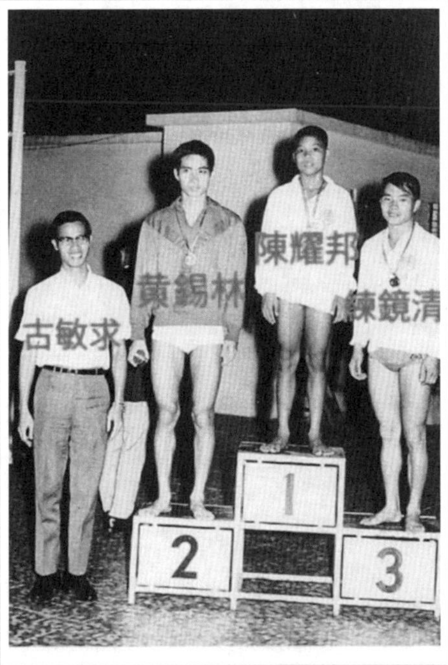
陳耀邦
黃錫林
練鏡清
古敏求
1
2
3

左起：古敏求、黃錫林、陳耀邦、練鏡清

1967年

李鄭屋村游
陳耀邦

左：黑　豹　右：陳耀邦

HOMEWOOD

磨京生（前左二）從臺帶徒經港

前右：陳耀邦、前左：梁健儀
後左二：尹立新、後右一：羅啟明

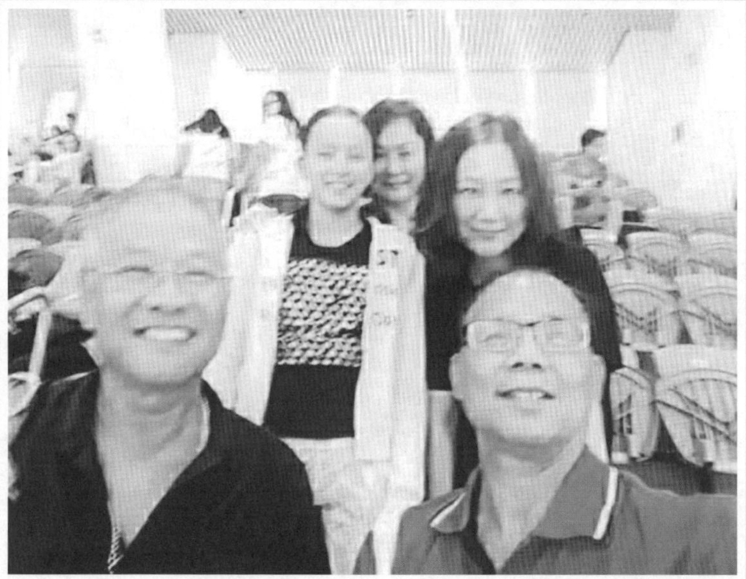

後左一：林凱喬、後右一：張敏詩

張狄勇
陳耀邦

19年1月6日
香港游泳教練會
佟金城
張國瑜
陳耀邦

上左起：張狄勇、陳耀邦
下左起：佟金城、張國瑜、陳耀邦

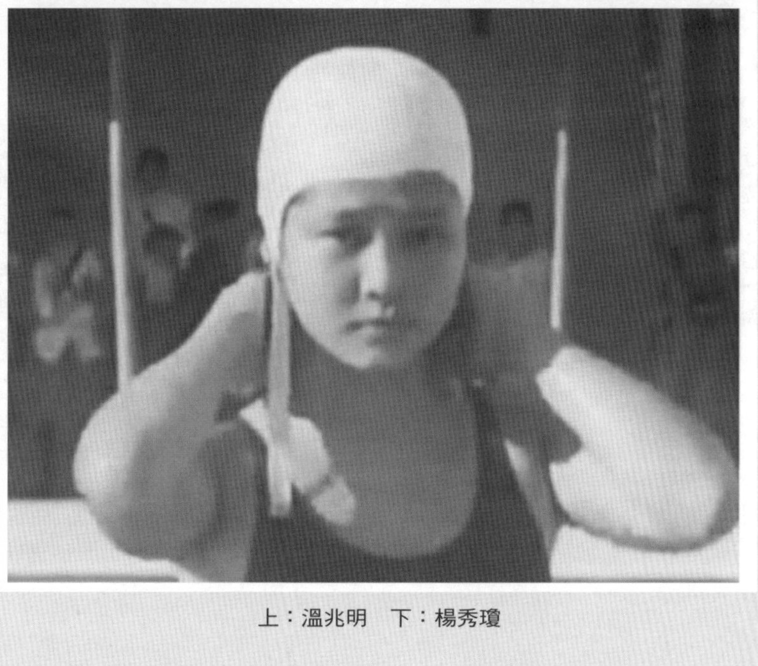

上：溫兆明　下：楊秀瓊

TRIBAL

左一：朱國新 資深三鐵教練

IRONMAN

冠軍泳手：嚴之耀

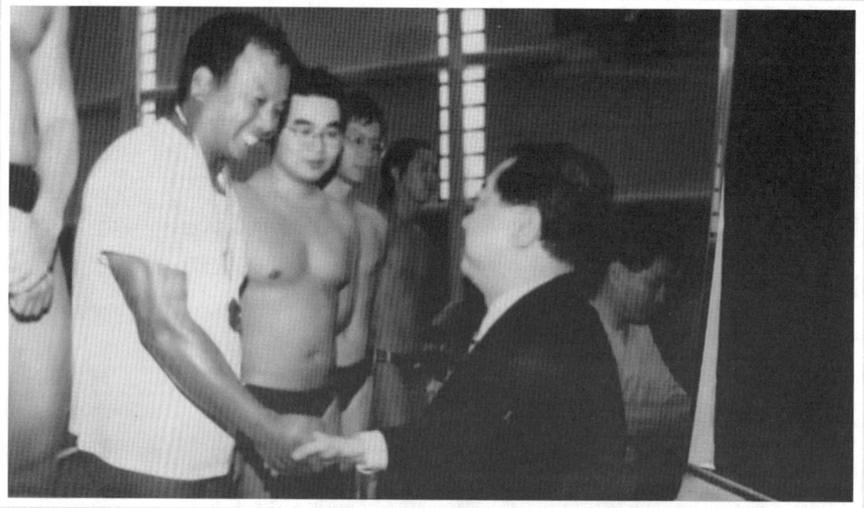

5
6
OMEGA
OMEGA

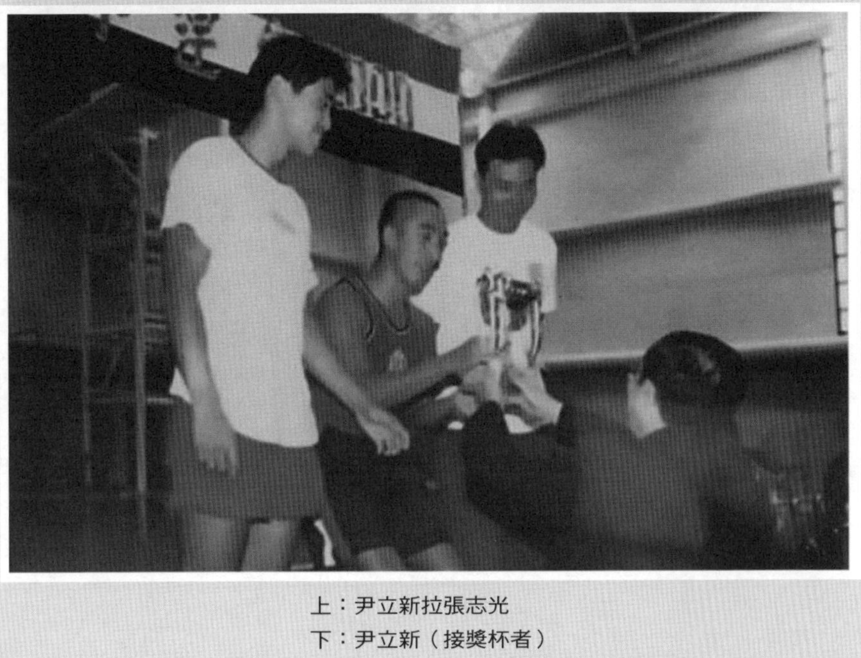

上：尹立新拉張志光
下：尹立新（接獎杯者）

VIP

溫兆明被贈書

上：張子岱（球王）、高惠邦、陳耀邦
下：華協聯歡晚宴

陳耀邦
陳耀海

陳耀海
陳耀邦

1970 年代陳耀海與陳耀邦泳裝合照於臺灣

謝雪心
(孔令馥)
會泳場

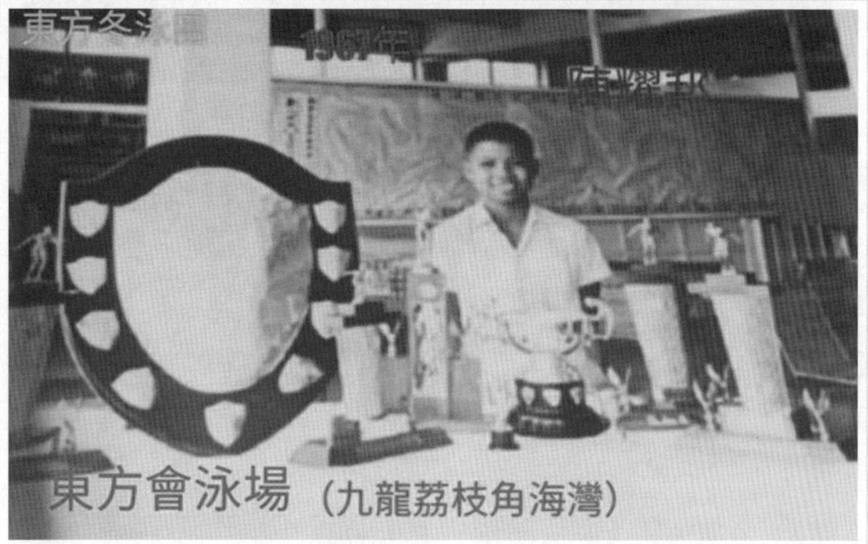
東方會泳場（九龍荔枝角海灣）

上：孔令馥（謝雪心）
下：陳耀邦

歐陽鳳麗

歐陽鳳麗
(2004)
冠军

梁健儀（前一）

ASIA PACIFIC MASTERS GAMES
PENANG 2018

Congratulations

CERTIFICATE OF ACHIEVEMENT
is awarded to
CHAN KAM POR
(HKG)
for achieving

Placing: 1st Time: 12:09.7
#317 Male 65-69 800 LC Meter Freestyle

in the
1st Asia Pacific Masters Games 2018
from 7 - 15 September 2018 in Penang, Malaysia

YB Chong Eng
President of the Organising Committee
APMG Penang 2018

Kai Holm
President of IMGA

Hosted by
MALAYSIA RECORDS
Sanctioned by

陳錦波先進泳賽金牌王（左二）
揚威海外奪金

AWARD

左：梁健儀　右：林凱喬

全港公開泳賽　冠軍東方會

葉達成
尹劍英
吳海成
何天志
王敏剛
黃啓東
海天會
東方會
1
2
3

全港華泳賽

香港游泳界慶祝戚烈雲
創造第一個中國人游泳世界記錄六十周年聯

黃建樹

尹立新教練（後排中）（右六）

2
1
3

鄭崇連奪冠 100 米蛙式華泳賽
鄭崇連（中） 鄭崇連（中）

香港大學

香港大學游泳隊

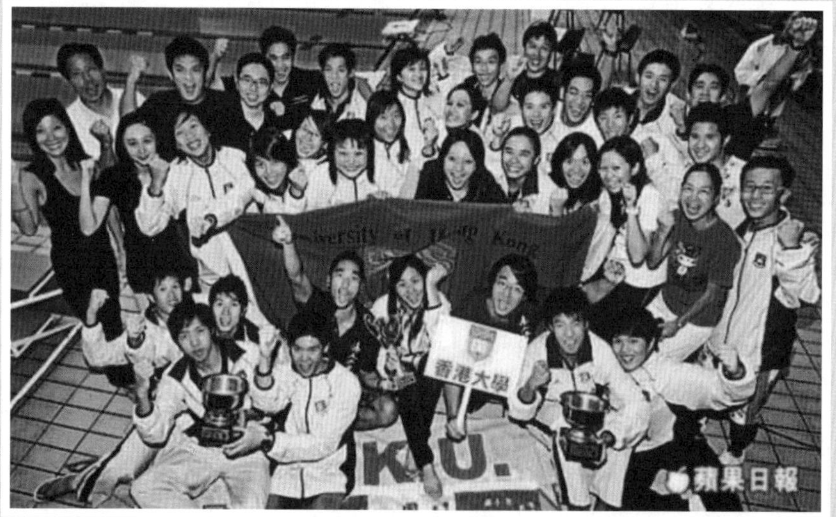
香港大學
蘋果日報

尹立新（左）與日本蛙王

1981 香港 馬拉松 拯溺
季軍組合
黃澤鋒
鄔漢忠

鄔漢忠　中學校際泳賽冠軍

1982 全港學界精英 游泳錦標賽
亞軍
馮勃
冠軍
鄧國光
季軍
鄔漢忠

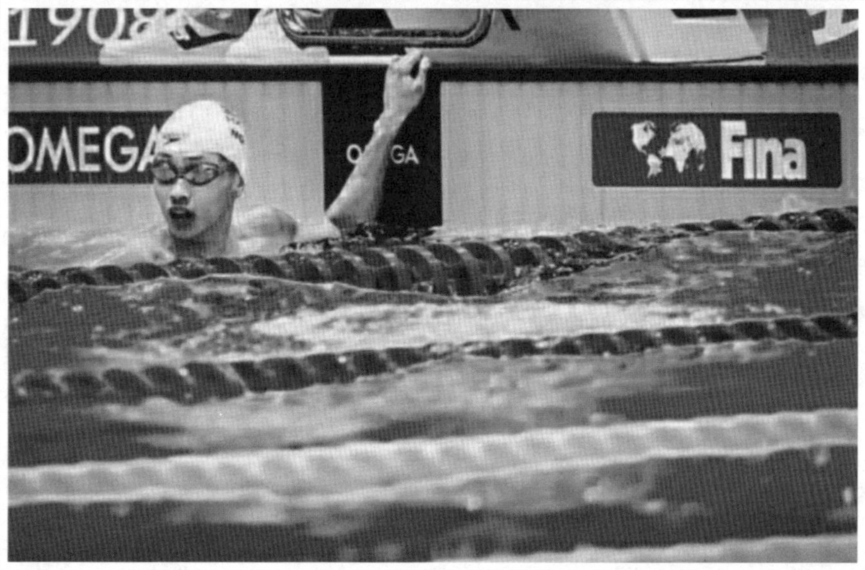
OMEGA
Fina

上：何南慧　下：伍棹然

fina

1
3

arena

陳錦波　香港先進泳賽冠軍王

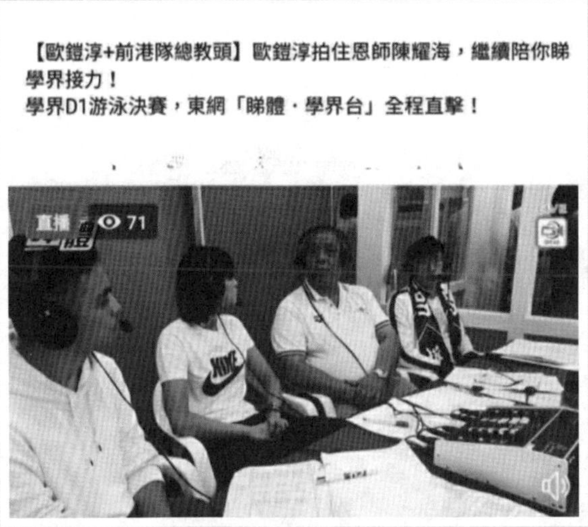
【歐鎧淳+前港隊總教頭】歐鎧淳拍住恩師陳耀海，繼續陪你睇學界接力！
學界D1游泳決賽，東網「睇體・學界台」全程直擊！
直播
71

華泳賽
曹旺卿
陳耀海
1974年
、蔡準、陳璋等分別頒發各項團體總錦標及個人全場冠軍等
。△左：會長湯恩佳致開會詞。中：頒女甲個人全場冠軍獎
給曹旺卿。右：頒男甲團體冠軍獎給東方隊。

季力康
鄧儉輝
謝光

劉志宇
王樂華
劉秀華
游振義
劉淑貞
陳復龍

上：鄧儉輝（右四）
下：陳復龍（前左一）、王樂華（後左三）、
陳耀海（前中）

61ST MILO®/PRAM
OPEN SWIMMING
IONSHIP 2018
MAY 2018
BUKIT JALIL, KUALA LUMPUR
MILO
ASTRALPOOL
astro
ARENA

林凱喬於馬來西亞公開泳賽中得冠軍（中）

左起：陳耀邦、梁健儀、林凱喬、林的姨

劉志雄、黃錫林

2
1

李恆楓（群雄會）元旦冬泳賽，第八度蟬聯冠軍（2020）

陳耀海到韓國為港泳隊打氣（世錦泳賽 2019）

LIVE
粵語旁述：
崔錦棠 黃興桂 陳耀海

陳耀海，電視作評述

香港游泳代表與教練

arena
OMEGA
Fina
施幸余

施幸余
蔡曉慧

上：施幸余
下：香港游泳代表隊得獎

上：陳耀海、符　梅、攀偉添

泳教練會

教練

陳耀海

香港游泳界慶祝戚烈雲
創造第一個中國人游泳世界記錄六十周年聯歡會

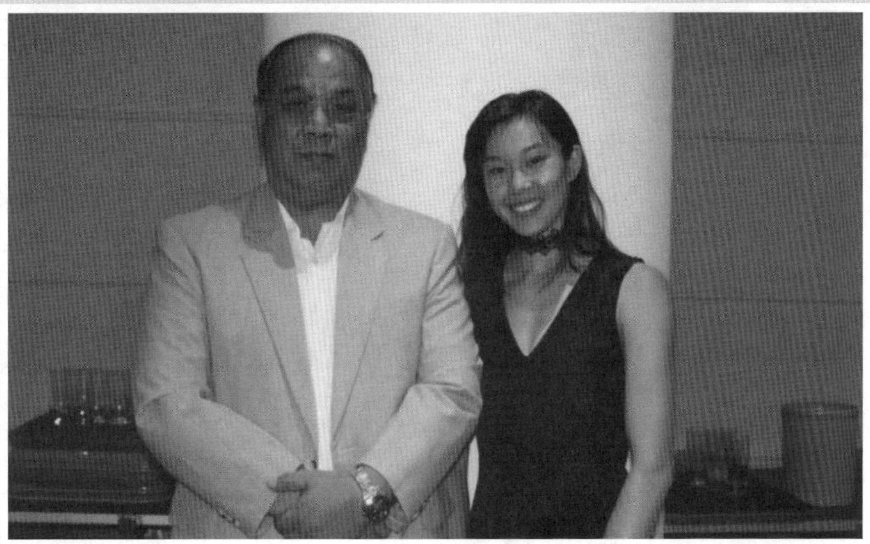

陳耀海、歐鎧淳

新观察

戚烈雲

万力申

香港游泳代表與教練

Michael Fasching

李志廣（左一）、David Haller（右 二）、陳劍虹（右一）

上：戚烈雲（左三）、彭沖（右三）、陳耀海（右一）
下：張國瑜（左三）、曹維新（右一）

DGS Swimming
Gala
HOLLISTER
陳耀海

女拔萃水運會

陳劍虹

戴麗華
符大進
戚烈雲
陳耀海

泳界教練、前輩

Hong Kong

上：教練合照　下：莊泳（後右四）

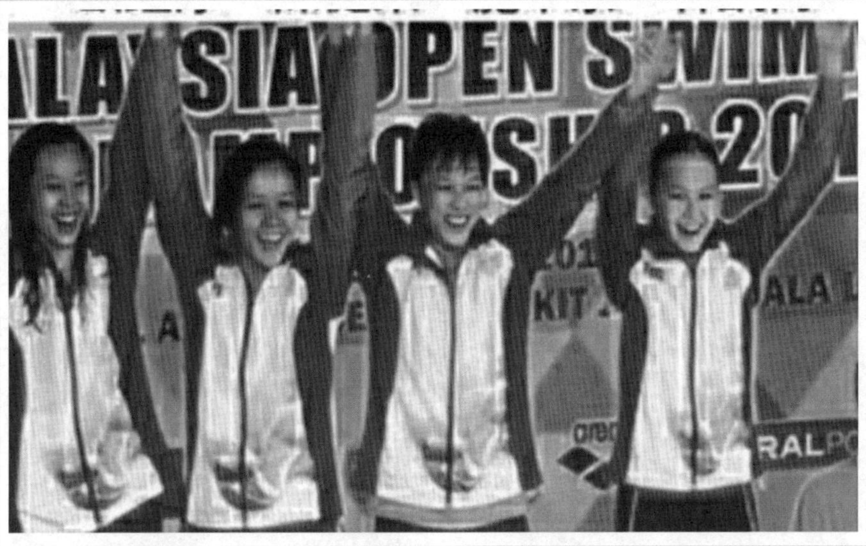
ALAYSIA OPEN SWIM
RALP

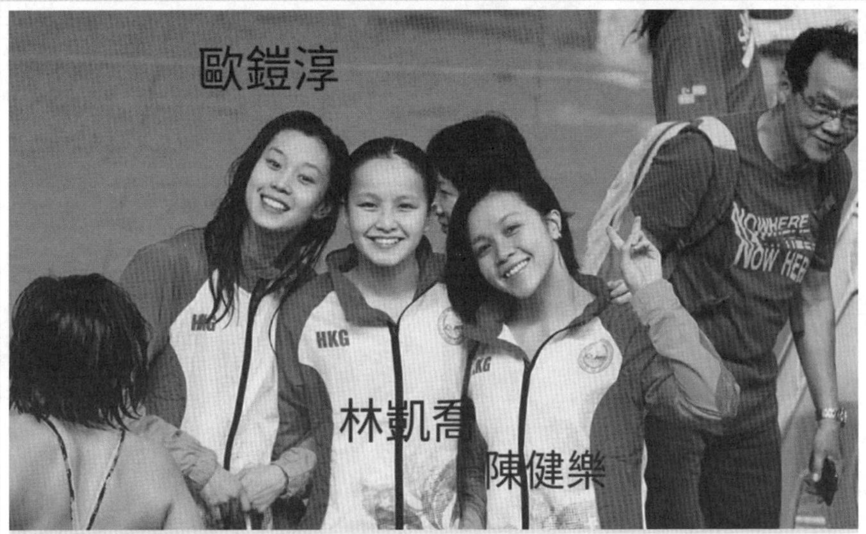
歐鎧淳
HKG
HKG
林凱喬
陳健樂
NOWHERE
NOW HERE

上：歐鎧淳、陳健樂、施幸余、林凱喬

上：攀偉添（左一）、曾意銘（左二）
下：泳隊教練泳員合照

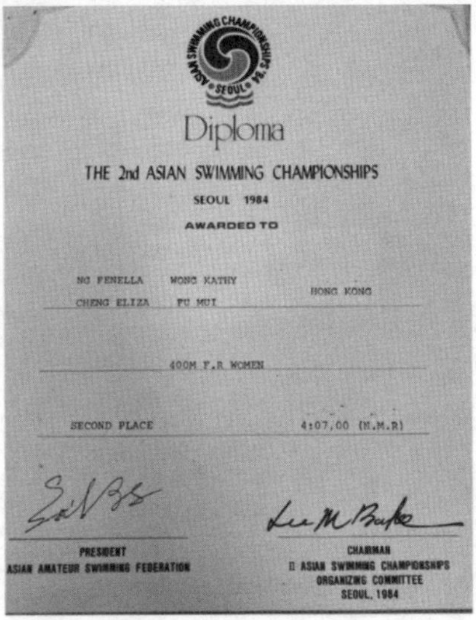
ASIAN SWIMMING CHAMPIONSHIPS SEOUL

Diploma

THE 2nd ASIAN SWIMMING CHAMPIONSHIPS

SEOUL 1984

AWARDED TO

NG FENELLA WONG KATHY

CHENG ELIZA FU MUI HONG KONG

400M F.R WOMEN

SECOND PLACE 4:07.00 (M.M.R)

PRESIDENT
ASIAN AMATEUR SWIMMING FEDERATION

CHAIRMAN
II ASIAN SWIMMING CHAMPIONSHIPS
ORGANIZING COMMITTEE
SEOUL, 1984

亞錦泳賽證書

吳家樂　黃嘉菲
鄭麗珊　符梅

香港

400M 自由式接力

第二名　4：07.00
(成績破香港紀錄)

鄭麗珊
符梅
黃嘉菲
吳家樂

spe
Ass

Hong
Award

上：Michael Fasching
下：謝旻樹、王敏超（右）

Kong Swimm
Annual Award

上：張狄勇（左）、莊　泳（右）
下：莊　泳（左）、陳耀海（右）

上：陳劍虹
下：香港隊泳員訓練中

港游泳教練

港
G

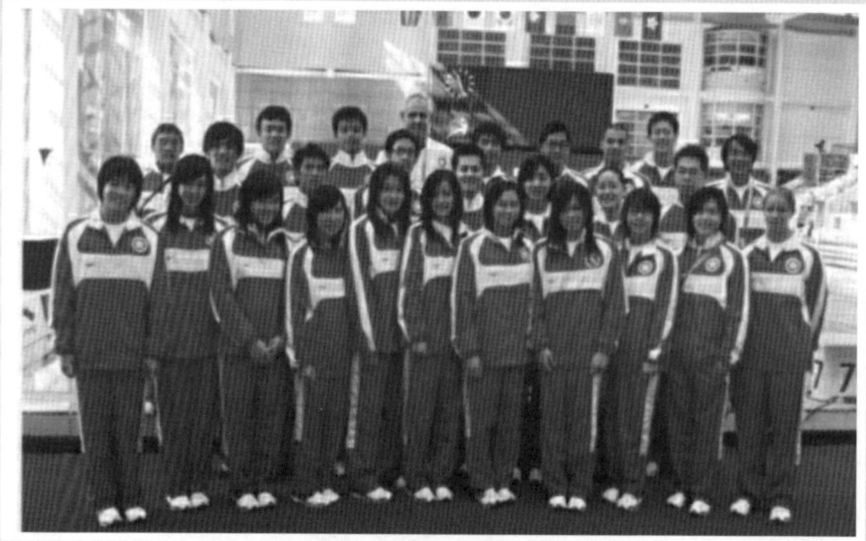

香港泳隊集訓

AUSTR
MASTERS
NEWCASTLE

上：盧京文
下：張志光（右一）、陳　光（左二）

界慶祝戚烈雲創造第
戚烈雲

戚烈雲
戴麗華

上：戚烈雲

香港游泳教練會
2016-17年

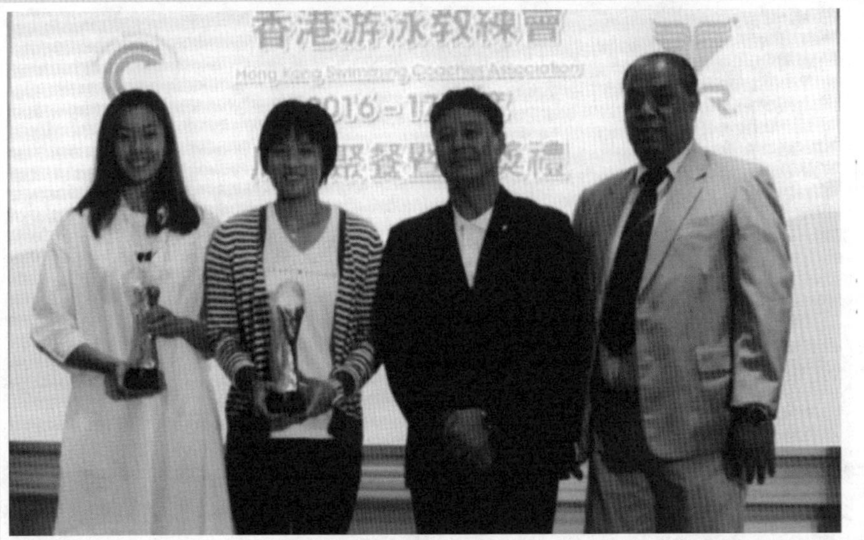
香港游泳教練會
Hong Kong Swimming Coaches Association

上：陳健樂（左一）、劉彥恩（左二）
下：歐鎧淳（左一）、施幸余（左二）

上：戚烈雲（左一）
下：陳劍虹與其愛女

上：方力申（右一）、陳耀海（中）、
廖嘉莉（左一）

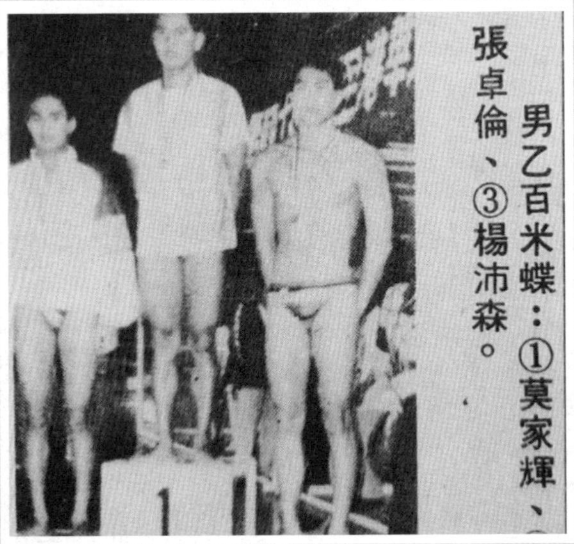
男乙百米蝶：①莫家輝、
張卓倫、③楊沛森。

下：莫家輝

RRISON HILL
POO

上：陳耀邦、王強立、梁慧娜
下：黃澤中（左二）

陳耀邦
溫兆明
朱國新

劉志雄
溫兆明
陳耀邦

上：溫兆明、朱國新、陳耀邦

日本航空 JAPAN AIR LINE
JAL
，往參加亞運（製服者）

上：盧笑娟、李雁婷、曹旺卿、許健萍
下：盧笑娟（後）、趙善穎（前左）、彭淑梅（前右）

嚴之耀
陳耀邦
張潤輝

梁健儀
王強立
吳慶華

香港
Swim
nual
鍾伯光

陳耀邦
David Haller
陳耀海

上：鍾伯光（右）

MASTERS
SWIMMING
SINGAPORE MASTERS
SWIMMING CHAMPIONSHIP

上：周錦添（左一）、陳錦波（中）
下：新加坡先進游泳錦標賽香港代表合照奪八金牌

上：陳錦波（右二）、符大進（左二）
下：游向四百

上：陳耀邦（左）、劉澡德（右）
下：周錦添（左一）、盧京文（左二）、陳耀邦（右二）、吳旭光（右一）

陳耀邦
劉藻德
王強立
張潤輝

上：老將嬉水

下：淺水灣拯溺賽小童組冠軍羅力強、陳耀邦（右）

六十年代維港渡海泳

七十年代維港渡海泳參加者

上：蘇美蔚（左）、曹旺卿（右）
下：梁沼蓮

聖公會馬鞍
小學
陳耀海
3
2

陳耀海頒獎

DOHA 2006
HKG
QNB الوطني

上：施幸余、陳耀海
下：陳耀海（右一）、陳劍虹（左一）、莊　泳（右四）、沈堅強（右三）

符
大
進
尹立新
馮錦泰

上：莊　泳、尹立新

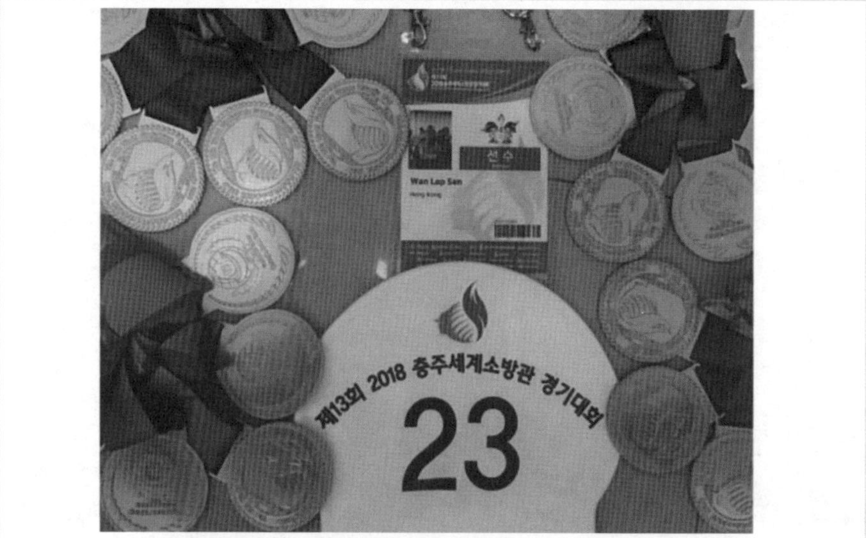
선수
Wan Lap San
제13회 2018 충주세계소방관 경기대회
23

上：尹立新　在世界消防大賽中奪二十三金（一次賽事）
下：錢又多，獎牌又多

上：東方冬泳會

林浩賢
杜敬謙
李翠沙
香港游泳界慶祝戚烈雲創造第一個中國人游泳世界記錄六十周年聯歡會
李冰
戚烈雲
陳耀海

張一心
馬偉權

黃錫林
温兆明

黃強立

張志光

香港大專體育協會周年水運會
USFHK Annual Aquatic Meet

上：香港理工大學
下：游泳隊大專杯泳賽近年成冠軍王

鄭麗珊
天時
熟悉季節性氣候
充分掌握活動當日天氣、空氣污染指
熟悉活動的安排與運作
熟悉相關的安全指引
適當的安全措施
作出合理的決定

香港游泳教練會
Hong Kong Swimming
Association

歡迎永遠的總教練
蒞臨指導

永遠的總教練

上：陳耀海　前香港游泳總教練

何詩蓓

九歲游香港渡海泳賽
女子組得第七名

吳慶華　香港游泳代表曾創多項香港分齡紀錄

贏了便笑，有人教

仰望

ernationa

Yakutsk 2016
Children of Asia
6th International
Sports Games
II
I
III
Asia Yaku

VIETNAM
VIET NAM
VIET NAM

VIET NAM

上：南華會　下：一級泳將

李志廣
David Haller
陳劍虹

下：韋漢娜、Michael Fasching

上：蔡曉慧被隊友拋起

下：方力申神仙一指

大埔體育會主辦
第十九屆吐露

上：莫家輝大埔吐露港渡海賽得冠軍

(HKG)

李恆楓（群雄會）於亞洲公開水域賽（女子五公里）得第四名

陳耀海　前香港游泳總教練

STOP
THINKING
施幸余
歐鎧淳

5
PD

開咪有益

黃澤中

黃澤鋒
(民)
黃澤中
梁健儀
(教練)

上：1981 年銀洲島渡海泳賽男子組冠軍黃澤中
下：全場總冠軍南山會

黎力勤
吳聲發
黃澤鋒（民）
鍾友祥
1984年銀洲島渡海泳

黃澤鋒（民）

上：1984 銀洲島渡海泳賽
下：男子組冠軍黃澤鋒（民）破大會紀錄

泳友匯
半世紀之聚

上：老泳將教練聚會

上：1984 年港督接見亞錦泳賽領隊等
下：香港泳隊進場

陳耀邦
陳耀海
1980年代

4
陳耀海
5
陳耀邦
1970年代

昔日名將聚會

昔日名將聚會

第48屆港澳埠際游泳比賽
THE 48TH HONG KONG MACAO INTER-PORT SWIMMING COMPETITION

業餘游泳總會 合辦
1

香港中華業餘游泳聯會 香港業餘游泳總會 合辦
2019.7.21
贊助
1

香港中華業餘游泳聯會
香港業餘游泳總會 合辦
日期：12/05/2013 及 19/05/
鳴謝：彩豐行有限公司
集團有限公司 贊助

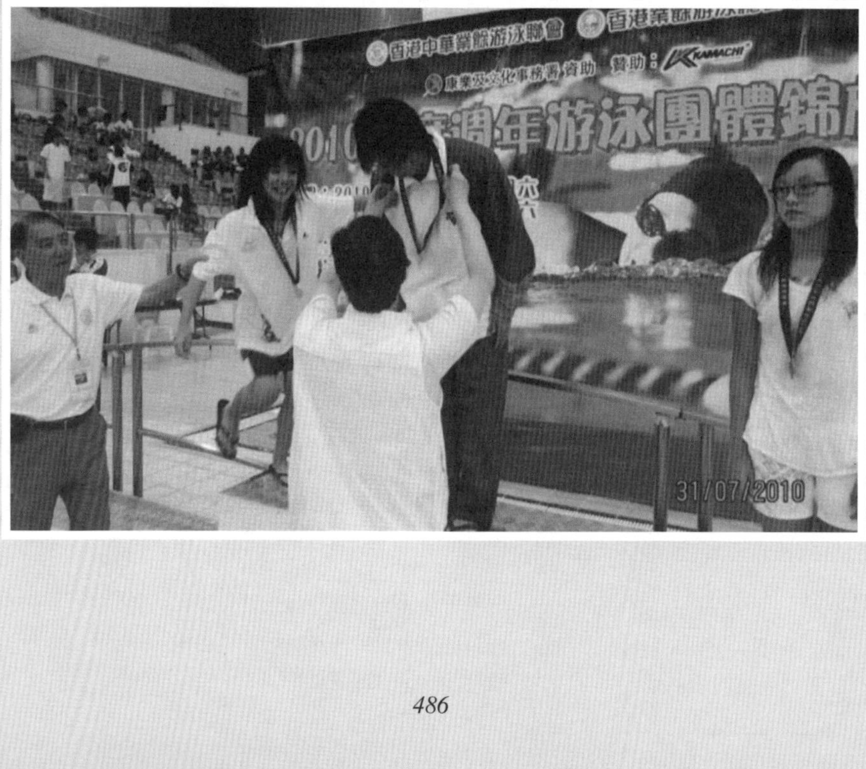
香港中華業餘游泳聯會
康樂及文化事務署 資助
贊助：
KAMACHI
週年游泳團體錦
31/07/2010

香港中華業餘游泳聯
香港業餘游泳總會 合辦
康樂及文化事務署 資助
KAMACHI
啓福
有限公司 贊助
1
2
3

香港中華業餘游泳
會
香港業餘游泳總會 合
康樂及文
事務
啓福集團有限公司 贊助
1
2
3

競爭

KTC

香港游泳教練會
Hong Kong Swimming Coaches Association
TYR
周年聚餐

Jakarta Palembang 2018
余德丞
林凱喬
TISSOT

林昭光
OMEGA

Pools
何甄陶

上：林凱喬

母女檔

左：盧笑娟　亞運代表　母——蛙后、右：趙善穎　奧運代表　女——蛙后

上：陳耀邦（右二）

左：呂植強（蛙高手）
右：張浩然（現代詩詩神）

陳耀邦　被偷映

金牌（54秒10）
FISU
WINNER - WOMEN'S 100M FREESTYLE - FINAL
HKG HAUGHEY Siobhan Bernadette 54.10

SWIMMING
RESULTS - WOMEN'S 100M FREESTYLE - FINAL
1 HKG HAUGHEY S.B. 54.10
2 RUS Mariia KAMENEVA 54.37
3 RUS Arina OPENYSHEVA 54.89
4 CAN Katerine SAVARD 54.98
5 BRA L. MARTINS DE OLIV 55.00
6 USA Veronica BURCHILL 55.04
7 ITA Aglaia PEZZATO 55.35
7 USA Caroline Grace BALDWIN 55.35
TAIPEI 2017

2017 年世大運何詩蓓先奪女子 100 米自由式金牌（54 秒 10）

Columbia

Panasonic
Kong Marathon Swimming
HKASA

香港游泳教練會
Hong Kong Swimming Coaches Association
何南慧
陳健樂
伍劭斌
陳耀海

香港游泳教練會
Hong Kong Swimming Coaches Association
卓銘浩

on.cc
東網
拔萃續做
水霸王!
BOYS'

on.cc
東網

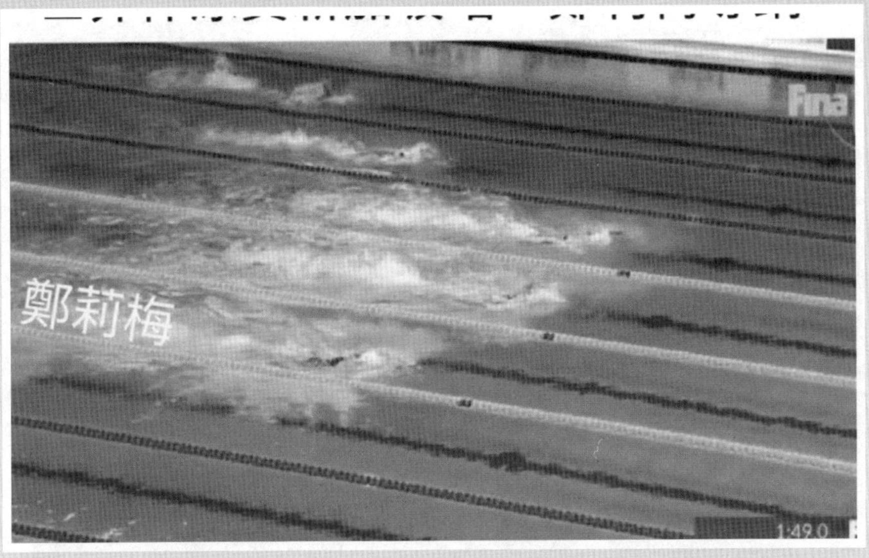
鄭莉梅
Fina
1:49.0

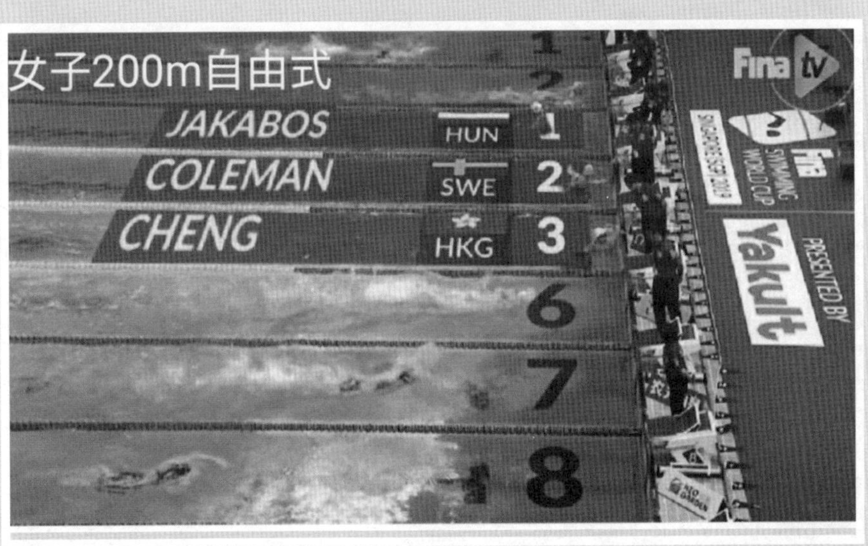
女子200m自由式
JAKABOS HUN 1
COLEMAN SWE 2
CHENG HKG 3
6
7
8
Fina tv
Yakult
PRESENTED BY

世界杯泳賽新加坡站，鄭莉梅奪銅

2019年
歐鎧淳
1
2
3
4
5
6
7
8
WR 26.98
WC 27.35
OMEGA
Fina
Finish
25.5
Women's 50m Back

女子50m背泳
AU HKG 2
SEEBOHM AUS 3
BARRATT AUS 1
26.98
27.35
Fina
Yakult
Finish
5
27.95

世界杯泳賽新加坡站，歐鎧淳奪銀

譚凱琳
何詩蓓
何南慧

伍棹然

上：表現好些我們在看

鄒榮烜
梁慧娜

伍劭斌
吳家樂

齊齊冠軍齊齊舉手

頑皮
泳教練會
陳耀海
施幸余
無大無細！

符大進

頑皮無分年齡

老泳將教練聚會

港澳埠際泳賽

香港公開冬泳錦標賽 2019
Hong Kong Winter Swimming Open Championships
Hong Kong Golden Beach
15 Dec 2019
Supported by
Sponsored by
Jaked
ELITE AQUA
CLICKS IMAGES
CHOI FUNG

香港公開冬泳錦標賽 2019
Hong Kong Winter Swimming Open Championships
Hong Kong Golden Beach
15 Dec 2019
Sponsored by
Jaked
ELITE AQUA
CLICKS IMAGES
CHOI FUNG

香港業餘游泳總會
Hong Kong Amateur Swimming Association
週年晚宴2019
Annual Dinner 2019

GAMES
Jakarta Pal
TISSOT
TISSOT

接力銅牌
Jakarta Paleman
Jakarta Palembang 20
ASIAN GAMES
ASIAN GAMES

2018 年亞運

陳健樂
HKG
CHAN

林昭光
arena

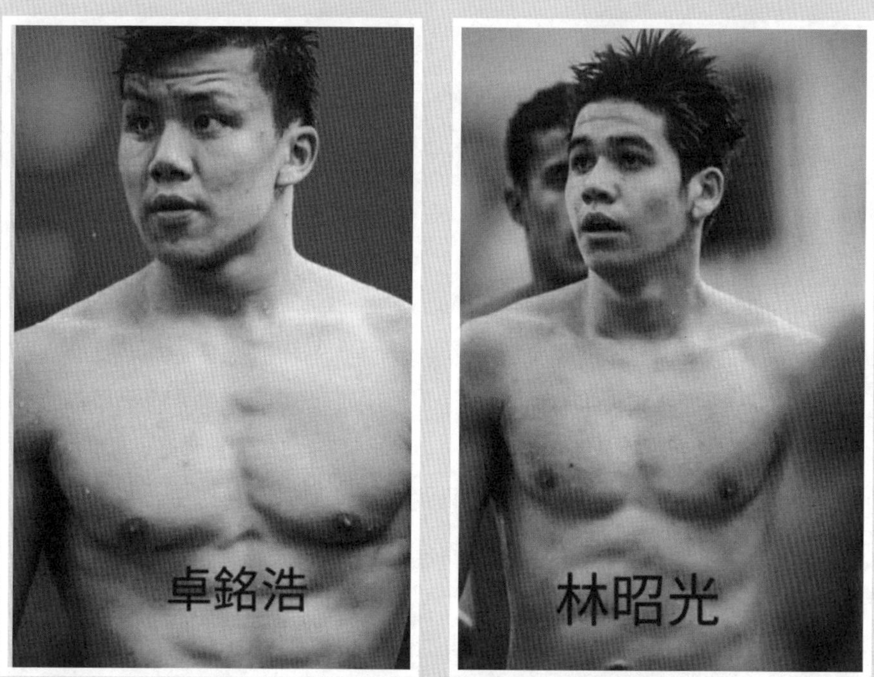
卓銘浩
林昭光

香港代表

3
HKG
YEUNG
楊珍美
Fina

HKG
CHAN
Fina
陳健樂

卓銘浩

何南慧

香港代表

陳耀邦
洪同昌

2018
新世界維港泳
施幸
方力申
陳耀海
陳耀邦
廖嘉莉

維港渡海泳欣賞

張浩然

下：張浩然、張敏靈父女檔為先進賽金牌常客

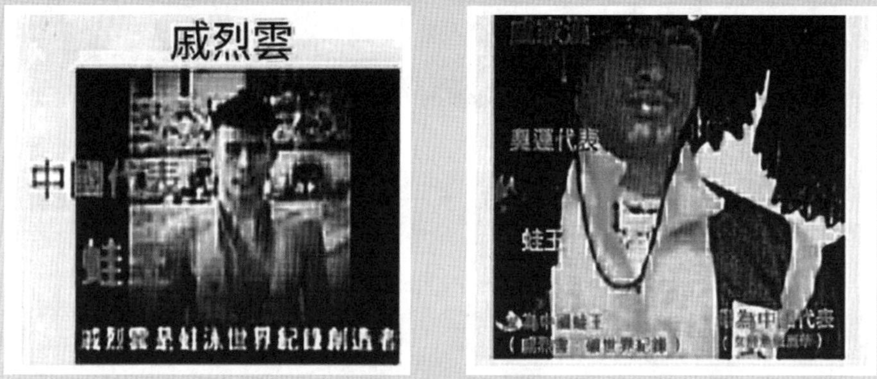
戚烈雲
中國代表
蛙王
奧運代表
蛙王

父子檔

左：戚烈雲　中國代表蛙王　曾破世界紀錄

右：戚家漢　香港奧運代表蛙王

戚烈雲
陳震南
二人皆香港一代名將

戚烈雲
戴麗華

師徒檔　戚烈雲和其發掘教練陳震南合照

　　　　陳震南—中國代表（民國時期）、戚烈雲（中國代表）

夫妻檔　戚烈雲、戴麗華皆中國代表

朱國新
張浩然

尹立新
張志光

海賽冠軍

泳員編碼區

張敏靈

張潤輝
張敏靈

周怡香
嚴之耀
劉藻德

OPEN
WATER
ASIA

張敏靈

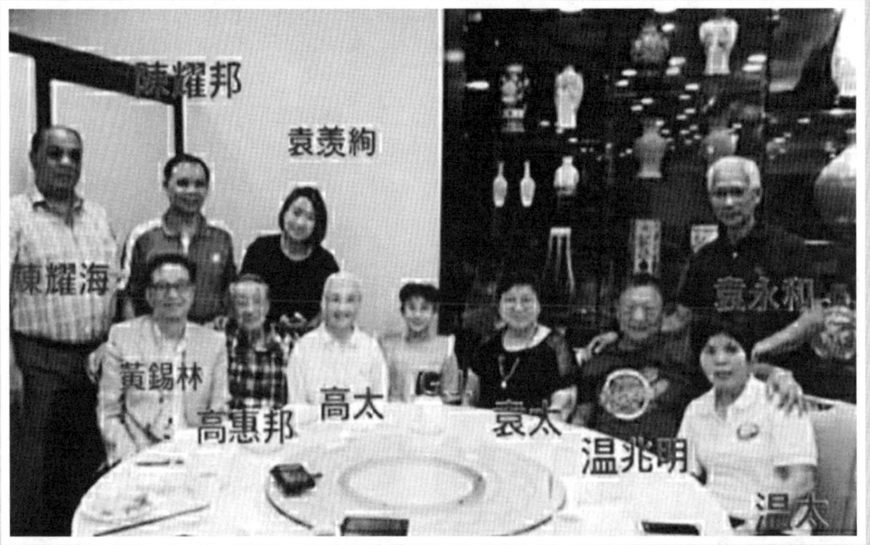
陳耀邦
袁羨絢
陳耀海
袁永和
黃錫林
高惠邦
高太
袁太
溫兆明
溫太

陳耀邦
溫兆明
高惠邦
袁永和
彭冲

一些運動界人士合照　中午茶聚　2016 年初

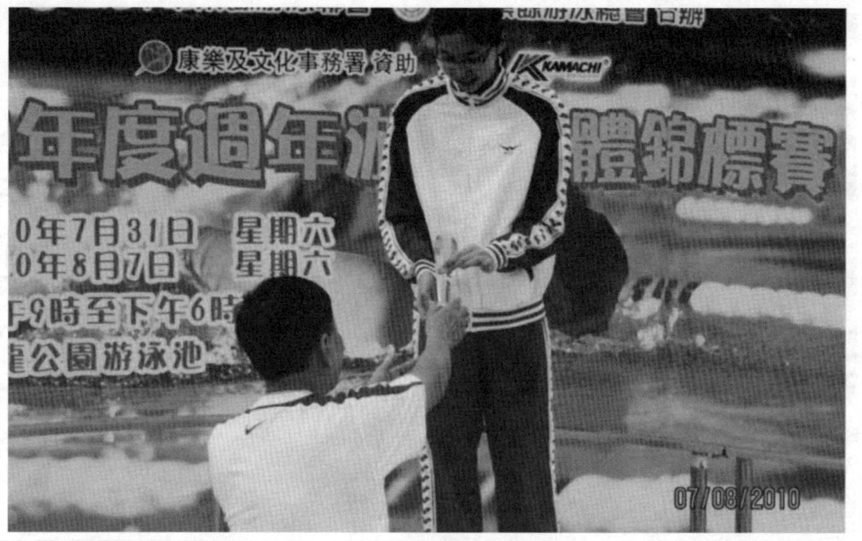
康樂及文化事務署 資助
KAMACHI
年度週年
體錦標賽
0年7月31日 星期六
0年8月7日 星期六
07/08/2010

2
3
07/08/2010

教練

香港中華業餘游泳聯會
方力申

香港中華業餘游泳聯會
2010年7月31日

3
2
OMEGA
OMEGA
29/12/2012

熱烈歡迎香港游泳代表隊

香港游泳教練會
Hong Kong Swimming Coaches Association
TYR

The Quality Sleep
airweave
Ω OMEGA
體育
airweave

ty Sleep
eave
Ω OMEGA
杜敬謙
4 HKG Kenneth TO 52.11

香港昔日首席男泳手杜敬謙

老泳將練水兼聚會

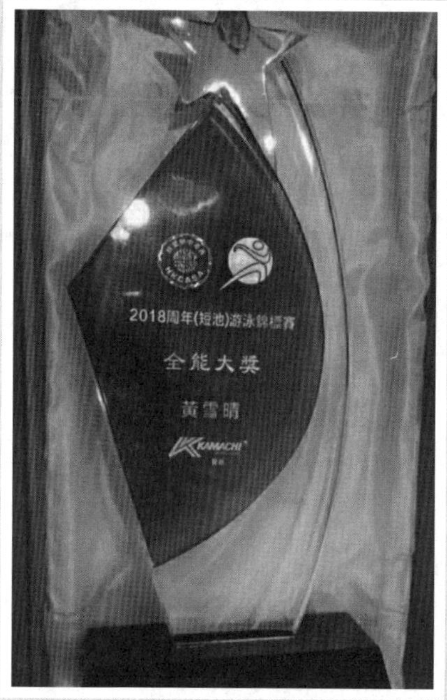
2018周年(短池)游泳錦標賽
全能大獎
黃雪晴
KAMACHI

全能大獎黃雪晴

2018周年(短池)游泳錦標賽
優異泳員獎
馬穎琛

優異泳員獎馬穎琛

昔日香港游泳高手

維港渡海泳

鄔漢忠
季
陳漢鍇
亞
陳國風
冠
國風，亞軍陳漢鍇，季軍鄔漢忠

謝雪心

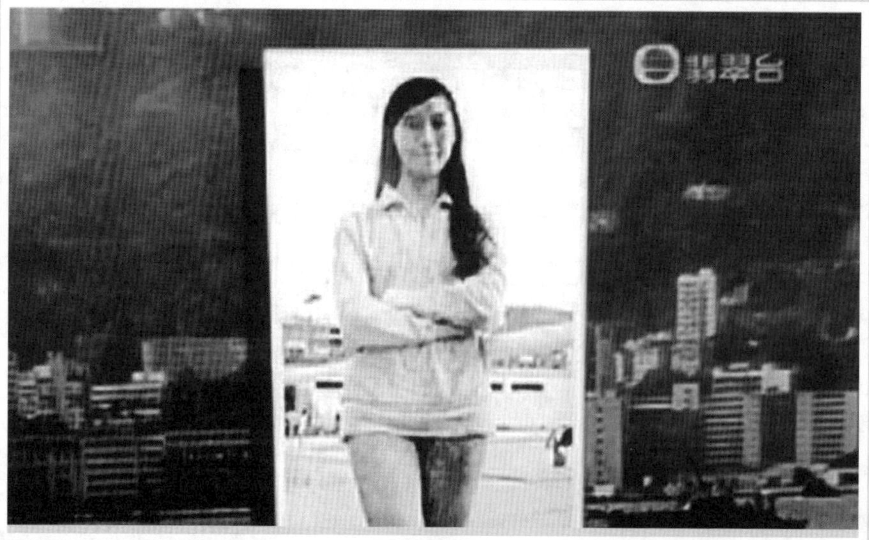
翡翠台

孔令馥　（藝名謝雪心）學藝白雪仙，為港華游泳代表，未足七歲游香港渡海泳，得背泳冠軍，同為東方會泳員

國際泳聯破世界
紀錄證書
1957年男子100m
蛙式游1分11秒6
世界游泳名人堂證書
The International Swimming Hall of Fame
Chi Lieh Yung
Honor Pioneer Swimmer

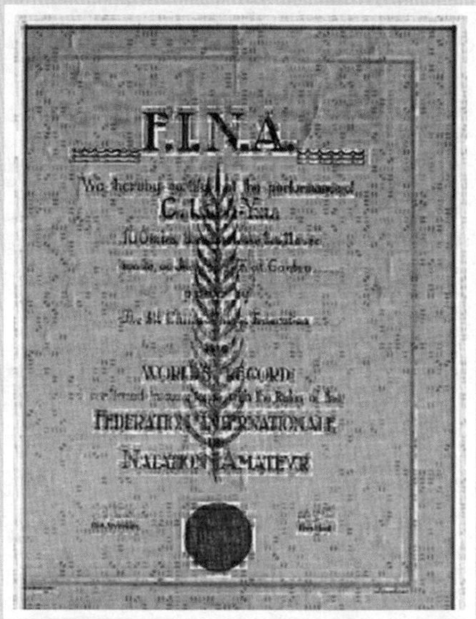
F.I.N.A.

戚烈雲　香港昔日蛙王中國蛙王

青年會
智健會
東方會

九龍荔枝角海灣

上：1950 年代　下：1960 年代

上：荔枝角公園游泳池
下：李鄭屋游泳池

劉志雄
油苑白

師徒檔

新世界發展
New World Development
劉志雄
李恒楓

劉志雄（師父） 李恒楓（徒弟）

嚴之耀
張浩然
張敏靈

CHEVIGNON
張潤輝

分齡先進賽金牌一族

東方會游泳隊

台灣石門水庫

陳耀邦
陳耀海
王婉蓁
磨京生
陳念發

DEPARTURES
DEPARTURES

東方會游泳隊訪問臺灣（1970 年代）

沙利（理）士
温兆明

1952年香港奧運游泳代表
沙利（理）士
郭錦娥
絲依架
張乾文
蒙迪路

1974年

1
2
3

盧笑娟　香港英聯邦游泳代表

溫兆明部份獎盃

六屆香港渡海泳冠軍獎盃
連續三屆冠軍
永遠保有獎盃

溫兆明部份獎盃

温兆明

温兆明致詞

體育教師及教練研討會
WORKSHOPS IN SELECTED SPORTS FOR
PHYSICAL EDUCATION
TEACHERS AND COACHES
温兆明

温兆明
曾坤鈺
盧笑娟
梁沼蓮

温兆明受邀講課

鍾元
温兆明

温兆明
HKFFAA

陳潤強

2004年雅典奧運會
譚智健
曾詠詩
趙展鴻
韋漢娜
蔡曉慧
陳耀海
陳詠雪
葉芷華
陳宇寧
施幸余

2016年香港奧運游泳代表隊
陳劍虹
鄭莉梅
謝旻樹
何詩蓓
劉彥恩
施幸余
歐鎧淳
江忞懿

泳隊訓練
2020年

泳會泳隊訓練
2020年

香港台灣教練、昔日泳員合照

府佩琯
張南雄
林義仁
陳念發
羅照二

香港台灣舊泳員、教練合照

香港三名律師，成功橫渡英倫海峽：

三人鄭麗珊（Eliza Chang ）、黃宇正（ Eugene Wong）、車偉恒（Allen Che），於2020年9月6日凌晨1時37分（英國時間），以接力方式（英國Dover 出發，法國Wissant 登岸，下午5時25分），成功橫渡英倫海峽。共耗時13小時48分，全程游了60公里。

其中鄭麗珊，為香港游泳代表，曾於1984年亞錦泳賽得女子4x100m自由式接力銀牌（成員吳家樂、黃嘉菲、符梅、鄭麗珊 ），時間4分7秒，並打破香港紀錄。

此是香港首支游泳接力隊橫渡英倫海峽。此次並成功為低收入兒童免費習泳（為Splash 籌款），已籌得130萬元以上。

鄭麗珊
我們成功
橫渡英倫海峽

車偉恒
鄭麗珊
黃宇正

男子團體：冠軍 海天；亞軍 麗華；季軍 泳天

Kong Amateur Swimming Association
二零一六年
麗華
海天
泳天
2
1

男子團體獎 冠軍：泳天；亞軍：海天；季軍：愉園

愉園（季）
海天（亞）
泳天
（冠）
2010年短池分齡泳賽

TAIPEI
HOMEWOOD
MOUNTAIN PEAK
GOALIE

香港台灣昔日泳員合照
張南雄
磨京生
李讚楨
陳念發

陳耀邦

最佳泳員：女一歐鎧淳　男一張健達

2015—16年度
短池分齡游泳
錦標賽
張健達
CPS
歐鎧淳

最佳女泳員：何詩蓓

陳耀海
Championships 2012
Kong
Swimming Associat
speedo
何詩蓓

香港游泳代表
第十四屆世界游泳錦標賽
陳劍虹
劉彥恩
陳耀海
施幸余
黃鍇威

香港游泳代表隊
韋漢娜
陳耀海
江忞懿
蔡曉慧
施幸余
趙展鴻

第十二章

香港游泳歷史與名將概覽

香港現在的競賽游泳由香港洋人引入，主要是英國人。

游泳競賽開始於 19 世紀中期，起源於英國，香港是英國殖民地（1982-1997），喜愛游泳及比賽的英國人來港後繼續其興趣，在港發展游泳運動及比賽。早期華人較保守，參與者不多，尤女性華人。

香港有競賽游泳紀錄記載是 1906 年，洋人域多利遊樂會舉辦之香港渡海泳賽。以後游泳競賽普及化，華人亦參與。

1906 年，洋人域多利遊樂會舉辦了香港渡海泳賽。需為會員才可參加，後來才逐步開放。早期渡海泳冠軍全是洋人，惟參與人數不多。男約數十人，女衹有數人。

1930 年代起，華人泳手成績大進，可與洋人分庭抗禮。那時泳員多是游自己泳會的比賽，或會與會之間的友誼對抗賽，後來有中西友誼對抗賽。

這時期香港沒有甚麼國際泳賽可參與，亞運沒有（1951 年才有），奧運皮費重，又在歐、美等洲舉行，不會參加。

其時華人泳手卻有參與香港以外賽事的機會，一是中國全運會（民國時期），一是遠東運動會（以華人身份參選、達標便代表中國），華人練習自然積極，水準提昇甚速。

1930 年代香港著名的泳將男有郭鎮恒（蛙王）、陳振興（印尼華僑、香港讀中學）（短途飛魚），都得全運會冠軍（二人曾代表香港和廣東）；陳震南（長途自由式好手），得全運會亞軍。其餘有名的還有黃少雄、曾河福、陳其松、楊文傑、楊亨華、陳福星等。

女有楊秀瓊，全運會奪多項金牌（1933 年，連接力五面），遠東運亦奪四面金牌（表演賽，連接力），因而名震中國，被稱為美人魚。其餘有名的還有楊秀珍、陳玉輝、梁詠嫻、劉桂珍、林都麗等。

1940 年代遇第二次世界大戰，1947 年才恢復比賽，那時名將男的有陳震南，1948 年奪得全運會兩面個人金牌（連接力三面），名震中國及香港；其餘男子有名的還有劉帝炳、尤世坤、吳年、張威林、黃志雄、黃金華、蔡利恒、徐亨、陳超祥、梁顯乾、桑打士、羅比士、張乾文等。

女的有黃婉貞，全運會連接力奪四金。其妹黃婉生連接力奪二金；其餘有名的還有梁愛梅（香港渡海泳冠軍）、高妙齡、黃玉冰、曾鳳群、羅德貞、絲依架、李寶聯、南特夫人、羅黛夫人、蘇愛蓮、石嶺梅、B. 安特臣、C. 吉打利士等。黃婉貞有新美人魚之稱（現代多稱為女飛魚）。

1950 年代初，男性出名的有太平山飛魚張乾文（擅捷、背），連奪六屆渡海泳冠軍，三屆奧運代表；蛙王戚烈雲；蒙迪路（奧運代表）；鄧沃明、黃潭勝、彭照瑞、劉錦雄等。女的有絲依架（奧運代表）；郭錦娥（奧運代表，蛙后）；郭雁紅、齊露絲、陳倩宜、徐少玲、陳靜梅等。

1950 年代後期則出了溫兆明，奪了六屆香港渡海泳冠軍，又代表香港出席奧運（1956 年），一枝獨秀，風頭一時無倆，1960 年全港公開泳賽曾破亞運紀錄（100 米捷游 58 秒 1，破亞運 58 秒 3），亦有太平山飛魚之稱；其餘有名的有黃勤輝、劉定平、梁榮智、王浩林、劉錦波、林念煊等。女的有歐婉玲（擅自、背）、梁沼冰（擅蝶、蛙）、馮凝姿，三人選擇代表中華隊（臺灣）參加亞運，且得四百四式接力銀牌；另外是祁鳳霞（擅背、自），香港亞運代表，連奪三屆香港渡海泳冠軍；餘有名的有柯利花、黃霞女、區婉雯、祁鳳媚等。

1957 年，到大陸受訓香港蛙王戚烈雲，於 5 月 1 日，在廣州創出 1 分 11 秒 6，一百米蛙式的世界紀錄。（戚烈雲於 1954 年回中國大陸、為中國代表，至 1970 年代中才返回香港。）

1960 年代早期，男子除溫兆明外，亦有陸經緯、陸海天兩兄弟

（奧運代表，皆擅蝶、四式、長途自由式），破了多項香港紀錄；其餘有名的男將有陳錦康（背王，奧運代表）、古敏求、何漢炘、鍾安杜、盧雄超、麥年豐、吳祺光、霍劭國、陳偉成、譚永成、呂植堅等。女的有陳娟秀（擅蝶、自由式，連創多項香港紀錄）；李衍瑜（蛙后，奧運代表）；廖建華、些路頓等。

1960 年代後期，則出了王敏超（擅捷、背、四式，奧運代表）至 70 年代初創多項香港紀錄，連奪三屆香港渡海泳冠軍；陳耀邦（擅蝶、背、捷、四式，中華隊奧運代表），連奪兩屆香港渡海泳冠軍，兼創渡海泳紀錄（1970 年，18 分 27 秒 6；至今為此程紀錄保持者），並曾創有數項香港紀錄，（在臺灣也有三項全國紀錄，包括一百米自由式）。二人被報章稱為「世運雙雄」。其餘男性有陳耀海、張善本、曹錦新、馬偉權、曹維新、梁世基。

其餘女性有蛙后曹旺卿（亞運代表）；M 慕勒（連奪三屆香港渡海泳冠軍）；京士莉（亞運代表）；陳寶秀、蘇美蔚（中華隊亞運代表）、陸錦繡；蘇宜茜、廖少華、戴伊莉、杜午玲等。

1970 年代，先後名將男性有王敏超、陳耀邦、麥克曲架（M. Crocker）、鄧浩光、鄧國光、郭迪明、蔡永健、周紹球、葉振榮、韋德光、張國瑜、A.史提堡、P.史提堡、鄒榮煊、劉培、克萊唐、G.佳頓、莊遜、埃姆斯利（J. Emsile）陳兆亨、張運志、劉志雄等。女性有盧笑娟（蛙后）、沈寶妮（來自臺灣，中華隊奧運代表，連破多項香港紀錄）、麥當娜、梁沼蓮、李雁婷、劉少芳、卡蓮蓮羅拔遜、莎莉羅拔遜、許健萍、克拉克（J.Clark）、黃澤中（海賽冠軍）、劉培、葉佩英、A.勒士頓、麥少萍、廖 樺、沈德寶莉、林敏子等。

1980 年代，男游泳名將有曾意銘、李啓淦（短途飛魚）、屈金城（蛙王）、葉賀文（背王）、韋米高（短途飛魚）、伍永漢、劉志雄、陳兆亨、溫慶年、鍾元、梁耀輝、張子明、余世雄、黃澤鋒（民）、高加麟（Perran Coak）、關敬華、鄧泰華。女性有吳家樂、洪詩琪、周麗儀、黃嘉菲、符梅、鄭麗珊、吳慶華、李秀美、勞特（Lotta Flink）、孟小萍、周嘉慧、黎慧、溫秀嫦、露絲洛瑪絲（Lucy E. Lomas）、馮雲霞、王文雅等。其中吳家樂（200、400 捷）、曾意銘（200 米蝶）更奪得亞錦泳賽金牌。周麗儀則奪女子 100 米蛙銀牌。

吳家樂和洪詩琪（與符梅、李秀美）又協助港隊奪得亞運女子 400 米自由式接力銅牌（1986 年），此為香港泳隊歷來在亞運首面接力獎牌。

此時期最出風頭人物為曾意銘、李啓淦和吳家樂；洪詩琪和周麗儀其次。

1990 年代，輪到伍劭斌、李繼賢呼風喚雨，連破多項香港紀錄，風頭一時無倆。後期出了郭健明，因奪得亞運個人項目銅牌（男 400 米捷；1998 年），和亞錦泳賽金牌（200 米捷；2000 年），變得大大有名。

其餘有名的還有劉敬婷、李穎詩、彭蘊瑤、曾詠詩、司徒詠怡、鄭凱恩、黃海滴、張蕊萍、吳家欣、胡達昌、孔憲楷、朱磊、張卓倫、郭漢明、勞化佛（A.Rutherfurd）（蛙王）、王啓德、蔡偉臣、司徒瑞祈、辛法義、史葛（Michael Scott）、梅非（Zachary Moffatt）、郭斯維、趙善穎、彭淑梅、董雪明等。

伍劭斌在亞運得女子 50 米自由式銅牌，又協助港隊奪得女子 400 米自由式接力銀牌（與吳家樂、李穎詩、劉敬婷；1994 年）。在泳界無人不識。

2000 年代，甚多優質泳員出現，如背王方力申、背后蔡曉慧、蛙王譚智健、符泳、韋漢娜（女飛魚）、陳詠雪（蝶后）、李亮葵、孫嘉兒、鄧穎欣、廖嘉莉、彭淑梅、江欣琦 、葉芷華、陳宇寧、藍家汶、林政達、鍾國樑、費友燊、余海平、李振濤、鍾國鼎、謝浚浩、章可兒、吳加敏、馮詠欣、謝健熺、陳穎廉、張兆恒、吳芷筠、黃曉嵐、鄧慶庭、馮學謙、杜景麟、黃國基等。女飛魚韋漢娜又奪亞錦泳賽金牌（女 50、100 米捷；2006），世大運二金（2009），屬風頭最勁女泳手。

2010 年代，好手輩出，有名的如歐鎧淳丶施幸余丶何詩蓓丶江忞懿（蛙后）、鄭莉梅、陳健樂丶劉彥恩、譚凱琳、楊珍美、葉穎寶、馬希彤、郭瑩瑩、鄭熙彤、湯嘉珩、于蕙婷、黃筠陶、何南慧、廖小喬、鄧采淋、王芊霖、林凱喬、簡綽桐、蔡承東、鍾禮陽、江己概、李恒楓、謝旻樹、殷浩俊、鍾禮陽、黃明康、張兆恒、王俊仁、吳鎮男、徐海東、麥浩麟、朱鑑然、凌天宇、吳宇軒、冼展霆、張健達、黃鍇威、黃竟豪、劉紹宇、杜敬謙、伍棹然、陳俊希、卓銘浩、張祐銘、何天朗、林澤鏗、劉紹宇、廖先浩、林昭光、何甄陶、麥浩麟、莫　迪、吳鎮男、吳欣鍵、杜敬謙、楊顯皓等。

施幸余、謝旻樹、黃鍇威都曾奪得世界杯泳賽金牌（分站）；陳健樂得亞錦泳賽銀牌（女 100 米蝶；2016）。男飛魚杜敬謙則連破多項香港紀錄，曾奪得世界杯泳賽銀牌（分站）；其曾代表澳洲，在世青泳賽接力奪金。回流香港，惜 2019 年 3 月，在美國受訓時因心臟意外仙逝。

何詩蓓則大熟大勇，2017 年世錦泳賽得第五名（女 200 米捷）、世大運拿二金（100、200 米捷）；2019 年世錦泳賽得第 4 名，僅輸第三名 0.2 秒。

現時香港仍處於女強男弱之中，女子接力在亞運多屆奪牌而回，2018 年接力奪一銀二銅（四百四式接力由第四升為銀牌；隊員：歐鎧淳、楊珍美、陳健樂、鄭莉梅《决賽》、施幸余、葉穎寶、譚凱琳、黃筠陶；何詩蓓因腳傷缺席）。女子接力實力，現時亞洲排第三，僅次於中國、日本。個人方面，何詩蓓在亞洲屬泳星，香港超級泳星。

作者簡介

陳耀邦

陳耀邦（1954-）又名陳景明，男，香港出生，廣東人。中學讀九龍鄧鏡波，國立台灣師範大學畢業（體育系），香港及台灣六十及七十年代知名泳手，曾代表中華隊（中華民國、臺灣）參加 1968 年奧運，1970 年亞運，兩屆香港渡海泳冠軍兼紀錄保持者（尖沙咀至中環線）；台灣區運會前後共獲七金三銀。綽號「黑豹」，擅自由式、蝶式、背泳、個人混合式。

其兄陳耀海，是前香港游泳隊總教練，華泳甲組冠軍，港華代表，香港亞運水球代表。弟陳念成（學界冠軍）、陳念發（香港分齡紀錄）、陳耀宗（全港賽四式冠軍、港華代表）、妹陳惠芳、陳惠蓉亦地區賽冠軍。

1982 年，在台灣出版《游泳技術》一書（360 頁）。

曾創有中華民國（台灣）游泳紀錄：200 米背泳、100 米自由式、4×200 米自由式接力。

曾創有香港游泳紀錄六項：200 米背泳、100 米蝶式、200 米個人四式、400 米個人四式、4×200 米自由式接力、香港渡海泳賽（尖沙咀至中環線）。

文化生活叢書 1300005

香港游泳史

作　　者　陳耀邦（景明）
責任編輯　蘇　輗
校　　對　許雅琇

發 行 人　林慶彰
總 經 理　梁錦興
總 編 輯　張晏瑞
編 輯 所　萬卷樓圖書股份有限公司
排　　版　菩薩蠻數位文化公司
印　　刷　博創印藝文化事業有限公司
封面設計　菩薩蠻數位文化公司

發　　行
萬卷樓圖書股份有限公司
臺北市羅斯福路二段 41 號 6 樓之 3
電話 (02)23216565
傳真 (02)23218698
電郵 SERVICE@WANJUAN.COM.TW

香港經銷　香港聯合書刊物流有限公司
電話 (852)21502100
傳真 (852)23560735

ISBN 978-986-478-408-0
2020 年 11 月初版
定價：新臺幣 1600 元

如何購買本書：
1. 劃撥購書，請透過以下郵政劃撥帳號：
帳號：15624015
戶名：萬卷樓圖書股份有限公司
2. 轉帳購書，請透過以下帳戶
合作金庫銀行 古亭分行
戶名：萬卷樓圖書股份有限公司
帳號：0877717092596
3. 網路購書，請透過萬卷樓網站
網址 WWW.WANJUAN.COM.TW
大量購書，請直接聯繫我們，將有專人為您服務。客服：(02)23216565 分機 610
如有缺頁、破損或裝訂錯誤，請寄回更換

國家圖書館出版品預行編目(CIP)資料

香港游泳史 / 陳耀邦(景明)作. -- 初版. -- 臺北市：萬卷樓, 2020.11
面；　公分. -- (文化生活叢書；1300005)
ISBN 978-986-478-408-0(精裝)

1.游泳 2.歷史 3.香港特別行政區

528.961　　109015911